松田道雄と「いのち」の社会主義

松田道雄と「いのち」の社会主義

高草木光一
Takakusagi Koichi

岩波書店

はじめに

松田道雄(一九〇八―一九九八)が没してから二〇年が経とうとしている。この間に、細々とした言及はあったものの、松田を再評価する目立った動きがあったわけではない。若い世代にとってはもう、聞いたことのない名前になっているかもしれない。

一昔前ならば、松田は、一六〇万部の大ベストセラーと言われる『育児の百科』(岩波書店、初版一九六七年)の著者として、よく知られる存在だった。『朝日新聞』二〇一六年三月一三日「読書面」で、女優の紺野美沙子は、約二〇年前にお世話になったという『育児の百科』についてそのおもしろさを語っている。「まだ息子が1歳に満たない頃、突然高い熱が出て困りました。6カ月から7カ月までの赤ちゃんがかかりやすい病気として「突発性発疹」という欄がありました。どういう経緯でその病気になるか、どれくらいで治っていくものなのかという解説はもちろんあるんですが、この本がふつうの医学書と違うところは「急をきき つけて、お姑《しゅうとめ》さんが登場してくる」ってことまで書いてあるんです。我が家でも「まさに! まさに登場して来た!」ってなって、その時は思わず笑っちゃいましたね」。

松田は、『育児の百科』だけではなく、小児科医として、いくつもの育児書を出している。また、ロシア革命や、ルソーの思想や、明治期の日本思想について学術的な著作や論考を残している。膨大な読書量に支えられた博覧強記に基づいて、日常生活をベースに森羅万象をとりあげた夥しい数のエッセイも書いている。生前の松田の記憶がある世代にとっては、人生の教師のような、気骨ある「古き良き民主主義者」というイメージが強いのではないだろうか。権力におもねることなく、ぶれることなく、まっすぐに事物の本質に向かい合い、育児についても、政治についても、社会的事件についても、胸にストンと落ちる明快な指針を示してくれる頼もしい存在ではなかったろうか。

しかし、時代の空気に受け入れられた者は、流れが少し変われば途端にもの足りない凡庸な論者として忘れ去られてしまう。松田は晩年の一九九〇年代まで書きつづけはするが、少なくとも一九八〇年代にはもはや、時代の第一線で論陣を張る存在ではなくなっていた。おそらく、「まっとう」と思われるだけの思想は、もはや時代の要請に応えられなくなっていった。

後世に語り継がれるべき普遍的価値のある著作は、少なくとも文庫にはなり、著者自身が歴史に残るべき人物であるならば、必ず著作集や全集が組まれるだろう。松田の場合には、一九七九年から八一年にかけて、つまり松田の生前、七〇歳代になったばかりのときに、筑摩書房から『松田道雄の本』全一六巻が刊行されている。これは、当時入手しにくい著作を集めたもので、新刊で入手可能な岩波新書等は収録されていない。それぞれの巻に著者の「あとがき」は付されているが、「解題」や「月報」のようなものはなく、松田のこれまでの業績を集大成するという編集意図は見られない。手頃な価格のソフトカバーで、とりあえず読者の便宜を第一につくってみたのだろうと想像される。

松田道雄全集という企画は、著作の数が膨大過ぎるうえに時論の類のエッセイが多いことを考えれば、ありえないだろう。しかし、厳選した著作集であれば十分に可能なのではないか。そう思って著作を調べてみると、文庫化されているのは、『定本　育児の百科』全三巻（岩波文庫、二〇〇七—〇九年）と、『ロシアの革命』（〈世界の歴史22〉河出文庫、一九九〇年）の二点の他には、少年少女向けの『恋愛なんかやめておけ』（朝日文庫、一九九六年）くらいしかなかった。単著だけで七〇冊を越える膨大な著作群のなかで、まとまった著作と言えるのは、『育児の百科』と『ロシアの革命』だけなのかもしれなかった。日常的エッセイではなく、学術論文に近い内容の著作、『日本知識人の思想』（筑摩書房、一九六五年）、『在野の思想家たち——日本近代思想の一考察』（岩波書店、一九七七年）等も、雑誌に載せた単発の論考を後で一冊の本のかたちにしたものである。あまりにも多くを書き過ぎているために、松田の問題意識の根幹がどこにあるのか焦点が絞りにくくなっている。

松田が得意とする日常的エッセイの類は、いま読み返してみると、あまりにも「常識的」で平板に過ぎるという面はあるかもしれない。いやリアルタイムで考えても、無難に紙面を埋めてくれる、一定数の確実な読者のいる便利な人ではあっても、「思想家」の深みにまで達した人物と見なされていたかは疑わしい。しかし、少しだけ立ちどまってみれば、その「常識性」の底に松田の思想的呻吟が隠されていることは、容易に確認することができる。

たとえば、一九七〇年五月一二日から一三日にかけて、「瀬戸内シージャック事件」が起きた。乗用車を盗んで警察に追われていた、当時二〇歳の容疑者は、猟銃をもって定期旅客船に乗り込み、乗員九人と乗客三七人を人質にした。乗客を全員解放後、容疑者が警察に向かって乱射を行なうと、警察の狙撃手が容疑者の左胸部を一発で撃ち抜き、まもなく容疑者は死亡した。この「射殺」の現場はテレビで報道され、それが緊急避難措置として認められるかどうかで議論が起こった。この事件を基に、佐江衆一『闇の向うへ跳ぶ者は』(新潮社、一九七三年)や福田洋『凶弾――瀬戸内シージャック』(講談社、一九七九年)等の小説が書かれている。

一九七〇年五月一七日、事件発生直後に、松田道雄は週一回連載の『毎日新聞』の「家庭時評」に「人質は最低の犯罪」という見出しでエッセイを書いている。松田自身が付けたのか、新聞社の担当者が付けたのかはわからないが、凡庸の極みともいえる見出しである。容疑者の行なった人質をとる行為が卑怯な手段であるという主張は、わざわざ紙面に載せるまでもないだろう。ところが、このエッセイのなかほど、見出しに使われている「人質は最低の犯罪だ」という一文の後につづくのは、「スターリンは、反対派の妻子を人質にして、ウソの自白をさせ、有罪にし、銃殺した」(松田、一九七二d、六五頁)という文章である。それ以上、スターリンについての言及はないが、ここで読者は、松田のいう「人質」が、誘拐犯等の刑事事件よりも、ソ連の国家犯罪を視野に入れていることに気づく。国家犯罪は、政治体制が変わらないかぎり国内において裁かれることはありえない。だからこそ、そこにおける「人質」は卑劣極まりない「最低の犯罪」であることになる。松田がここで「最低の犯罪」を犯した者として告発しているのは、実はスターリンなのである。

エッセイは、「警察官がやむをえないとみとめたら射殺していいという一般原則ができたとすべきでない。生命尊重という一般原則を破るのは、特殊の場合に限るからである」(同、六六頁)と結ばれている。警察の行なった容疑者「射殺」に対して一定の理解を示しながらも、釘を刺すことも忘れていない、という点でバランスはとれてはいるが、事件の論評としては平板なものにとどまっている。しかし、松田のこうした凡庸な意見の裏側には、世界史を見据えた強烈な問題意識が根を張っていた。

「礼儀は必要か」という一九七〇年七月二一日付の「家庭時評」のエッセイも見出しと内容のあいだに大きなギャップがある。「上下の秩序をたもつための道具としての礼儀には反対だが、人間同士が平等の立場で相手の人格を大事にする礼儀は必要」とする年配の女性からの手紙を紹介して、松田は自分も同意見であると述べている。ここで読むことをやめてしまうと、松田の真髄には触れられない。その年配の女性の指摘は、日常の挨拶や話し方に対する感情的なレベルでの違和感に基づくものだったが、松田はこれを近代日本の思想性の問題にしてしまう。

「それは、私たち日本人が、民主主義の社会の道徳というものを、もっていないということだろう。戦前に私たちがならった道徳は、「孝」を出発点にした儒教道徳を、「忠」を中心に組み替えた明治式儒教であった。／戦後になって、儒教道徳は学校で教えないようになったが、それならお互いに平等な人間同士は、どのような道徳をもつべきかを真剣に考えたかというと、そうでない。まったく空白なのだ。」（同、六七頁）

平等な人間同士のあいだの関係性を感情レベルで支える「道徳」を、戦後民主主義は醸成することができなかったことを問題視している。では、どうするか。松田は、中国の革命家・章炳麟《しょうへいりん》（章太炎）の儒教批判をもちだしている。「儒教の批判は、本場の中国のほうが一足さきだった。章太炎は、衆生を救い、衆生のために命を捨てる道徳をとなえ、これは仏教の道徳だといった。革命家でも道徳のささえは宗教だというのだ」（同、六八頁）。

しかし、松田は、仏教の道徳にも、キリスト教の道徳にも与しない。「いまの私たちには、宗教は縁遠いものになった。むしろルソー式に、人間の共通のみじめさを感じることに道徳のもとを見つけるほうが容易のように思える」(同、六八頁)。これが結語である。おそらくこのエッセイを松田の意味するところまで理解できる者はほとんどいないだろう。ルソーの名は知っていても、あるいはルソーの代表作である『人間不平等起原論』(一七五五年)や『社会契約論』(一七六二年)を一通り読んでいたとしても、松田の言う「ルソー式」を理解するのは容易ではない。実はここにも松田の思想的苦悩が隠されている。

「「教育ママ」殺人事件」(一九七〇年九月二三日)では、三歳の娘に漢字で自分の名前を書かせようとした母親が、学習意欲のない娘を押し入れに入れて死なせてしまう、という事件を扱っている。松田は、ここでこの母親の異常な行動を云々するよりも、このような事件が起きる世界史的な背景を探り、そこから問題を見ていこうとする。つまり、「おばあさんが同居していたら、三つでは漢字は無理だよといってくれただろう」という、現代の核家族の「悲劇」を指摘して、この核家族化が「共同体」からの解放という「近代」の産物であると捉える。

「日本の村に昔からある、お互いに監視しあうような雰囲気からのがれでたマイホームは、気楽にはちがいない。/だが、村の雰囲気からほんとうに抜けだすためには、孤独になるだけではたりない。古い習慣にしばられた上下のきずなとは違った、まったく平等な人間同士の新しい連帯をつくらねばならぬ。」(松田、一九七二d、七二―七三頁)

血縁と地縁で結ばれた「共同体」から解放された近代的諸個人が、互いに自律的な存在として、他者とのあいだにどのような新しい関係性をとり結ぶことができるか。幾多の思想家が取り組んできた世界史的な思想的課題がここで語られている。しかし、松田はここで歴史哲学を開陳しようとしているわけではなく、あくまで『育児の百科』の著者たる小児科医の立場からこの議論を展開している。かつては母親を通して連綿として継承されてきた「しきたり」としての育児を、核家族化という近代的現象のなかでどのように新しく組み立てていくのか、という自身の終生の課題がここには織り込まれている。

このように見てくると、軽妙洒脱なエッセイの類にも、見過ごすことのできない思想的葛藤、苦悩、課題が底流にあり、松田道雄という人物の思想家としてのありようを垣間見ることができる。そして、松田が抱えていた問題群は、二一世紀の今日においても解決済みのものとは決して言えない。

とくに松田のエッセイのなかで異彩を放っているのは、スターリニズムに対するこだわりである。かつて若き日々にマルクス主義に魅了された松田は、一九五〇年代のソビエト連邦訪問によって、大きく方向を転換している。松田が『ロシアの革命』(一九七〇年)を執筆したのは、マルクス主義、広義には社会主義への思いを清算するためであったとはいえ、若き日々の情熱そのものまで払拭することはできず、おそらくは終生社会主義をめぐる問題意識が松田の思考を貫徹していたように思われる。

一九〇八年に生まれ、一九九八年に没した松田の生涯は、一九一七年のロシア革命を経て一九二二年に成立し、一九九一年に崩壊したソビエト社会主義共和国連邦の歴史とほぼ重なっている。二〇世紀最大の出来事と言ってもよい、この社会主義の壮大なる実験を、松田は、その最初から最後まで見届けている。松田と同年代の知識人にとって、どのような思想的立場をとろうが、社会主義は思考の基底に分厚く横たわるものだったはずである。

しかし、いまや「社会主義」という言葉さえもが風化し、かつて存在したことすら忘れ去られようとしている。ソ連の崩壊後、かつて社会主義や共産主義を標榜していた人々が、いつの間にか自己の過去を塗り替えて「民主主義者」を自認するような言動を見るにつけ、松田の思想的苦悩の軌跡は、時代の精神としての価値をもつもののように思える。

松田の著作を読み込んでいけば、先に挙げた三つのエッセイのうち、スターリニズム以外の二つ、ルソーの問題も、しきたりと育児の問題も、実は松田のなかでは「社会主義」と不可分のものとして位置づけられていたことがわかってくる。晩年の「安楽死」をめぐる錯綜にさえも、その裏側に「社会主義」への松田の思いを読み取ることができる。社会主義への思いがアンビヴァレントである以上、松田のなかでその社会主義とつながっているルソーも、育児も、安楽死も、安定的な位置を与えられることなく、絶えず揺れ動きつづける。松田の思考全体が、決して「古き良き民主主義者」という枠組みのなかに収まるものではなく、「人生の教師」のような自信に満ちた風貌の裏側には、自己批判に揺れ動く葛藤があった。そう考えれば、松田は時代の精神と格闘した思想家として俄《にわ》かに屹立してくる。

松田の多岐にわたる活動を「社会主義」の観点から捉えなおし、一人の二〇世紀知識人の思想的葛藤が提起した問題を改めて問いなおすことを目的に、本書は書かれた。

蛇足的に付け加えれば、大学院修士課程のときから一九世紀フランス社会主義思想を研究対象としてきた私の「社会主義」への思いを、松田道雄の葛藤に重ね合わせている点において、本書は私自身の過ぎ来し方を振り返るセンチメンタル・ジャーニーの意味をもっている。なぜ、私は社会主義に引きつけられたのか。なぜ、私はその社会主義に憎悪を抱いたのか。そして、私はほんとうに社会主義の実現を諦めたのか。払っても払っても棘のように突き刺さってくる自己への問いに対して、私は松田道雄を対象とすることで、辛うじて正面から向き合うことができた。

二〇一七年一一月

高草木光一

目　次

序章　松田道雄と社会主義

1　二つの松田道雄文庫

松田道雄の言論活動を支えた膨大な数の個人蔵書は、その大半が「松田道雄文庫」として、二つの大学図書館に収蔵されている。一つは熊本学園大学付属図書館に、和書を中心に約二万冊が収められ、もう一つは札幌大学図書館に、ロシア革命を中心とする英独仏露の洋書約二千冊が収められている。*
終生、大学等の研究機関に属さなかった松田には、自分用の図書館が必要だった。熊本学園大学のほうは、専門の医学書はあまりないものの、文学、歴史、哲学、社会科学、自然科学のほとんどすべての分野が網羅されていて、ルネッサンス的教養人とも言うべき松田の関心の広さを窺わせる。各種の事典、全集、資料集、雑誌のバックナンバー等がきれいに揃っていることが「私的図書館」の特徴だろう。松田は、この蔵書群のなかに棲みつき、さまざまなジャンルに及ぶ論考やエッセイを書きつづけた。

*そのほかに、百数十冊のロシア語文献が上智大学図書館に収められているが、分類番号にしたがってバラバラに書架に配置されているため、まとまったかたちで全体を見ることはできない。

熊本学園大学付属図書館の一階カウンターの裏側から地下一階に降りると、そこには倉庫のような巨大な空間が広がっている。図書館スタッフ以外の人間がこの閉架書庫を訪れるのは稀である。私は、その一隅を占める松田文庫の脇の小さなデスクを借りて、トータルにして数カ月の間、調査に明け暮れた。この空間に慣れ親しんでくると、松田の書斎を書生として整理しているような気になり、着物姿の松田が書架の合間からいまにもぞろりと現われそうな錯覚にとらわれる。

松田の蔵書全般に言えることだが、彼は読書ノートをつくらずに、本の表紙裏や余り紙に要約や感想等を直接書き込むという習慣をもっていた。実は、この「書き込み」が松田文庫の最大の魅力となっている。熊本学園大学では、松田道雄文庫の一冊一冊に、「書き込みあり」、「線引きあり」、「資料あり」といった情報をチェックした栞を入れている。この「書き込み」や「線引き」があるために、松田文庫は単なる旧蔵書を超えた価値をもっていると言えるだろう。たとえば、謹呈本に対して「育児経験がない人の女性史」といった辛辣な言葉が書き込まれている。もともと誰に見せるはずのものでもないので、容赦はない。松田の本音を聞くことができる絶好の機会になっている。洋書の場合、赤のボールペンで要旨が、緑のボールペンで感想が書かれていることが多い。分厚い専門書であっても、その松田の書き込みをなぞるだけでその著作の概要や要諦がわかってしまう。優秀な家庭教師について、難解な書物をやさしく解説してもらっているような気分になる。

また、『育児の百科』に対する読者からの質問には、丁寧に対応していることがわかる。読者からの手紙とそれに対する自分の返信のカーボンコピーがセットになって綴じられ、整理されている。答えようのない質問に対しても、答えようがない旨を返信している。『育児の百科』は、外側から見ている分には、何度も改訂がなされているという感慨しかもたないが、内側に立ってみれば、悪戦苦闘の連続ではなかったか、と思われる。各刷には、加筆修正のために、最新の医学知識・情報をしためた夥しい書き込みが施されている。松田の弛まぬ勤勉さ、細心で周到な心がけに圧倒される。それでも、完璧な育児書・医学書ができるはずがない。松田の名声を聞き、『育児の百科』に救いを求めている若い孤独な母親にとっては、少しでも腑に落ちない点があれば、逆に松田が攻撃対象になってしまう。一六〇万部という数字には、そのような労苦が刻まれている。

札幌大学の松田文庫は、約二千冊のほぼすべてが洋書であり、しかも、ロシア革命を中心とするロシア史、社会主義・共産主義思想史というきわめて限られた範囲の蔵書である。*松田は、後に詳述するように、一九七〇年に『ロシアの革命』（河出書房新社）を上梓している。ここにある蔵書は、そのために集められたと考えれば、一応は納得がいく。しかし、一つの著作のために二千冊の洋書を集め、読む研究者が果たしているだろうか。二千冊という数は、年間一〇〇冊、つまり三日に一冊のペースで集めて、二〇年の歳月を必要とする。

＊本文庫については、「札幌大学図書館所蔵「松田道雄文庫」簡略図書目録」（『札幌大学女子短期大学部紀要』三六号、二〇〇〇年）がある。

本を書くために洋書を丹念に読むのは、いわゆる学者の習性と思えば、特別に珍しいことではないかもしれない。しかし、一九七二年の編著『ロシア革命』（平凡社）以後、松田は一冊もロシア史や社会主義・共産主義に関する専門書を著していない。にもかかわらず、松田の晩年にあたる一九八〇年代発行の諸著作について、松田はこれまでと同様に小見出しをつけ、要約を書き、感想を記している。

これを単なる「勉強家」と片づけてよいものだろうか。札幌大学の松田文庫には、熊本学園大学の松田文庫にはない「凄味」がある〔松田潤、二〇〇〇〕。

一九六〇年前後から一九八〇年代まで、よくもこれだけロシア革命やソビエト社会主義共和国連邦に関する専門書が出版されたと驚かされる。しかも、それがケンブリッジやハーヴァードの大学出版局から刊行されている。いまでは実感しにくくなっているが、冷戦期には、西側先進諸国の溢れんばかりの知性と労力が、ソ連社会の歴史と現状の解明のために注がれ、その成果は政治的プロパガンダの役割も果たしていたのである。そして、こうした冷戦下の膨大な刊行物を一つ一つチェックし、購入し、読んでいた市井人が日本にもいた。

松田は、かつて青春時代にとりつかれたマルクス主義について整理して考えるために、言わば自分史の源流を辿る思いで、『ロシアの革命』を書いている。彼自身、この著作とその姉妹版である『革命と市民的自由』(筑摩書房)を一九七〇年にほぼ同時に出版することができて、自分のなかでケリをつけたはずだった〔松田、一九七〇b、二一七頁／松田、一九七九―八一、八巻、四五頁〕。しかし、実はケリはついていなかった。後に本論で検討するように、一九八〇年代になっても、松田はマルクス＝レーニン主義について新たに問題を提起している。

松田はおそらく死ぬまでロシア革命に、社会主義・共産主義にこだわりつづけた。それは、彼が自らを裏切ったマルクス＝レーニン主義に一種の憎悪を抱きつづけながらも、社会主義・共産主義にあえかな「希望」をもちつづけていたからに違いない。社会主義・共産主義に対するアンビヴァレントな思いを抱きつづけることなく、どうして何十年もの間、二千冊もの洋書を集め、読み、書き込むことができようか。

時代の風に乗って「マルクス主義」や「社会主義」を騙り、その後風向きが変わると口を拭って、きれいな手をかざしてみせる人々もいる。しかし、松田は、かつて信奉したマルクス主義を捨てたと言いつつも、死ぬまでロシア史や社会主義・共産主義に関する本を読みつづけた。六歳年下の丸山眞男もまた、マルクス主義とは一線を画しつつも、「社会主義」との距離感で自らの思想を検証する試みを生涯つづけた〔米原、二〇〇六〕。

かつて、一九世紀には、単に貧困を絶滅させるシステムとしてだけではなく、一人一人の人格や集団が相互に支え合う理想をも描いたものとして、社会主義はあった。たとえば、サン-シモンやフーリエの「社会主義」構想は、それまでとは異なる新しい人間関係を提示するものだった。マルクス／エンゲルス『共産党宣言』（一八四八年）は、「階級と階級対立のうえに立つ旧ブルジョア社会に代わって、各人の自由な発展が万人の自由な発展の条件であるような一つの協同社会 Assoziation が現われる」〔マルクス／エンゲルス、一九五九―九一e、四巻、四九六頁〕というビジョンを掲げた。ソビエト社会主義共和国連邦の出現は、「ソビエト」という、議会制民主主義に対抗的な「評議会」方式を国名の筆頭に掲げ、新たな時代の幕開けを誇示するものだった。そこには、人類の夢と希望が託されていたと言っても過言ではない。その社会主義が、スターリンによる大粛清やポル・ポトによる大虐殺という悪夢のような結果をもたらしたことをどう考えるのか。独裁的指導者の個人的資質にその暴挙を還元できないとしたら、「社会主義」をどう捉えなおすのか。そして、私的所有を前提とする「資本主義」を乗り越えるべく構想された「社会主義」がついに「資本主義」を超えるシステムとして定着しなかったのはなぜか。これは、松田をはじめ同時代の知識人が生涯にわたって考えつづけ、悩みつづけた問題でもあった。彼らの思考の軌跡は、「二〇世紀文明」全体が何であったのかを問うことにもなろう。

2　丸山眞男の松田道雄宛書簡

松田は、旧制第三高等学校を経て、一九二八年に京都帝国大学医学部に入学し、初代小児科教授の平井毓太郎《いくたろう》に師事した。学問をこよなく愛し、清貧に甘んじた恩師に対して、「「実学」型インテリゲンチア」の巨人の一人として深い敬意を払っている〔松田、一九六五b、三九頁〕。

京都大学在学中の一九二五、六年に松田はマルクス主義の洗礼を受けている〔同、一〇三頁〕。共産党員になることはなかったが、「日本共産党が五色温泉で再建大会をもって政治の舞台に登場したのが、一九二六年末であるから、いまの日本共産党のおいたちの、ほとんどすべてを注目してきたことになる」〔同、一六〇頁〕と言う。松田が、小児科医として小児結核と大人の結核との関係を研究テーマに定め、「結核予防のフィールド・ワーク」のなかに医師としての仕事を求めたのは、「人民」のなかで仕事をしたいという思いからであったと告白している〔同、一八九頁〕。そのようにして、松田は医学界の権威になるのとは別の道、市井の小児科医としての道を歩み、そこで大きな信頼を得るようになっていった。

この間、医師の立場を越えた「文化人」としても活動し、一九四七年「民主主義科学者協会」、一九四九年「平和問題談話会」、一九五五年「思想の科学研究会」に参加している(山本、二〇〇七)。その「平和問題談話会」の中心メンバーであり、『思想の科学』創刊同人の一人でもあったのが、丸山眞男だった。敗戦から一九六〇年安保闘争に至るまでの間、丸山が戦後日本のオピニオン・リーダーであったことは間違いない(竹内、二〇〇五、一五二頁)。『世界』一九四六年五月号に発表された「超国家主義の論理と心理」は、責任の所在がない日本のファシズム体制を「超国家主義」という概念で捉え、戦後の再出発に向けての過去の総括という意義を担う論考となった。一九五〇年には、「平和問題談話会研究報告」として「三たび平和について」の第一章・第二章を執筆し、冷戦下での「中立」を訴えた。

ただし、丸山は、肺結核のために、一九五一年から約一年間、一九五四年から約二年間、二度の療養生活を余儀なくされている。再発した二度めは左肺上葉切除・胸郭成形手術を受けた。一九五四年、東京都中野区の国立中野療養所(国立療養所中野病院)に入院していた丸山が松田に宛てた書簡二通をここに簡単に紹介しておこう。このほど熊本学園大学付属図書館松田道雄文庫の未整理資料のなかから新たに発見したものである。

一通は、昭和二九年九月六日中野局消印の葉書で、国立中野療養所に入院中の丸山が、手術前の身体の様子を事細かく報告したものである。もう一通は、昭和二九年一二月一日中野局消印の簡易書簡で、やはり同療養所から、二度の手術の経過と予後について報告している。

『丸山眞男書簡集』(全五巻、みすず書房、二〇〇三—〇四年)には、丸山が国立中野療養所から出した書簡は三通収録されているが、これほど詳細に自身の病状を報告したものは他にはない。また、丸山から松田に宛てた手紙は、『書簡集』には一通も収録されていない。松田から丸山宛のものは、現物確認はできていないものの、一九八八年、丸山と同じ結核を患ったことのある桑原武夫の死に至る経過を報告した手紙が一通あることははっきりしている〔丸山、二〇〇三－〇四、四巻、六九頁、七〇頁、七二頁／五巻、三六一頁〕。二人の間に他にも書簡のやりとりのあることは想像されるが、ともかく、今回発見された二通は、医師として友人としての松田に対する丸山の厚い信頼を示す資料であると考える。

この二通の書簡の背景を、丸山自身が語っている。「久野《くの》〔収〕さんなんかは、あの「三たび平和について」の声明を書いた過労のためにぼくが病気になったというので非常に心配してくださった。あの声明執筆だけが結核再発の原因だ、というのは、久野さんの親切心から出た思いすごしなんですが、それで、久野さんは旧知の松田道雄さんを飛行機で中野療養所に連れてきた。／松田さんは、原則的には手術反対だったんですが、レントゲン写真を見て、「これじゃ手術よりほかしょうがない」と納得して帰ったそうです」〔丸山、二〇一六、下、二二三頁〕。

一二月一日付書簡の末尾には、福田恆存が『中央公論』一九五四年一二月号に発表した「平和論にたいする疑問――どう覚悟をきめたらいいか」に対する反論を冷静沈着な松田に書くように勧めている箇所がある。福田の論考にはいくつかの論点があるものの、「日本のやうな小国は、どうしても強大な国家と協力しなければならない。……とかく強国のはうが得をしやすい。それをいちわう認めたうへで、日本はアメリカと協力しては、なぜいけないのか。そのはつきりした回答を、私は平和論者からいただきたいのです」〔福田、二〇〇七－一一、三巻、一五四頁〕という素朴な疑問を結論にしている。これに対しては、平野義太郎が『中央公論』一九五五年一月号〔平野、一九五五〕で、南博が『改造』

一九五五年一月号〔南、一九五五〕で反論しているが、平野の論考は、感情が先に立っていて、丸山が考えていたような反論にはなっていない。

久野収が、『読売新聞』の「論壇時評」〔一九五四年一一月一八日・一二日〕で福田の論考を取り上げた後で、福田の貴重な問題提起に正面から応えるという趣旨で、『世界』一九五五年一月号に載せた「日本における平和理論と平和運動――平和問題談話会文化部会共同討議のための報告」が、おそらく丸山の思いに応えるものであったと思われる。この論考で、久野は一言も福田の名前に触れることなく、平和問題談話会の三回にわたる意見表明〔『世界』一九四九年三月号、一九五〇年三月号、一九五〇年一二月号〕における全面講和・中立論の論理を整理してみせたのである〔久野、一九五五〕。もとより、福田の言う「平和論者」とは、明示はせずとも、主として平和問題談話会のメンバーを指すことは間違いなく、その意味では、福田の直感的疑問に振り回されることなく、平和問題談話会の主張の根拠を確認することが、おそらく丸山の求めたことでもあったろう。そうだとすれば、松田には、その任に当たることはやや重すぎた。松田は、平和問題談話会の当初からのメンバーではなく、丸山の手紙にもあるように、松田の後ろには、関西の取りまとめ役と言ってもよい久野収がいた。*　松田自身が「七〇人ほどの学者のなかにただひとり学者でない町の開業医である私が入っている」〔松田、一九八八a、二六三頁〕と述べているとおり、一九五〇年一月一五日の声明の署名者の最後に「医博」の肩書で松田道雄の名前が載っている〔吉野、一九九五、三四二頁〕。

*松田は、戦後初の著作『人間と医学』〔中央公論社、一九四七年〕を刊行するときに、久野収の世話になったと後年述べている〔松田、二〇〇二、一二一頁〕。松田が平和問題談話会に参加したのも久野の勧めだった〔松田、一

九七一a、一八五頁)。なお、松田の平和問題談話会への思いについては、「戦後民主主義は虚妄か――旧平和問題談話会の会員として」(『世界』一九八七年一一月号)(松田、一九八八a、二六二―二八二頁)を参照。

3 『療養の設計』とインフォームド・コンセント

この書簡に見られる丸山と松田の交流のあった翌一九五五年、松田は、『療養の設計』(岩波新書)を刊行する。結核に対して新しい化学治療法が効果をもちはじめた時期、しかし療養所または自宅での短くない療養生活を強いられる患者が、自らどのような「療養の設計」を行なうことが可能かを、医師の立場から説いたものである。

療養中の丸山は、この年には、専門的な論考は一切書かず、発表したのは「一療養患者としての意見」(丸山、一九九五―九七a)および「健康者対病人」(丸山、二〇一四―一五、二巻)という短文と、この松田の著作の書評だけである。

丸山は、「ほかの病気に比べてとくに結核は肉体と精神と、それに加えて社会との三つの次元にまたがる病気です。この三面の病理のいずれにも偏することなしに綜合的でしかも具体的な診断と療法を指し示すのが本当の結核医ではないでしょうか」(丸山、一九九五―九七b、六巻、一三八頁。傍点は原文)という視点から、松田のこの著作が画期的なものであると賞賛する。この著作には、「一個の人間としての患者が当面する問題や自然に湧く疑問ないし懐疑」(同、一三六頁。傍点は原文)に対する深い共感があり、「正しい医療と正しい主治医に対する患者の信頼を高めるために」(同、一三七頁)細心の配慮が施されている。ほぼ同じ頃に発表した「一療養患者としての意見」で、厚生省の「附添婦廃止」方針が療養所の実態への無理解に基づくものと指摘した〔丸山、一九九五－九七a、六巻、一三一－一三四頁〕丸山は、松田のこの著作を「本当は政治家が読むと一番いい」〔丸山、一九九五－九七b、六巻、一三九頁〕とも述べている。松田の著作が、単に療養生活者のためのものではなく、結核という病気をどう理解するかという基本的な問題を提起していると考えてのことだろう。

一九五五年当時からすでに六〇年以上が経った現在の目で松田の著作を読んでみると、絶賛に近い丸山の書評にすら、ややもの足りなさが感じられる。たとえば、結核と診断されても自分が病気とは思えず休養をとらずに働きつづけたいと思っている人に対して、松田は医師側の論理を示した後でそれに反論する術を教えている〔松田、一九五五、八頁〕。医学的には休んだほうがよいとしても、患者側の「人間としての生き方が、それを許さないという場合」〔同、一五頁〕についても、どのような妥協点を見つけるべきかを示唆している。医師のもっている偏見をただすのは患者であり、「病人のほうから医者のなかにある人間を覚醒させねばならぬ」〔同、二五頁〕と励ましている。医師の側の手の内をすべて明らかにして、患者にとりうる自由度を教え、そのことによって逆にあるべき医師の姿を浮かび上がらせている。

「インフォームド・コンセント informed consent」という概念がアメリカ合衆国から日本に導入されたのは、一九八〇年頃である。患者の権利としての「インフォームド・コンセント」は、患者自身が、自らの人生観や状況に応じて自己に相応しい治療法を自由に選択することにあった。日本にそれが導入されると、「説明と同意」と翻訳されて、医師の形式的な説明義務に変容してしまった〔日本医師会生命倫理懇談会、一九九〇〕。そのような日本の医療風土のなかで、『療養の設計』は、「インフォームド・コンセント」導入の四半世紀前の時点で、患者が自らの治療を設計するという「インフォームド・コンセント」の最先端を行くような発想で書かれていたことに驚愕の念をもたずにはいられない。しかも、「食事は栄養価の問題であるよりも愛情の問題である」〔松田、一九五五、七八頁〕、「できもしない理想的な療法をのべたてて……悲観させるよりも、多少無理があっても実行できる療法を示すほうがいいと思う」〔同、一一四頁〕といった箴言が随所に出てくる。丸山が言うように、「肉体と精神と社会」の三面で病気を捉えていることがよくわかる。

丸山は、結核療養者という立場から、「結核」に特化した著作として『療養の設計』を書評している。しかし、原理的に言えば結核だけではなく、すべての病気が肉体と精神と社会の三つの次元にまたがっている。結核の場合には、その構造が見えやすいということに過ぎない。『療養の設計』の射程を病気全般にわたる医師－患者関係にまで広げれば、医療の主体は患者本人であることを宣言した画期的な著作であることがわかる。「療養」を「設計」する、つまりどのようにして病を癒し、自分の人生のなかでその病気を位置づけ、そして再び社会にソフト・ランディングするか、は患者本人にしか決めることはできない。医師や看護師はその「設計」のなかの一つのピースであるという発想は、六〇年以上経ったいまでも新鮮な驚きを与える。

一九四一年、大阪帝国大学医学部で、澤瀉久敬《おもだかひさゆき》は「医学概論」を講じた。これが日本で最初の大学における「医学概論」講義であったと言われている。その澤瀉は、講義録を基に『医学概論』三部作を上梓するが、第一部「科学論」（一九四五年）、第二部「生命論」（一九四九年）につづいて刊行された第三部「医学論」（一九五九年）では、医学が「社会科学でもなければならぬ」（澤瀉、二〇〇〇—〇七、三部、一六頁）ことを宣言した。『医の倫理——医学講演集』（誠信書房、一九七一年）では、医療者が患者に対してもつべき六面的人間観を展開している。第一に「物体」、第二に生命のある物体、すなわち「生物」、第三に「意識をもった生物」、第四に自己の意思をもって自主自立する「独立者」、第五に他人と協同生活を営む「社会人」、そして第六に「社会的に生きながら、死ぬときにはひとりびとり、ひとりぼっちで彼の世に旅立ってゆかねばならぬ孤独な存在として、自己の生を悩み、死におののく自覚的存在者」（澤瀉、二〇〇七、八頁）、つまりは「思想者」である。医療者は、患者を一個の人格をもった存在として遇する（第四規定）だけではなく、社会的にどのような役割を果たし（第五規定）、またどのような死生観をもっているか（第六規定）を考えて、治療を行なわなければならない、としている。澤瀉は、故あって「医学概論」の先駆者となったが、もともと医師ではなく、フランス哲学者である（高草木、二〇一三／高草木編、二〇一三）。そうした外部の者であるからこそ踏み込むことのできた「患者像」であったとも言えるが、澤瀉が『医学概論』第三部を刊行する四年前に、医師の松田が『療養の設計』を書き、そこで、もっぱら患者主体の「療養」のあり方を提起していたことは特筆に値するだろう。*

＊澤瀉は、『医学概論』第三部の「まえおき」で、「教を受けた」として松田に謝意を表わしている（澤瀉、二〇〇〇—〇七、三部、三頁）。

4 レニングラードにて

丸山は、療養生活のなかで松田『療養の設計』の書評を書いた一九五五年、四〇代に入っていた。松田は、すでに四七歳、医師として充分なキャリアを積んでいた。『療養の設計』はすでに一〇冊目の単著である。『結核』(弘文堂、一九四〇年)、『人間と医学』(中央公論社、一九四七年)、『からだとこころ――おばけ退治』(大雅堂、一九四八年)、『医学の誤謬』(白東書館、一九四八年)、『結核とのたたかいの記録』(白東書館、一九四八年)、『赤ん坊の科学』(創元社、一九四九年)、『結核をなくすために』(岩波新書、一九五〇年)、『療養手帖』(創元社、一九五一年)、『あられ療法』(創元社、一九五三年)と、旺盛な執筆活動を行なっている。

その後、松田が「思想家」として活動する転機となったのは、一九五七年のソビエト訪問であったと思われる。松田は、つねに最新の医学界の動向を知るために、英語やドイツ語だけではなく、ロシア語の専門医学雑誌を個人的に購読していた。その勤勉さは恩師の平井毓太郎譲りだったとも言えるが、松田の場合には、ソ連が文明の一方の旗頭であるという認識があり、ロシア語による最新の知識の導入は、ぜひとも必要であると考えていた。医学だけではなく、歴史や哲学等二〇種類近くのロシア語雑誌を個人で予約購読していた(松田、一九九八、一一六頁)。ところが、その実態に触れると、医学の水準はアメリカよりもはるかに低く、歴史や経済学や哲学に関するものも、「スターリンの演説の引用からはじまって、おわりは偉大な指導者スターリン万歳」(同)という類のものだった。

ソ連に対する不信感を決定的にしたのが、一九五七年、ソ連の小児科学会に招待されて、「小児結核」の報告を行ない、レニングラードに半月滞在した経験〔松田、一九七九－八一、一六巻、八九－一一八頁〕だったと言われている。実は、レニングラードに行くに当たって、松田は一冊だけ日本語の本をもっていった。それが、著者からの謹呈本である、丸山眞男『現代政治の思想と行動（下）』（未來社）だった。松田は、そこに収録されている論文「「スターリン批判」における政治の論理」に、発表時（『世界』一九五六年一一月号）から衝撃を受けていたという。「自分のなかにあるマルクス主義的なものの考え方の単純性を徹底的にためなおした」〔松田、一九七一a、一九九頁〕とある。

スターリン批判は、言うまでもなく、直接的には一九五六年二月のソ連共産党第二〇回大会でフルシチョフがスターリンの個人独裁を批判したことを指す。同年には、後に一〇月・一一月にハンガリー動乱もあり、社会主義像が大きく変容する節目の時期だった。丸山の論考の意図は、「スターリン批判」の提起した問題を、単にスターリンの個人的資質の問題に解消したり、あるいはソ連で社会主義建設が行なわれた客観的な歴史的諸条件に帰着させたりすることなく、「政治的なるもの」の悲劇をも剔抉することによって、マルクス主義者と非（反）マルクス主義者に共通の学問的課題と政治的教訓を引き出すという壮大な構想のものだった。それは、浅薄で紋切り型の社会主義批判を越えたものであるゆえに、かえって痛烈なソ連社会主義批判となって現われてもいる。

松田が、丸山の論考でとくに注目して赤鉛筆で線を引いているのは次の一節の傍線箇所である。*

*レニングラードにもっていった著者謹呈本は、当地に置いてきたとあるので〔松田、一九七一a、一九九頁〕、熊本学園大学付属図書館松田道雄文庫所蔵の、赤線を引いてあるものは、後に購入したものだろう。

「誤った実践や指導には必ず誤った理論やテーゼが照応するという建てまえからして、ソ連はじめ各国共産党指導者が、スターリンによる大量粛清と法手続きの侵犯の基礎としてもち出したのが、「社会主義建設が進行するにつれて階級闘争は激化する」というスターリンのテーゼであった。……しかしあの長期にわたる惨憺たる粛清とテロがこうしたテーゼから必然的に「流出」したとは到底考えられない。私自身はこのテーゼのなかにもある意味で真理が存在すると思っている。むしろ恐るべきは、政治過程を隅々まで科学や原則が支配するという想定と政治的信条との癒着なのだ。」〔丸山、一九九五―九七c、六巻、二三二―二三三頁。傍線は松田〕

この箇所の傍らには、赤鉛筆で「合理主義＋信仰」という書き込みが見られる。これは、スターリニズムに対するものであると同時に、「科学的社会主義」としてのマルクス主義の正しさに心酔していた若き日の自己に対するものでもあったに違いない。松田は、丸山の論考を契機に、痛烈な思いで自身の過去を問いなおすことになった。

ところが、丸山のスターリン批判の論理は、彼の国では理解されるどころではなかった。「レニングラードの哲学研究所の若い研究者と会って、革命後レーニンの哲学をどんなに発展させたかとたずねた。答えが不満で何度もきき返した。その頰が桜色の三〇歳ぐらいで童顔の研究者は、だんだん昂奮してきて、顔をまっかにして、今にも泣きそうになった。別れて帰る道ロシアはもうだめだと思った。／少年の日に「入信」して戦争中は冷凍してきた信仰がだめだとわかった気落ちが、それからの私の考え方をきめた」〔松田、一九九八、二七頁〕。

しかし、だからと言って、松田がソ連や社会主義に絶望したことにはならない。松田のなかでは、ソ連をはじめとする現存社会主義国家に対する幻想はなくなっても、社会主義そのものに対する憧憬や期待が消失したわけではないし、ソ連に対する幻滅がその滞在によって決定的なものになったわけでもない。むしろ、その後の松田は、若き日の自身のマルクス主義は何であったかを探究する長い道のりを始める。

松田がその後ソ連に対して決して無関心にならなかったことは、たとえば、ソ連のラーゲリに収容されていた内村剛介の証言でも明らかである。松田のレニングラード訪問の翌年一九五八年夏、ソ連から帰還したばかりの内村は松田に会い、その後つきあいが始まるその最初の出会いのときに、松田は内村に「ラーゲリとは何か？　それは存在するのか？」という疑問をぶつけている〔内村、二〇〇八、一七七頁〕。松田は、ソ連という国家の実態に並々ならぬ関心を示していた。

むしろ、レニングラードでソ連の現状に失望したところから、思想家・松田道雄の独自の歩みが始まると言っても過言ではない。つまり、「革命」や「社会主義」を出口にするような方向性が失われたところで、ではどのように現状を変革していくのか、という問題が突きつけられる。それは、同時に、自分が「信仰」の対象としていた社会主義を歴史的に検証するという歴史家としての仕事を松田に与えることになる。『ロシアの革命』をはじめとするロシア史研究、近代日本のなかに社会主義やアナーキズムの可能性を探る日本思想史研究によって、松田は自らの思想を紡いでいく。

もう一つ指摘しておかなければならないのは、ソ連訪問が松田に失望をもたらしたとしても、それは一面的なことに過ぎないという点である。松田道雄の名前を著名にした最大の著作は、『育児の百科』であることは間違いなく、この著作によって、小児科医としての表の顔で、松田は一躍有名になった。しかし、『育児の百科』は単なる育児書ではない。

一九六〇年代に、桑原武夫班長の下で京都大学人文科学研究所のルソー共同研究に参加した松田は、生涯ルソーに対する強い思い入れをもっていた。『育児の百科』は、ルソー『エミール』(一七六二年)を下敷きにしたものとして読むこともできる。しかし、『育児の百科』が『エミール』と決定的に対立するのは、ルソーがエミール少年を社会に感化されない自然のなかで一人の家庭教師のもとで育てるという構想を示したのに対して、松田が「集団保育」を強調している点である。レニングラードで「集団保育」の実践を目の当たりにして、それに新鮮な驚きを覚えたことが、『育児の百科』の一つの方向を決めた。その意味で、ソ連訪問は松田にポジティブにも働いているし、「集団保育」ないし「集団教育」を通して、個人と集団との関係を新たに考察する契機にもなっている。『育児の百科』は、松田の「社会主義」をめぐる思想的葛藤のある側面を浮き彫りにする著作として読むことができる。

第 I 部

「市民」概念と社会主義

第一章　べ平連と社会主義

1　松田道雄と市民運動

松田道雄は、闘いの人ではなかった。デモの先頭に立ったり、街頭でアジ演説を行なったりすることはおそらくなかった。若い頃は、医師として精力的に動きまわったし、文弱の徒というわけではなかったが、書斎に籠もって執筆活動をしている姿が似合う人だった。

時代の空気に敏感な人だったから、一九六〇年代の市民運動の興隆に対して反応はしていた。六〇年日米安保改定阻止闘争のなかから生まれた「声なき声の会」には、一九六二年に一参加者として投書している。「きようは「またデモであおう」をお送り下さいましてありがとう存じます。／クラゲを思い出しました。骨はない。切れれば切れたところで、もう一つのクラゲができる。一つ一つをつかみ出して岸にほうり上げれば蒸発してあとものこさない。けれども、かたまつて海流のなかにあれば大きな船のスクリユウをとめてしまう。硬骨魚たちは船が近づくとにげてしまう。そして死ねば硬骨魚は骨をのこす。骨はくさつて変なにおいがする。／クラゲのたよりなさ、クラゲの美しさ・クラゲの力を、私たちはばかにしていたことを反省しました」（声なき声の会編、一九九六、一巻、一七八頁）。

一人一人は力をもたない市民も集まって協力すれば、大きな力となって権力に対峙することができる。むしろ孤立した弱い市民たちだからこそ、組織の論理にとらわれることがなく融通無碍に動き、ときを得れば組織の動員力を凌駕する力を発揮する。松田は、その中心メンバーであったわけではないが、「声なき声の会」の市民運動の展開に期待を寄せていた。

一九六五年に結成されたべ平連（ベトナムに平和を！市民連合）にも、初期の頃から参加していたのだろう。自らを「べ平連原住民」（松田、一九七〇b、八頁）と名乗っている。べ平連の機関誌にも寄稿しているが、「いかに死ぬべきか」（松田、一九六九a／一九六九b）という心臓移植や安楽死をめぐっての論考などで、市民運動の中核的な話題を提供していたわけではない。年齢的に一九〇八年生まれだったことも積極的に加わらなかった大きな要素だっただろう。一九三二年生まれの代表・小田実《まこと》とは一世代ほど違うし、長老格の鶴見俊輔よりも一四歳年上である。市民運動が一つのピークに達した一九六八年には還暦を迎えていたことになる。若い人たちのやっていることには無用な口出しをせず、静かに見守るという姿勢を貫いていた。ところが、その松田が、べ平連のなかで突如脚光を浴びた一幕があった。

一九六八年八月一一日から一三日まで京都国際会議場で、べ平連主催「反戦と変革にかんする国際会議」が開催された。多くの招待客のなかに、『スポック博士の育児書』（一九四六年）の著者ベンジャミン・スポックがいた。この著作は、初版以来、世界で五千万部、『聖書』の次に売れたと言われるベストセラーであり、邦訳も一九六六年に刊行されていた。その翌一九六七年に『育児の百科』を刊行した松田道雄と、日米の育児書ベストセラーの著者として壇上で握手をすることが計画された（小田・鶴見編、一九六八、一七四頁）。スポックは、ベトナム反戦にも深くかかわっていた人物だった（亀田、一九六八）。その計画が実現しなかったのも、スポックが、事前に反戦運動のためにアメリカで逮捕され、来日が不可能になったためである。

予定されていたセレモニーは空振りに終わったが、その後の議論で、松田の発言が大きな波紋を呼んだ。会場には、「ファンダメンタル・ソーシャル・チェンジ Fundamental Social Change」（根本的な社会変革）という垂れ幕が掛けられていた。それに松田が異を唱えた。それは、ベ平連や市民運動の存立にかかわる本質的な問題提起だった。

ベ平連は一九六五年に発足以来、次々に大きな企画を成功させてきた。同年八月には、「八・一五記念徹夜討論集会〈ティーチイン〉戦争と平和を考える」を赤坂プリンスホテルで開催、中曽根康弘、宮澤喜一、宇都宮徳馬ら自民党の大物代議士も招いて反響を呼んだ。一九六六年八月には、「ベトナムに平和を！　日米市民会議」（東京・サンケイ会館）を、また同年一〇月には、来日中のサルトルとボーヴォワールを招いて、ベ平連討論集会「ベトナム戦争と反戦の原理――Ｊ・Ｐ・サルトルとともに」（東京・よみうりホール）を開催している。一九六七年には国際会議こそなかったが、一一月に、横須賀寄港のアメリカ合衆国空母イントレピッド号から脱走した四人の水兵を、ベ平連が国外に亡命させたことを発表した。以後、ベ平連は米軍脱走兵を匿い、主としてソ連経由でスウェーデンに送り込む運動を全国的に展開することになる。ベ平連は、もはや単に反戦を訴える平和的な運動体ではなくなっていた。非合法も辞さずという「市民的不服従 civil disobedience」を実行して、一定の局面では国家と対峙するところまで運動が進んでいた。そうしたなかで二年ぶりに開催された国際会議が「反戦と変革にかんする国際会議」だった。

これまで「反戦」というシングル・イシューで動いていたはずのべ平連が、「根本的な社会変革」という新しいテーマを掲げた。会議の冒頭で挨拶に立った小田実によれば、二年前には、ベトナム戦争に対する抗議の意を日米両政府に伝えることが会議の目的だったが〔小田・鶴見編、一九六八、七頁〕、「社会のしくみをいくぶんでも変えないかぎり、ベトナム戦争はなかなか終わらない」と考えられるようになった。この変革については、「社会主義という名前、あるいは他のイデオロギーの名のもとに結び付けて考え」る人々もいれば、「社会主義、共産主義を含めて、自分たちの変革を、そうしたイデオロギーの名において裁断することを好まない」人々もいれば、「そうした名称をつけるか否かで議論するよりは、現実の状況一つ一つに、すぐさま反応していくことのほうが重要だ」〔同、八頁〕と考える人々もいるだろうが、ともかくこの場で「変革」を議論したいという趣旨を述べている。

活字で読むかぎり、思わず脱力感に襲われるような、力のない挨拶である。反戦を実現するためには社会変革が必要だということは、中学生にもわかる理屈である。問題は、運動としてどこまでの範囲に踏みとどまるか、ある一線を越える覚悟ができているか、という点であるに過ぎない。ここで言う「根本的な社会変革」には、社会主義・共産主義を目指す方向、「革命」を目指す方向との連携まで視野に入っているのか否か。それは、べ平連のあり方そのものをも問うような問題である。にもかかわらず、小田の言葉からは、べ平連の方向性に対する確固たる信念はまるで見えてこない。「脱走兵の引き取り先を求めるための長い世界行脚の旅に出ていて、会議の直前に旅の最後の重要なしめくくりであった一週間の北ベトナム訪問から帰って来たので、この議論には実質的に参加していない」

〔小田、一九九五、三三四―三三五頁〕という裏事情があったにせよ、翌六九年に「反安保」を掲げて「ベトナム反戦」を一歩踏み越える決意は、この時点では小田のなかで固まっていなかったと考えるべきだろう。

日本における市民運動の嚆矢と言われる「声なき声の会」は、既成の政党や労働組合が運動の中心を担っていた時代にあって、組織に属さない無党派の人々が自由にデモに参加できるような受け皿をつくった。代表は、小林トミという中学校の美術の教員だった。その後ろ楯になっていた鶴見俊輔、高畠通敏、久野収が、一九六五年にベトナム反戦運動を立ち上げるにあたって、小田実に白羽の矢を立てて代表の座に据え、始まったのが「ベ平連」である。小田が第一回デモのためにつくったと言われているビラが、「私たちは、ふつうの市民です。／ふつうの市民ということは、会社員がいて、小学校の先生がいて、新聞記者がいて、花屋さんがいて、小説を書く男がいて、英語を勉強している青年がいて、／つまり、このパンフレットを読むあなた自身がいて、／その私たちが言いたいことは、ただ一つ、「ベトナムに平和を！」」〔『ベ平連ニュース』第一号、一九六五年一〇月二三日〕〔ベ平連編、一九九三、一頁〕である。「声なき声の会」と「ベ平連」を結んで、それを「市民運動」のメイン・ストリームと捉えるならば、当初の基本はデモでシュプレヒコールを上げる程度のことだった。

ベトナム戦争に反対の声を上げたい人ならば、誰でもベ平連に入ることができる。いや、誰でもベ平連を名乗ることができる。ここには会員名簿も規約も存在しないのだから、各人が好きなことをやればいい。かくして、①「やりたいことをやれ」、②「言い出しべエがやる」、③「人のやることに文句をつけるな、いやなら自分でやれ」〔鶴見・小田、二〇〇四、一九―二〇頁〕という行動三原則が生まれた。しかし、そうやって膨れ上がった大衆の勝手気ままな動きに任せていては、運動は展開できない。自由な組織原則それ自体は、運動を魅力的なものにするとはいえ、一方では、既存の組織原理を否定しながら、他方では組織化を図らなければならないというジレンマが生じる。小田実らを中心とする「神楽坂内閣」という「指導部」と、勝手にべ平連を名乗っている「大衆」との共存のなかに微妙なバランスを見いださざるをえない。

しかも膨れ上がった組織のなかで自由行動の原則をとれば、路線の違いも顕在化してくる。高校生時代からヤング・べ平連として活躍した吉岡忍は、べ平連には大きく分けて二つの層があったという。「日曜日だったらデモに出られますけど、ウィークデイは仕事があるから無理ですよ」という気軽に参加する市民層と、「福祉の問題から外交問題に至るまでさまざまなレベルで社会変革を考えるという層」(高草木編、二〇一六、六二頁)の二つで、もちろんその間にグラデーションが形成されている。ただし、「権力奪取を目標にしないという点は全体として含意されていたはず」であり、「議会で多数をとることによってであれ、レーニン主義に基づく社会主義革命によってであれ、権力奪取は想定されていなかった」(同、六二―六三頁)という。つまり、革命を目指すことはもちろん、既存の政党政治の枠組みに入ることさえ拒否していた。その原則を損なえば、もはや市民運動ではなくなってしまう、ということだろう。

おそらく、吉岡の説明は基本的にはそのとおりなのだろう。しかし、一九六八年の「反戦と変革にかんする国際会議」について言えば、その「根本的な社会変革」のなかに革命への芽が宿されていなかったと考えるのは、無理がある。少なくとも、松田道雄がそこで感じたのは、べ平連が権力奪取を目指す集団に変質するのではないか、という危惧だった。

「いままでの世界の歴史を見ると、ファンダメンタル・ソーシャル・チェンジをやったのは、なんらかの形においてそれはアーミィ（軍隊）であった。われわれはそういうアーミィを今持つべきかどうかという問題と、それをベ平連が代行しえるかという問題とは別個なのである。はじめからそのことを別個に考えて、われわれは成長すれば、自然にアーミィになるんじゃないんだ、アーミィを持てばその中において、一つのディシプリン（discipline）がいる、そのディシプリンは、いままでのところ、やはり官僚制にならざるをえない。われわれはそういうディシプリンのないアーミィを持って戦いえるか……。」〔小田・鶴見編、一九六八、二四三頁〕

松田がベ平連に問題を突きつけたのは、このときたった一度のことである。

2　「反戦と変革にかんする国際会議」にて

「根本的な社会変革」を掲げる若手のベ平連メンバーを、松田は「全学連の少年たち」と呼び、彼らと自分との意識の違いを「私がベ平連に参加したのは絶望のためであるのにたいし、全学連の少年たちは、希望によって参加している」〔松田、一九七〇b、一一頁〕と指摘する。一九世紀には輝かしい理念としてあった「社会主義」が、一九一七年に現実の社会体制となり、やがてスターリン体制を生んだことを目の当たりにしてきた世代にとって、「社会主義」はもはやそこに賭けるべきものではなくなってしまっている。資本主義も、社会主義も、「少数者が多数者を支配すること」に変わりないことは明白となってしまった。そのような「絶望」から、松田は自分自身の「市民運動」の論拠が生まれる、と説く。「みずからを支配者にまで上昇させることのない、被害者の立場」(同、一二頁)こそ市民運動の立場であり、ベトナム戦争においてクローズアップされたのも、その「被害者、抵抗者」としてのベトナム人民の姿だった。そのような、「被害者、抵抗者」としての市民は、基本的人権を拠り所として闘うことになる。

ここには、革命への期待がないのはもちろんのこと、議会制民主主義への期待もない。議会制民主主義という形式の下で事実上の「独裁制」が敷かれることもあるのだから、基本的に信用はできない。かと言って、直接民主制に対する幻想もまた抱かない。「ルソーの直接民主制がファシストによっても採用されることからも、私は不用意に直接民主制ということをいいたくない」(同、一三頁)。要するに、「永久革命としての民主主義」(丸山眞男)などという前向きの発想はどこにもない。* 松田にとって、「市民」は、民主主義を不断に改革していく主体ではなく、「被害者、抵抗者」、つまりは「被支配者」であり、統治の主体とはなりえないものとして措定されている。「多数者による少数者の支配」という丸山の言う民主主義の理念を松田は信じていない。市民運動は、「被支配者」たちに最終的な集団的抵抗の場を与えるものとして、意味をもつ。「クラゲ」たちの生存権を賭けた集団的抵抗は、変幻自在に権力に絡みつくという点で、これまでの運動にない可能性も秘めている。

*たとえば、丸山の後継者の一人と目される石田雄《たけし》は、丸山の「永久革命としての民主主義」を、民主主義の本質を表わした理念として高く評価するが(石田、二〇〇五、二七頁)、これは一九六〇年の安保闘争の直後に発せられたものであり(丸山、一九九五—九七d、一六巻、三四頁/一九九八a、五六頁)、全学連の実行主義への批判、

議会制民主主義の擁護というコンテクストを無視することはできない。都築《つづき》勉はこの点を明確に指摘している。

「六〇年安保に関する丸山眞男の総括として、民主主義は「永久革命」であるという言葉がしばしば引用される。特に世界的に社会主義の挫折が明らかになった一九九〇年代以降、政治の究極の理念もしくは現体制に代わるオルタナティヴの構想をこの言葉に求める人も多い。しかしこの言葉にはそれが述べられた文脈なり背景があって、丸山眞男から見れば「革命派」の新左翼が直接行動を取るばかりで、議会などの現存する制度の活用をまったく考えない傾向に対して、現存の制度の徹底的な活用の先に新たな制度構想がもたらされるという視点を述べたものであった」（都築、二〇一三、二二〇頁）。

その市民運動を展開しているベ平連が、「根本的な社会変革」に正面から取り組もうとすれば、既成の政治勢力に与し、既成の政治手法を踏襲せざるをえなくなる。最終的には、「軍隊」やそれに準ずる物理的強制力の手段に訴えざるをえなくなる。そこまでの展開を「市民運動」の理念、ベ平連の理念で展望しうるのか。これが、松田が投げかけた第一の問いである。

松田の問いはさらに深部へと進む。市民運動との関係はさておくとしても、「根本的な社会変革」がほんとうに必要なのか。誰がそれを必要としているのか。この点について「全学連の少年たち」は誰もまっとうな答えを出すことができないでいる。問題提起をした松田自身にも明確な答えが用意されているわけではないが、「少年たち」の問題の立て方が間違っていることは確かだと松田は説く。「少年たち」は、「帝国主義の勢力と官僚化した国家コミュニズム」とが戦争をまきおこす以上、その両方を否定しなければ反戦は実現できないと言って「根本的な社会変革」を目指す。しかし、揃いも揃ってマルクス主義のタームでものを言っていることが松田には気に入らない。「根本的な社会変革」を「必然論」として語れば、なぜそれが必要なのかを論証する手間は省けてしまう。すべては、資本主義の構造的欠陥に基づく歴史的必然として片づけられてしまうからである。べ平連の国際会議に来た「全学連の少年たち」だけでなく、反体制の理論がマルクス主義に独占されている日本の状況は、自らの生活の場から問題を立てて、解きほぐそうとする主体を奪っているように松田には思える。

「ソ連共産党にも、代々木にも、中国共産党にも一致できない人が、なぜみずからを構造改革派だとか、トロツキー派だとかいって、マルクスへの義理だてをしているのか、よくわからない。／ベトナム戦争に反対したり、保母さんの賃金を一万八千円に押えておこうとする連中に反対したりすることを、マルクス主義よりほかの理論でやっていけないか。反体制のあたらしい理論の探求が必要なのではないか。」〔松田、一九七〇b、二〇頁〕。

「根本的な社会変革」を説くのならマルクス主義以外の新しい自前の理論を用意せよ、と言うのは易い。至極もっともな提言であるだけに、超越的で突き放した要求のようにも見える。しかし、「私はきのうから学生さんたちの言うことを聞いたけれども、大いに賛成だ」、「ぼくは全学連が非常に好きなんだ」〔小田・鶴見、一九六八、一七五―一七六頁〕と、「全学連の少年たち」に一定のシンパシーを抱いている以上は、松田の問いのなかに答えが暗示されているはずだと考えるのが妥当だろう。おそらく、松田が二つの手順を想定していることが、国際会議の発言のなかから読み取れる。

「マルクス主義の中には、二つの流派があったわけです。……人民というものは、愚かなものである、これは一、二のリーダーが指導していくよりほかはしかたがないという考え方、つまりエリートの考え方。しかし片方には人民のエネルギーを人民の自発性の中に組み上げていこうという派があったわけです。その派は実はメンシェビキーとして葬られているわけです。メンシェビキーはけっしてアナーキズムじゃない。……しかしその中で、どこまでも大衆のエネルギーを組み入れていこう、デモクラティックにそれを貫いていこうという派があったわけです。そういうデモクラティックなマルクス主義によって、われわれは今なお戦いえるのか、あるいはマルクス主義一般がだめなのか、とそういう理論的課題をまず私としては解かなくちゃいかん。そのうえではじめていったいファンダメンタル・ソーシャル・チェンジをマルクス主義以外で何かやる法があるかないかということになるでしょう。」（同、二四三―二四四頁）

マルクス主義の内部でボリシェヴィキとメンシェヴィキという対立する二派を対照し、破れた側のメンシェヴィキのありうべき可能性を探る、ということは、ボリシェヴィキを、レーニンを、ロシア革命を、徹底して批判的に検討することを意味するだろう。

だから松田には、「反スターリン」にとどまっている学生たちが歯痒くてしかたがない。「彼らが反スターリンであっても、彼らが反レーニンでないかぎり、自発性は、意識性に従属させられる。それは支配の論理ではあっても、抵抗の論理ではない」（松田、一九七〇b、一三―一四頁）。そして、「反レーニン」たるためには、まずは、マルクス＝レーニン主義の歴史を、手垢のついた翻訳の解説書によってではなく、ソ連共産党に埋没させられてしまったロシア語原典の資料に基づいて精査してみることを提案する。松田が、一九六二年にトロツキー『レーニン』を邦訳し、筑摩書房版『世界ノンフィクション全集』第三〇巻に掲載したのも、そうしたロシア革命再検討の作業の一環としてあったのだろう。松田は、レーニンの神格化を「社会主義」の堕落と見なし、レーニンの人となりを最もよく知る朋友であったトロツキーによる等身大のレーニン像の回復を翻訳の意図としていた（松田、一九七二

g、二頁)。そして、この作業は、八年後に、『ロシアの革命』(河出書房新社、一九七〇年)で集大成されることになる。

それに付随する問題として、ロシア革命史のなかの学生運動にも言及している。ロシアでは、一九〇一―〇二年に学生運動が起こったが、その点についてソ連の歴史書では年々扱いが小さくなっている。それは、学生運動がロシア革命史にとって重要でなかったことではなく、まったく逆のことを意味している。「学生運動が、学生自身の創意でおこったことが、ロシアの非マルクス主義インテリゲンチアを立たせたのである。それまでは労働者階級のヘゲモニーなしには反政府の運動は成功しないように宣伝されていたのが、この学生運動のエネルギーをみて、インテリゲンチアたちは、独自の道に気づいた。自由主義者たちは「解放」団をつくり、のちに立憲民主党の核とした。ナロードニキは社会革命党の結党の準備にはいった。これらのインテリゲンチアの動きが、レーニンにますます自分たちの党をつくることを急がせたのである」(松田、一九七〇b、三三―三四頁)。つまり、松田は、自らの課題としてロシア革命史の再検討という作業を引き受けることを前提にしたうえで、学生たちには、学生運動の理論を歴史のなかから掘り起こし、練りなおすことを要求していたのである。

そうしたロシア革命史研究を通したマルクス＝レーニン主義の再検討とともに、マルクス主義以外の反体制思想の構築という点も松田の念頭にはあったと思われる。先の引用中の「メンシェビキーはけっしてアナーキズムじゃない」という発言は、期せずして松田のアナーキズムへの思い入れを表現しているように思われる。

3　アナーキズムと市民運動

松田道雄の著作一覧を見ると、この「反戦と変革にかんする国際会議」以前に、歴史にかかわる著作をもっている。

一九六四年には、京都大学人文科学研究所の共同研究の成果である、桑原武夫編『ブルジョワ革命の比較研究』(筑摩書房)に「日本およびロシアの初期社会主義――ゲルツェンと北一輝」という論考を寄せ、翌年には、河野健二編『マルクスと社会主義者』(平凡社)で、「人民のなかへ」を担当している。その後も、京大人文研のルソー共同研究にも参加していることから、この二つの思想史研究で、松田はアカデミック・キャリアをもたないながら充分な戦力として認められたのだろう。二つの論文とも、マルクス主義以前のロシア社会主義思想が叙述の中心になっている。

もう一つ、この二つよりも古く、筑摩書房「現代日本思想体系」の一巻として『アナーキズム』(一九六三年)を編集している。アナーキストでもなく、アナーキズムの研究者でもない松田にこの役が廻ってくるのは、いささか面妖ではある。松田自身、「編者あとがき」で、「私をくるしめたのは、どうしてこの埋没した思想の鉱脈を、市井の医者である私が発掘できるかということだった」〔松田編、一九六三a、四三五頁〕と述べている。松田の「解説」は、「世界のアナーキズム」と「日本のアナーキズム」に分かれ、前者では、まだ邦訳のなかったウドコック『アナーキズム』(一九六二年)〔Woodcock, 1962〕等を使い、整理するのが難しいアナーキズムの諸潮流に目配せを利かせながら、そつなくこなしている感がある。ただし、アナーキズムを「社会主義のなかの……権力否定の潮流」（松田編、一九六三a、一二頁）として規定していることには、問題がないとは言えない。

松田は、「社会主義」はユートピア思想として始まったと言い、サン＝シモンやオーウェンをこの範疇に入れる。その後、社会主義思想が労働運動と結びつき、現実的な社会変革運動に進展してゆくと、権力の奪取を目指す方向と権力を否定する方向の二つに分裂する。前者がマルクス主義、後者がアナーキズムであり、第一インターナショナル（国際労働者協会）におけるマルクス派とアナーキズム勢力（プルードン派、バクーニン派）との対立が、その分裂の象徴として捉えられている。このように、第一インターを叙述の中心にして、後は落穂拾いをしていけば、マルクス主義との対立を軸にアナーキズムの輪郭を描くのは比較的容易だろう。そして、このような分析に首肯する研究者も多いかもしれない。もとより、アナーキズムという複雑な潮流をきれいにまとめること自体が不可能なのだから、ある程度の強引さはやむをえないとも言える。しかし、問題はそのような一般的な学術論議ではなく、他ならぬ松田道雄がこのような分析を行なうことの意味である。

まず第一に、一九五七年のレニングラード訪問時点でマルクス＝レーニン主義の呪縛から離れたはずの松田であるからこそ、マルクス主義と対立的なアナーキズムを積極的に評価し、この筑摩書房のシリーズの『アナーキズム』編集を引き受けたはずである。にもかかわらずなぜ、サン＝シモンやオーウェンを「ユートピア思想」という枠組みで捉えようとするのだろうか。これは、マルクス／エンゲルス『共産党宣言』（一八四八年）やエンゲルス『オイゲン・デューリング氏の科学の変革（反デューリング論）』（一八七八年）ないし『空想から科学への社会主義の発展』（一八八〇年）において示された、「空想的社会主義」から「科学的社会主義」＝マルクス主義への発展という定式にそのまま則ったものだろう。たとえば、サン-シモンの著作を虚心坦懐に読んでみれば、どこが「空想的」で、どこが「社会主義」なのかは判然とはしない。そもそも、サン-シモンの時代には「社会主義」という言葉はなかったのだから、*サン-シモン本人が「社会主義」を認識しようがない。また、彼は、空想の世界に遊んでいた夢想家ではなく、主観的には現実的な変革プランを提案しつづけた人物である。サン-シモンの思想が直接に労働運動に結びつくものでなかったことは、彼がフランスにおける労働運動が本格化する以前の一八二五年に没していることを考えれば当然のことであるが、これをもって「ユートピア的」と言えるのだろうか。これは、松田における学識や教養の問題ではなく、彼にとっての「マルクス主義」にかかわる思想上の問題になるだろう。

*一般的には、ピエール・ルルーの一八三四年の論考〔Leroux, [1834]〕が「社会主義 socialisme」というフランス語の最初の使用例と言われるが、これは、ルルー自身の自己宣伝によるところが大きく〔Peillon, 2003, p. 80〕、ルルー以前、一八三一年に使用例のあったことが指摘されている〔Willard, 1978, p. 7/Prochasson, 1997, pp. 29-30〕。いずれにせよ、サン-シモンの没年以降のことである。

第二に、松田の描いた構図では、バブーフの位置づけが難しくなってくる。プラトン以来、トマス・モアやモルリイら、フランス革命以前の社会主義的・共産主義的発想は机上の空論でしかなかったが、こうした理想社会をフランス革命の進行過程のなかで、権力奪取によって実現しようとしたのがバブーフおよび平等派と呼ばれる人々である。社会主義・共産主義の歴史は、ここに思想から運動へという転換を迎えると言ってもよい。松田にあっては、社会主義の「思想から運動へ」の転機を一九世紀中葉に設定するので、その遥か以前にあった「権力の奪取を目指す」思想を説明できなくなってしまう。このことがレーニンへの思想的系譜を把握するうえでも問題を生じさせてしまう。バブーフを社会主義・共産主義の歴史から弾き出せば、「陰謀家」の系譜の先頭に位置づける他なくなってしまう。

第三に、ナロードニキの扱いという問題がある。松田が一九六五年に河野健二編『マルクスと社会主義者』に「人民のなかへ」という論考を入れ、ロシア・マルクス主義以前の社会主義について考察したことはすでに述べた。この先に、単著『ロシアの革命』(一九七〇年)、編著『ロシア革命』(一九七二年)を刊行することを勘案すれば、松田にとってナロードニキを社会主義史上にどう位置づけるかは畢竟の一大テーマだったはずである。ところが、『アナーキズム』における構図では、「ナロードニキ」は単なる「空想的社会主義」の遅れた一変種としてしか描きようがない。『アナーキズム』におけるマルクス主義に沿った社会主義の分類規定が『ロシアの革命』の主題を予め棄損させるという逆説が生まれてしまうのである。

さて、松田編『アナーキズム』は、日本のアナーキズムを対象としたものなので、松田の解説のうち「日本のアナーキズム」のほうに目を転じることにしよう。「日本のアナーキズム」は、大杉栄を中心として、日本におけるアナーキズムの生誕、大杉栄のアナーキズム、大杉栄以降のアナーキズムの三部構成とし、この「解説」の構成が、そのまま資料集である同書そのものの構成となって、資料が配置されている。

この三部構成には首肯するとしても、「大杉栄以前」の日本のアナーキズムの始点を、一九〇六年の石川三四郎「堺兄に与へて政党を論ず」〔石川三四郎、一九七七—七九a、一二五—一三六頁〕に求めることには異論の向きもあるだろう。日本の土着思想のなかからアナーキズムを掘り起こそうとすれば、安藤昌益《しょうえき》から始めることもできただろうし、その後継として江渡狄嶺《えときれい》を配することもできただろう。しかし、松田は、「アナーキズムは資本主義にたいして労働者階級が全面的な否定者としてたちあがったとき、労働者の組織の権力主義的傾向にたいする反対派としておこった思想」という「西欧思想史での文脈」〔松田編、一九六三a、三六頁〕を重視する立場をとっているために、日本に土着のアナーキズム的思想には目が行かない。

それはそれでよいとして、しかし、そのようにアナーキズムを捉えるならば、大杉以後の「今日のアナーキズム」として、三好十郎や埴谷雄高《はにやゆたか》が取り上げられるのはなぜか。本書に収録されている三好の「ある対話」は、共産党入党を勧めるAとそれを拒否する「私」Bの対話形式の作品であるが、「アナーキズム」の積極的主張はどこにも見られない。埴谷雄高の論考「政治のなかの死」は、ハンガリー動乱〔一九五六年〕鎮圧後の状況のなかで、『中央公論』一九五八年一一月号に掲載されたもので、これもまた社会主義体制または共産党のあり方に対する批判的な論考であり、アナーキズムを殊更に主張するものではない。

三好十郎も埴谷雄高も、一般に「アナーキズム」の括りに入れられる人物ではないにもかかわらず、なぜ彼らの二つの論考が「今日のアナーキズム」を代表するものとして松田によって選ばれたのか。松田自身は、「三好、埴谷のようなかつてのマルクス主義者のものにくらべて、生粋のアナーキストの筆になるものは力がよわい」〔同、六〇頁〕と述べているが、松田にとって「アナーキズム」は、マルクス主義への批判勢力たることで事足りるとされるのだろうか。ともかく、「アナーキズム」そのものの実体はここでは問われない。マルクス主義に対抗するものとしての「アナーキズム」は、「日本アナーキズムの伝統を意識しない心情としてのアナーキズム」(同、六一頁)として捉え返され、それが「戦後、デモクラシー思想の普及、生活の一応の安定とともに、地殻にしみとおる水のように日本人のなかにひろがった」と考察し、一九六〇年の反安保闘争のなかに、アナーキズムの発露を見ようとする。

「政府の権力にも反対、労働者の政治組織にも反対、ただ市民的自由のみをまもって、指導者のない平等の闘争組織を、ことにのぞんでくんでいこうということになると、これこそ「安保闘争」の組織原理ではなかったか。/市民の闘争といわれる「安保闘争」の経験は、三好十郎、埴谷雄高のなげかけている問いのまえに私たちをたたせている。」(同、六一頁)

松田は六〇年安保を「アナーキズム」の相として捉えたいがゆえに、三好と埴谷の反マルクス主義的論考を「今日のアナーキズム」としてもってきたようにも見えてしまう。「心情としてのアナーキズム」は、アナーキズム運動からどこまでも遠ざかっていき、希釈化されてゆく可能性をもつ。あるいは、「アナーキズム」という思想はどこまでも拡大解釈できてしまう。

だから、アナーキストで詩人の秋山清が、「市井学者の趣味的「アナキズム」」(一九六四年)という辛辣なタイトルの書評で松田道雄に反駁したのは当然だとも言える。

秋山は、「日本におけるアナーキズムは、いままで、それが当然おかれるべき思想史の座からはずされていた」という松田の見解のなかに、そもそもの無理解を見る。「戦後アナキズムは蘇生*したが、それは組織としてよりもまず個人の内部においてであった。組織としてのアナキズムは、戦後といえども、戦後の民主主義的権力争奪の中では、そのいずれの中央集権的権力主義をも敵とするために、回復は容易でなかった。その時、松田は、いや松田的良識の士は反権力思想の回復のために何の力を貸したであろうか。アナキズムに思想の市民権を与えなかったものは国家であり、政党であり、国民であり、市民であり、左翼であり、学者であり、思想家であり、あるいは松田道雄である。であるとともにアナキスト自身でもあった。市民権をもたざるスタイルにおいてはじめて反権力思想は維持されるものであった」〔秋山、二〇〇六—〇七a、四巻、六九頁〕。運動の側からアナーキズムを見れば、「思想としての市民権」という発想自体が、思想のもっている反権力の「毒性」を認識しえていない。

＊秋山は、「マルクスとバクーニン」（一九六六年）の冒頭で、「アナーキズム(anarchism)というのは外国語であり、現在わが国でアナキズムと用いるのは日本語としてである」〔秋山、二〇〇六—〇七b、四巻、五四頁〕と言い、もっぱら「アナキズム」を使用している。

秋山は、六〇年安保闘争を「心情としてのアナーキズム」と捉えることに真っ向から反論する。「私はきいた風なことをいうなといいたくなる。安保闘争を指導者のない闘争組織などと。一日でもあの日々の光景を見た者は、指導者の指導のままに流れ来り流れ去った反逆性のない無事平穏の安保デモを、松田道雄のようにはいうまい。もしあの「声なき声」のごときものをここに想定するのであったら、今少しその実体を調査した上でアナキズムとの関連を考えるがいい。松田のいう心情としてのアナキズム、というそれの危険極まりなさについては筆を改めて述べる必要を感じているくらいだ」〔秋山、二〇〇六—〇七a、四巻、七四頁〕。

六〇年安保闘争が、諸団体が結集した安保改定阻止国民会議による指導と統制を受け、各労組が人員の割当や日当・弁当の支給等を行なっていたことを考えれば、一般にそこに「指導者のない闘争組織」を見るのは愚の骨頂というものだろう。「声なき声の会」は、六〇年安保闘争全体のなかでは、砂粒のようなものであったし、しかも、そこにアナーキズムの思想的系譜を見いだすことは難しい。その意味で、秋山の批判は、アナーキズム運動の側に立ったときに正鵠を射たものと言えるが、しかし、そのような批判は松田には織り込み済みのことではなかったか。

もちろん、充分に希釈化されたものだとはいえ、「声なき声の会」にアナーキズムの匂いを感じとるのは、逆に松田の優れた嗅覚だとも言える。後に、「べ平連」の脱走米兵援助活動で、パスポート偽造技術をヨーロッパから持ち込んだフランス文学者の高橋武智も、同じ匂いを六〇年に感じている。「これは言い過ぎかもしれませんが、六〇年代から始まった日本の市民運動はアナーキズムに近いと思います。アナーキズムには、いろいろな解釈がありえますが、「国家に服従しない」ことが本質でしょう」（高草木編、二〇一六、九九頁）と、やや遠慮がちに語っている。鶴見俊輔がハーヴァード大学在学中の一九四二年三月にＦＢＩに逮捕されたのも、アナーキストを名乗ったためであるという（鶴見・加藤・黒川、二〇〇六、四四頁）。

六〇年安保のなかから生まれた「声なき声の会」の理念をつくったのは、鶴見俊輔である。鶴見が立てた「声なき声の会」の原則は、新しい市民運動のあり方を的確に提案していると言えるだろう。

「無党無派の集会をつくろう。党派にこだわらず、今の日本の政治について討論する集りを、自分の住んでいるところ、つとめているところにつくることを、ひとりひとりが呼びかけよう。

……／無党無派の市民集会は、政治についてのシロウトの集会として運んでゆくのがよい。この会合は世話人をふくめて、職業政治家になりたくないし、職業政治家につきものの指導権あらそいはしない。……直接の意志表明の場であるためにも、指導権あらそいから自由であるためにも、本部・支部関係とか傘下団体とかいうつながりのもちかたをもたずに、おたがいの連絡をもちたい。」〔鶴見、一九九六、一巻、七頁〕

政党や労働組合の組織原理とは無縁なところで、「無党無派」の個人からなる運動をつくるのがその眼目である。そして、この発想は、同じく六〇年安保闘争のなかで書かれた「根もとからの民主主義」（『思想の科学』第四次一九号、一九六〇年七月）にリンクしている。

「思想の私的な根をとおして、国家機構の次々につくりだす既成事実にたいするのでなければ、国家が明白にまちがっていることをきめている場合にもそれをくつがえす行動計画はたてられないだろうということだ。この意味で、一九六〇年五月十九日から進行している状態は、国家対私、という二つのものの背反を、古典的な仕方で示している。／それぞれが私の根にかえって、そこから国家をつくりかえてゆく道をさがす。このことが中心におかれるならば、政府批判の運動は、無党無派の市民革命としての性格を帯びる。どんな公的組織にぞくしている人も、その私の根にさかのぼれば、私としてはつねに無党無派だからだ。私の根にかえって、各種の公的組織のプログラムをつくりかえることなしに、本格的改革はなされない。」〔鶴見、一九九一―二〇〇一b、九巻、一八〇―一八一頁〕

しかも、鶴見はこの論考において、憲法第九条において交戦権を放棄した日本国が、国家の体をなしていないこと、「準国家」に過ぎないことを逆手に取って、この日本を基点にして「国家」概念を変容させることまで射程に入れている。「強制力のない国家へのつよい志向」をもつ日本国憲法を楯にして、「国民的規模における国家批判の運動にのりだすことができる」〔同、一八一頁〕とまで踏み込んでいる。

鶴見のこの論考を念頭に置けば、一九六八年の「反戦と変革にかんする国際会議」において松田が示唆したマルクス主義とは別の「反体制の理論」の要請も、奇を衒《てら》ったものではなかった。松田にとっての市民運動、つまりは「声なき声の会」から「べ平連」へという一つの流れは、反マルクス主義ないし非マルクス主義をその根幹としていて、「希釈化されたアナーキズム」のなかから、新たな理論が抽出されることを期待していたと考えることができる。

第二章　「市民」概念の多様性

1　「市民文化団体連合」から「市民連合」へ

戦後日本における「市民」概念の多義性については、たとえば佐伯啓思『「市民」とは誰か』（PHP新書、一九九七年）が指摘している。「市民」概念の曖昧さは、実は、「べ平連」の内部にもあり、そこに内部対立の契機があったと考えることもできる。松田の「市民」概念の特質を考察するにあたって、迂遠ながら、「べ平連」の名称変更をめぐる問題から始めたい。

べ平連は小田実がつくったものではなく、鶴見俊輔、高畠通敏、久野収という「声なき声の会」のメンバーが、新たなベトナム反戦運動の組織として構想し、当時市民運動と無関係だった作家の小田実をその構想のうえに乗せてできたものであることは、すでに述べた。当初、べ平連の正式名称は、「ベトナムに平和を！　市民文化団体連合」だった。これは、小田の発案ではなく、高畠らによって用意されていたものである。「声なき声の会」をはじめとするさまざまな団体が「ベトナム反戦」というテーマで結集する、既存組織の連合体というイメージだったと考えられる。事実、べ平連の第一回集会は、「声なき声の会」と小田実の連名で文化団体、市民グループに招請状を送っている（小林、二〇〇三、九一頁)。その意味では、六〇年安保のときの「安保改定阻止国民会議」の発想を受け継いでいるとも言える。

ところが、小田が第一回デモの際に配布すべく用意したビラは、「私たちは、ふつうの市民です。……会社員がいて、小学校の先生がいて、新聞記者がいて、花屋さんがいて……」(前述)というものだった。ここには、「市民文化団体連合」という発想は微塵も見られない。そして、この一見何の変哲もないビラには、小田の「市民」概念のエッセンスがはっきりと表現されていた。

小田は、近代社会の基礎は「労働」にある以上、市民の基礎が職業人であることを認めている。しかし、市民は職業人そのものではない。職業人は、自らの職能にかかわる問題について仲間たちと議論し、共同行動をとることがあるかもしれないが、それは「市民」の行動ではない。職能の範囲を超えた諸問題について、さまざまな職業人たちが結集し、そこで問題を議論し、共同行動するときに、「市民」が成立すると考える。つまり、市民は静的に条件づけられるものではなく、然るべき場を得て暫時的に成立する運動体であると捉えられている(高草木、二〇〇七、二四五―二五〇頁)。

市民は、徹底して「個」の存在と捉えられ、普遍的・一般的な問題を扱う市民運動は、職能内の特殊な問題を扱う労働運動とは峻別される。労働組合のような組織が市民運動のなかに基本単位として組み込まれることはありえない。そこには、職業人としての職能における序列や慣習が持ち込まれてはならないし、職業人として定着していない学生や主婦や高齢者も、「職能を超えた諸問題」、つまり普遍的・一般的な諸問題に関心を寄せるかぎりにおいて、「市民」たりうる存在であり、排除されることはない。べ平連が全国的に老若男女を結集しえたのは、まずは小田のこの「市民」認識があったからであると言うことができる。

久保圭之介が半年余りで辞めた後の事務局長を最後まで務めた吉川勇一もまた、「個人」を単位とする運動としてべ平連を考えていた。

「主権は譲りわたすことも代表されることもできない、といったのは代表民主制を批判したルソーの言葉だが、数万の人びとが集まりえたのは、指令も命令も受けず、また交通費も弁当代も支給されないにもかかわらず、ではなく、命令も指令もなしに参加者一人一人がその主権者として集まるようなデモであったからこそ可能になったのである。人びとの自発性・自主性が全面的に発揮された時、それは警察やマスコミの理解をこえる行為が達成されうるのである。」(吉川、一九九三、一二六三頁)

吉川がここで対比しているのは、六〇年安保のときの動員方式である。そこでは、傘下の各団体にデモ参加者の人員が割り当てられ、交通費や弁当代が支給された。自発性、自主性と対極にあるような義理と慣習の世界である。

吉川は、一九六四年八月、第一〇回原水爆禁止世界大会における日本共産党の方針に反対して、日本平和委員会常任理事を罷免され、翌年共産党からも除名処分を受けている(吉川、一九六四a/一九六四b)。吉川がべ平連に参加する以前に書いた「ベトナム戦争と平和の組織――平和運動組織論の再検討」(『月刊新世界』一九六五年七月号)を読むと、日本の平和運動が政党や労組の支配から脱して、「世界平和協議会」の「組織から運動へ」という大きな流れを実現させたいと考えていたことがわかる。その末尾には、「小田実氏らの「べ平連」が五月二二日に再度行なう、アメリカ、イギリス、ガーナ、日本などの統一デモは、すでにその方向を明示している」(吉川、一九六五、一一頁)とある。そして、この年の一二月に、吉川はベ平連の事務局長となり、小田－吉川の主導権の下で、翌年一〇月には、その名称は、「ベトナムに平和を！　市民文化団体連合」から「ベトナムに平和を！　市民連合」と改称された。

おそらく、小田を代表にして動き出すや、そして小田－吉川の体制が盤石になるや、ベ平連は、鶴見や高畠が当初考えていたものとはズレた別物になってしまったと考えるべきだろう。しかし、そのズレは、「ただの市民の運動」という「声なき声の会」の原点に返った場合、むしろ、その精神を正当に継承するものでもあったと言える。ただ、そこで問題となるのは、「市民文化団体連合」という当初の発想が果たして音もなく消え去っていったのか、「市民連合」と「市民文化団体連合」との軋轢がベ平連内部に生じなかったのか、ということである。

2　「声なき声の会」の理念と久野収の「市民」概念

「ベ平連」の生みの親の一人であり、「声なき声の会」の事務局長を長年務めた高畠通敏は、久野が一九六〇年六月一五日付で執筆した「市民主義の成立」(『思想の科学』一九六〇年七月号)を、「現代における市民運動の根拠を示す宣言であり、その後今日にいたるまでの市民運動のいわば原典」、「聖典のようなもの」(高畠、一九九八、二頁)として激賞している。久野の各種のアンソロジーのなかにも必ず収録され、代表作をもたない久野の一つの代表的論考であると言ってもよい。しかし、この「市民主義の成立」を、高畠の言うように「声なき声の会」以降の市民運動を理論的に支えるものという先入観で読むと、手ひどく裏切られることになる。久野の「市民」概念は、「声なき声の会」や「べ平連」の理念を表現しているとは言えない。

まず、久野は「〝市民〟とは、〝職業〟を通じて生活をたてている〝人間〟」（久野、一九九八、Ⅱ、六六頁）と定義する。小田との違いは明瞭であろう。

第一に、この定義にしたがえば、「市民」と「職業人」とはイコールになってしまう。「職業人」であれば、そのまま「市民」となり、「市民」である以上は「職業人」でなければならないことになる。「市民運動」は、まさに職業人の運動として捉えられるから、「〝民主主義をまもる学者、研究者の会〟が、短時日のうちにあれほど大きな組織力と影響力を持つことができたのは、たぶん学問にたずさわる職業人の共通の立場を自覚したからだ」（同、Ⅱ、六九－七〇頁）と評価される。また学生運動は、学生という「職分」によって起こる、つまり擬似的な「職業人」としての運動であると久野は言う。「［一九六〇年］五月一九日以来、学生のデモ参加者が日に日にふくれあがっているのも、学生の職分的市民意識からの発想と決断を無視しては理解されない。彼らは、従来の職業的革命家にひきいれられる前衛的グループとしてデモをおこなっているのではない。学生としての職分からみて、許しがたいと判断したからこそ、猛然と立ちあがった」（同、Ⅱ、七一頁）。

このような発想は、そもそも「声なき声の会」の実態と大きく懸隔するのではないだろうか。代表である小林トミによれば、デモに参加しようとしても「職業集団」等の旗印の後に勝手に加わればスパイ容疑をかけられてしまう雰囲気があり、そんななかで「誰デモ入れる」の横幕をつくったという。

そこに、「会社帰りのサラリーマン、若い女性、学生、主婦たち」〔小林、二〇〇三、一二一―一二三頁〕が加わってきた。つまり、一言で言えば「ただの市民」を自由に結集するものとして、「声なき声の会」はつくられたはずである。

第二に、したがって、「市民」は運動のなかで動的に捉えられることがない。「市民」が「職業人」の総和として存在するのなら、「市民運動」を既存の運動とは異なるものとして展望する視点を欠いてしまうことになるだろう。小田の発想では、「市民」は、日常生活においては一般に職業人として生きる人々のなかに潜在的な可能態としてあり、それが「職能を超えた普遍的問題」と遭遇するときに顕在化し、連帯を形成するものとされた。それゆえに、市民運動は従来の恒常的な「組織」の概念を打ち破るものとなったのである。その論理が久野には見えていない。

しかも久野は、「職業人」の原点をギルドに求めている。「ギルドは自分たちの職業を国家権力とは無関係にやれる権利を金をだして国家権力から買いとって、自主と自治と自由の母体になった。国家をこえる社会が、国家の中にでてくるということ、これが近代だ」〔久野、一九九八、Ⅱ、六八頁〕と高らかに謳いあげる。しかし、ギルドという特権的組織は営業の自由を阻害するものとしてあり、したがって、営業の自由という近代の原理に反している。ギルドの解体こそが近代を切り拓いたと考えるのが一般的な歴史理解だろう。久野の言は、ミードの『一九世紀の思想運動〔邦題：西洋近代思想史〕』〔一九三六年〕〔Mead, 1936〕に依拠していると思われる〔久野・高畠、一九九五、四一―四二頁、四六頁〕。ミードはこの著作で、「産業革命が生じた諸条件の概略」として「任意組織 arbitrary organizations」の登場を挙げているが〔Mead, 1936, p. 172／訳、一九九四、上、三〇一頁〕、ギルドが資本主義発達以前の組織であることも明確に説明している〔*Ibid*., p. 180／同、上、三一二頁〕。久野のように「任意組織」の自律性、自治性の側面だけを注視すると、フランス絶対王政下のさまざまな特権的「社団 corps social」とアメリカ合衆国の共和政下で自由に発達した非特権的な中間団体を事実上区別できなくなり、フランス革命が、封建的諸特権の廃止とともに、あらゆる「社団」＝中間団体を廃絶したことの歴史的意味がつかめなくなってしまう恐れがある〔二宮、二〇一一、一三三―一七六頁〕。

久野は別の著作で「市民権」を中世末期の自由都市から考察している。「同じ都市に一年居住し、前の領主や親方や警吏が捕縛の手を伸ばさなければ、前身、前歴を問わず、その人間がたとえ泥棒であろうと、自由民になれ、市民権を獲得できるという慣習法が成立しました。／この権利〔市民権〕を中世末期の自由都市が各市民に成文的に保障した結果、教皇庁の役人、聖職者、領主、所司代、代官らの都市への管理、干渉をはねのけ、都市を自立させる経済、政治、文化が基礎をかためていくのです。こうして地縁、血縁団体ではない、誓約団体としての都市共同体が生まれた」〔久野・佐高、一九九五、一二八頁〕。

ここからも明らかなように、久野は、万人が「市民権」をもっている近代社会における「市民」ではなく、近代以前の一部の特権的な人間としての「市民」像を前提に議論している。「市民」像を歴史的に遡及して考察するのは久野の自由だが、ギルドがもっている「特権的」な自由、「集団的」な自由を、一九六〇年日本の「市民」の基礎に置くのは見当外れというものだろう。そのとき求められていたのは、特権ももたず、帰属集団ももたない「ただの市民」のための「市民主義」の理論だったはずである。

一九一〇年生まれの久野にとって、その思想的原点は、一九四五年の敗戦ではなく、一九三三年の滝川事件にあったと自ら語っている。京都帝国大学法学部教授だった滝川幸辰に対する政府の言論弾圧に対して、法学部全教員が辞表を提出して抗議の意を表したが、新学長によって六教授のみが免官となり、曖昧な決着がついた。当時京都大学文学部三年だった久野は、この問題に積極的に関与するが、敗北感だけが残った。久野は、後年の回顧で、この滝川事件を「職能的自由主義の最後の組織的抵抗」〔久野、二〇一〇、五頁〕と位置づけている。日本には、それまで「自分の実生活の権利を守るために、政治の悪政策を批判したり、抵抗したり、政府をひきずりおろす立場」をとる「実生活者の市民的自由主義」〔同、三頁〕が存在せず、学者や作家やジャーナリストの「職能的自由主義」だけがあったが、「国民とは切れてしまっていた」がゆえに、天皇制ファシズムに抵抗する力をもちえなかった。「戦後のぼくが市民的自由、自分たちだけのエゴイズムでなく、万人のための市民的自由の基礎の上にしか職能的自由は保持できないとする市民主義を主張するのは、京大事件の経験が大きくものをいっているからです」〔久野、一九八七、一八九頁〕という。

このように、「職能的自由」が「市民的自由」を基礎にして、それとの緊張関係のうえにしか成り立たないことを自らの思想的原点として総括する以上、一九六〇年代以降の「市民主義」を「職能的自由主義」から導出するのは、自己矛盾ではないだろうか。

おそらく久野にとっては、「市民」を「国民」と截然と区別する論理が第一義であると認識されていたのだろう。戦前、戦中は言うに及ばず、戦後の日本社会においても、主体として現われるのは「国民」だった。たとえば、一九五〇年代に原水爆禁止をめぐって全国的な運動が展開されても、それは「市民運動」と呼ばれることはなかった。何千万人もの人を巻き込もうが、運動の基底にあるのは、相変わらずの町内組織や政党・労働組合という既存の組織であり、それは間違っても国家に反逆するものではなかった。集団的「陳情」の大規模になったものでしかなく、一人一人の自主的な判断によって自生的に発生、展開する運動でも、議会制民主主義に対抗する直接民主主義を体現するような運動でもありえなかった。久野は、一九六〇年に現われた「市民」を、何としても「国民」とは違う位相で捉えたかったのだろう。

しかし、そのように「市民」を「国民」と峻別する論理を歴史的にギルドに求めるあまり、逆に今度は、「市民」が「職業人」という枠に縛られてしまうというパラドックスが生じた。職業団体とは離れたところで、独立の市民像を描き出さなければならない場面で、久野は論理を逆行させてしまっている。

ところが実は、久野には、一九六〇年に市民運動について書いた別の論考があり、こちらのほうは今では誰の目にも留まらない。『声なき声のたより』第五号（一九六〇年一〇月二〇日）に掲載した「三つめの役割」という論考である。「日本の国家の底に、いろいろなシビル・ソサエティスがしっかりと腰をおろさなければ、日本の政治はいつまでたっても決して国民の共有財産にならないだろう」（久野、一九九六、四一頁）と冒頭に述べ、「シビル・ソサエティス」は、「社会をうごかす力は権力や命令ではなく、相談であり、共同決議であるという信念をいかした社会」であり、「市民社会」とも「文明社会」とも訳されるという。

この場合、「シビル・ソサエティス」は、国家と等身大のものではなく、国家のなかにある複数の中間集団を意味している。[*] この中間団体が強力であれば、「国家権力は国民の共有財産になる程度をたかめ、権力を暴力的に発動させる機会をすくなくし、発動させたものはもう二度と立てないほど非難される」。要するに、国家権力を抑制、コントロールするものとして捉えられている。そして、その形態は、「われわれの生活地域を文明化する機能をもった居住地組織」、「職域を文明化する職能集団」、「この両方向をつなぐ根本的な生き方の問題を文明化する信仰集団」〔同、四二頁〕の三つに分類されるという。

*別の論考で、久野は「下からの具体的社会の形成、とりわけ隣り近所組織と任意団体です。ここを徹底的に実現しないと」〔久野、一九九五、一七頁〕と述べている。

この一〇月の論考では、「ギルド」や「都市民」の特権としての「市民性」という主張は消え失せ、「シビル・ソサエティス」という概念で、国家の暴走を防ぎ、コントロールする中間諸集団のことが語られている。それは、『アメリカのデモクラシー』〔一八三五―四〇年〕において、「アソシアシオン as-sociation」という中間集団の学を民主主義の「母なる学」〔トクヴィル、二〇〇五―〇八、二巻上、一九五頁〕と呼ぶトクヴィルの認識に近いものがある〔久野、一九七六、二二六―二二七頁〕。

トクヴィルは、多数者の暴政に対する防波堤としての「アソシアシオン」を、「政治的アソシアシオン」、「市民的アソシアシオン」、「永続的アソシアシオン」の三つに区分し、これらの重層的な連なりがアメリカの民主主義を支えていると考える〔高草木、一九九四―九五、上〕。「永続的アソシアシオン」は、久野の言う「居住地組織」に当たるが、これは因襲や伝統に縛られる血と大地の「共同体」ではなく、新興国アメリカの地方自治の最小単位としてのタウンを示し、これが民主主義の実践の場と捉えられた。アメリカ人は、この「永続的アソシアシオン」の自治を通して、否応なく民主主義の基本を学ぶことになる。「市民的アソシアシオン」には、久野の言う「職能集団」も原理的には含まれるが、それはその巨大な風景のごく一部に過ぎない。市民生活を支えるありとあらゆる結社、団体がここに含まれ、それが個人の自律性を涵養していく。「政治的アソシアシオン」は、久野の言う「信仰集団」に類似すると言えるかもしれない。同じ意見をもつ者たちが新聞をつくり、集会を開き、やがて党にまで発展していくことが展望されている。

いずれにせよ、このような中間集団が、多数者の暴政への防波堤になるとトクヴィルは考えた。君主制下において、貴族集団が王権に対するコントロール機能をもっていたように、民主政下においては、諸中間集団が多数者＝国家をコントロールする役割を負う。「公共性」は国家によって独占されず、諸中間集団が織りなす多層的な「公共性」の存在が、民主主義の柔軟性、ダイナミズムを生んでいく。

六月の論考と一〇月の論考の二つを比べてみれば、四カ月の間に大きなブレのあることは明瞭だろう。六月の論考では、「職業人」が市民の中核であり、そこに「居住者」という二つめの存在が語られていたのに対して、一〇月の論考では、まず「居住者」が第一に、「職業人」が第二の柱となり、しかも「第三の役割」として「声なき声の会」をはじめとする団体が置かれることになった。そして、一〇月の論考のほうが、六月の論考よりも一九六〇年代日本の「市民主義」の原理的な基点になっていることは間違いない。しかし、一〇月の論考のほうは、『久野収集』全五巻（佐高信編、岩波書店、一九八八年）にも、『久野収セレクション』（佐高信編、岩波現代文庫、二〇一〇年）にも収録されず、一〇月の論考によって半ば自己否定されているはずの六月の論考「市民主義の成立」が、なぜか画期的な論考であると高く評価されている。

当時俊秀と言われた若き政治学者であり、長らく「声なき声の会」の事務局長であった高畠通敏が、久野のブレに気づかないはずはない。そのブレだけを考えても、六月の論考を「聖典」とまで持ち上げるのはいかにも無理がある。だとすれば、少なくとも高畠の側に何らかの「事情」があり、「背景」があったと考えるべきだろう。

3 小田実の「市民」概念とベ平連内部の対立

一九六六年六月、ベ平連はアメリカからハワード・ジンとラルフ・フェザーストーンを招請して、全国縦断日米反戦講演会を開催する〔鶴見ほか編、一九六七、一頁〕。フェザーストーンは、一九六〇年に結成された黒人解放組織であるSNCC（Student Nonviolent Coordinating Committee：学生非暴力調整委員会）の活動家だったが、日本から帰国後、自動車に仕掛けられた爆弾によって謀殺される。ジンは、白人だったがその組織の支持者で、当時ボストン大学で歴史学を教えていた。後に『民衆のアメリカ史』（一九八〇年）を代表作とする著名な歴史家となる。

吉川勇一は、ジンとフェザーストーンを招いての全国縦断講演会は「生まれたばかりのベ平連に大きな思想的影響を与えた」と述べている。「二人のアメリカ人活動家の語る教条主義とは無縁な自由な思考、不服従と直接行動の思想、そして参加する民主主義の実践、それらは当時の日本の運動にとってまったく新鮮なものであり、薄紙が水を吸いとるように講演会に参加した人びと、とくに青年、学生たちによって共感され、吸収された」（吉川、一九九一、一二四頁）。吉川の言う「思想的影響」の最大のものが、「市民的不服従」だった。

しかし、小田実の見解は吉川とは若干異なっている。日米「反戦行脚」のために二人を招請したのは小田自身だったが、フェザーストーンはもちろん、ジンとも電話で話をしただけで、「彼がどんな経歴をもち、どんな人柄の人間なのかもたいして知っていなかった」（小田、一九九五、一〇一頁）。つまり、小田は、「市民的不服従」の思想を導入しようという意図を最初からもっていたわけではなかった。また、彼らの説く「非暴力、反暴力」は、ベ平連にとって重要な意味をもったことを認めているが、「あえて言えば、「ベ平連」運動の参加者の中で彼らがあたえた「衝撃」は長年運動をやって来た人たちにとってかえって大きかったように思う」（同、一〇三頁）と、つまり自分にとっては大した「衝撃」ではなかった、と述懐している。小田の言う「長年運動をやってきた人たち」とは、具体的には吉川のように、六全協（日本共産党第六回全国協議会）以前の暴力革命路線の日本共産党で活動していた者や、「新左翼」の諸党派で革命運動を行なっていた者などを指すのだろう。いずれにせよ、社会主義革命を究極の目標に据えれば、「非暴力」を貫くことは原理的にありえない。「非暴力」は、「その偉大な目標に達するまでのつなぎであり、誘い水であり、手段である」（同、一〇三頁）ことになってしまう。ところが、ジンとフェザーストーンの二人が提起したことは、「非暴力」が市民的不服従の原理、手段であることだった。「非暴力」であることによって、「市民的不服従」は、開かれたものとなり、市民的なものとなりうる。これは、小田のようにベ平連から運動に入っていった者にはごく自然なもので、二人のアメリカ人が教えたものではなかった＊。

＊小田や吉川は「市民的不服従」を「非暴力」と捉えているが、ハワード・ジンは「市民的不服従は絶対的に非暴力とは限らない」ことを明言している〔Zinn, 1968, pp. 39–53〕。源流をたどってH・D・ソローにまで遡っても、必ずしも非暴力主義とは言えない。奴隷制度に反対し、連邦政府の武器庫を襲撃して死刑となったジョン・ブラウンを、ソローは弁護している〔ソロー、一九九六、五五－一〇四頁〕。

「国民」と「市民」との相違については、小田は「市民的不服従」という回路を必要としなかった。全国縦断日米反戦講演会から時を経ずして、小田は「平和をつくる」という論考を発表している。一九六六年八月に開催された「日米市民会議」のために用意され、『世界』同年九月号に掲載されたものである。

小田は、「国家原理は自分の原理の貫徹のために個人を強制して戦場に駆り出し、彼は弾をうち、「敵」は倒れる。このことによって、彼は国家に対しては被害者、「敵」に対しては加害者の位置にたつ」〔小田、二〇〇〇b、四一頁〕という「戦争のメカニズム」を語り、そのメカニズムを打ち砕くためには、「国家原理よりも人類の普遍原理に従うという義務と権利が、……個人原理として確立されることが不可欠なことである」〔小田、二〇〇〇c、二四五－二四六頁〕と主張する。ここで小田は「国家」と対等な「個人」として、「市民」を捉え返している。一人一人の「ただの市民」が国家と対峙するという構図を小田は提示してみせた。そのうえで、「日米安全保障条約」に代わる「日米反戦平和市民条約」が提起されるのである。

「人間は一人一人、その属する国家の原理をも越えて存在する人間の普遍原理を究極のよりどころとして持ち、それに基づいて、奴隷の生ではない自分自身の生を平和に生きる権利を持っている。……世界のどのような国家も、自国民、他国民の別を問わず、国家の原理の名の下に人間のその権利を犯し、生命を脅かし、奪い去ることは許されない。また国家は、同じく国家の原理の名のもとに、……人間のその権利を侵害し、生命を脅かし、奪い去ることを個人に強制することはできない。国家のそのような企図、行動に対して、人間は一人一人、協力、参加、荷担を拒否し、それとたたかう権利を持つ。それはすべての国家に対する個人の基本的権利であるとともに、人類に対する個人の義務である。」（同、二五五―二五六頁）

こうして、小田は、独自に「市民」概念を練り上げていくが、それは結果として、「個人の良心」の自律性を原理とするソローの「市民的不服従」の思想に近いものになっている。しかし、小田のなかには、ソローの思想的影響はないだろうと思われる。むしろ、先人から思想を継承することを拒否し、運動の現場のなかから自前の思想を構築しようとするところに小田の特質が認められる（鶴見・小田、二〇一一、五四―五五頁、六七頁）。

小田の思想的出発点が「「難死」の思想」（『展望』一九六五年一月号）にあることは、自他ともに認めるところである。小田は、一九四五年八月一五日ではなく、前日の八月一四日にこだわりつづけた。日本政府は、すでにポツダム宣言受諾が決定していたにもかかわらず、国体の護持、つまり天皇制の維持のために交渉を長引かせた。その結果、事実上戦争が終わっているにもかかわらず、アメリカ軍からの空襲を受け、多数の無辜《むこ》の民が抵抗する術もなく死んでいった。それは、特攻隊で「散華《さんげ》」した英雄たちに比して、何の価値ももたない「虫ケラどもの死」（小田、二〇〇〇a、六頁）であり、それを小田は「難死」と名づけた。「国家は自国民を意味なく殺す」という認識が、八月一四日を出発点に形成されている。そして、それは、必ずしも大日本帝国というファシズム国家にかぎったことではない。

一九六三年に刊行された『大地と星輝く天の子』(講談社)は、紀元前三九九年のソクラテス裁判を扱った小説だが、そのなかに、二年後の「「難死」の思想」を先取りするような箇所がある。

「〔ダモクセノスは〕武器を手にしっかりと握りしめたまま、祖国アテナイのために死ぬことができた人間なのだ。その死は自由市民にふさわしい光栄ある死だったろう。民主主義と自由の防壁として捧げられた尊き生命。それに比べると、たとえばあの生きながら火葬の火に自分の身を投じた青年の死は、あれは、いったい、何だったろう。虫けらの死ではないか。そして、その虫けらは無数にいた。青年が息たえ、徐々に彼の体が灰と化して行ったあと、同じ疫病の犠牲になった犬の死体が同じ火で焼かれ、その犬の死体の上に、さらに人間の死体が積み重ねられた。いや、人間ではもはやなかった、無数に死んだ虫けらどもの亡きがら。」〔小田、二〇〇九、上、一一五―一一六頁〕

小田は、国家にいいように蹂躙され、棄てられる「虫けら」のような人間たちを基点に「市民」像を語る。だから、それは、ギルドのような特権集団や中世自治都市の市民をベースにした久野収の「市民」論とはまったく異なるものとして考えなければならない。「市民」は、教養と財産を持つ人々でもなければ、国家共同体の意思決定に参加する主体でもなく、最初から「奪われた」者として捉えられる。それが国家を超えることができるのは、つねに国家から奪われる可能性をもつ「虫けら」の資格においてである。

小田が「市民」概念について歴史的に説明している箇所がある。

「ここで私の言う「市民」とは、階級構成においてそれがプチブルジョアジーであるとか、都会の住民であるとか、そういうことにはかかわりあいのない言い方です。たとえて言ってみれば、フランス革命にさいして、あるいは「パリ・コンミューン」のたたかいにさいして、参加者がおたがいに「市民《シトワイアン》」と呼び合った、その意味においての「市民」で、階級構成から言ってもなかには「プチブル」もいれば労働者もいた、農民だっていた。自由、平等、民主主義、基本的人権、自決、独立……というような「市民」の基本原理、価値、権利を自まえのものとしてもって抑圧にたちむかう一事において一致していた……。」〔小田、一九八〇、二〇九―二一〇頁〕

久野の「市民」が「ブルジョア」であり、体制のなかで既得権益をもっていた特権者であったのに対して、小田の「市民」は「シトワイヤン」であり、特権に対して異議申し立てをする非特権者として現われる。言うまでもなく、フランス革命によって、封建的諸特権が廃止され、身分制度が崩壊すると、すべての人々が自由で平等な「市民 citoyen」として措定された。フランス革命の際に、お互いを「市民」として呼び合う風習が見られたのは、そのような対等な関係性を表わすとともに、勝利した革命の主体であることをも意味したはずである。小田の言う「市民」は、「チマタの人」、「タダの人」という小田特有のタームの言い換えとも考えられるが、そこにはフランス革命時の「市民」と同様に、「闘う」という要素が含まれている。

このような小田の「市民」概念の基礎のうえに平等な「個人」を主体とするべ平連の活動が展開さ

れることになるが、何万人という「個人」を結集した段階で、組織ならざる組織には歪みが生じることになる。

それが内部からの批判となって現われたのが、一九六七年に脱走米兵援助活動に関して「イントレピッド四人の会」をつくったときだった。小田たちが「べ平連有志」を名乗ったことを、京都べ平連の飯沼二郎や樋口謹一が痛烈に批判する。「べ平連はもともと有志の団体ではないか。そのべ平連のなかのえりすぐった有志が脱走兵を助けて外国に出したとは何ごとだ。そのなかには一種の選良意識、エリート意識がある。こういうものがいやだというふうに考えて、平等なメンバーの運動として作ったのがべ平連ではないか。……べ平連のタマシイを売ってしまうような一種の危険がある」(飯沼、一九九四a、四巻、二五頁)。

小田を中心とする一握りの著名な文化人と一般大衆参加者との二重構造が、本来の市民運動のあり方を損ねていると指摘したのが、べ平連の「産みの親」とも言うべき高畠通敏だった。

立教大学助教授だった高畠は、べ平連発足後まもなく一九六五年八月にアメリカに留学し、イェール大学のダールに師事した。二年後に帰国してみると、べ平連が当初に描いたものとはまったく異なる運動体になっていることに驚き、その是正を図ろうとする。

「六七年の秋に帰ってきてみると、べ平連がやってゆく方向と違うふうに「声なき声」はだんだんなりつつあった。会議もきちんとやられていないし、大衆討議も全然運営できない。声なき声の代表として行ったって全然意見も通らない。／小林トミさんがああいう方だから、キチンと時間をきめていったって、どうしてもべ平連の運営から疎外されちゃう。……／私なんかも脱走兵をかくまう役割で、六七年から六八年やってたわけだけれども、他方で声なき声をべ平連と別に作り直さなきゃあどうにもならないなあと思って、もう一ぺん集会を続け、再建したわけ。だんだんにつまり、べ平連の閣議が決めた大衆行動に参加するだけでなく、声なき声の独自活動をしてゆこうということで、声なき声の単位で色々なアピールだとか、それから市民教室だとかやりはじめたわけね。」〔安保拒否百人委員会編、一九八一、三二二頁〕

高畠は、集団のあり方として、「軍隊的な原理に基く組織」と「有志の集団」の二つの型を挙げる。前者は、機関決定によって同一行動をとる組織で、日本共産党を念頭に置いてのことだろう。後者の代表はべ平連であり、「旗あげする者と、追随的に参加する者という分化」が問題になる。どちらのタイプでも、「リーダーとフォロアー」という分化を避けられず、これを超克すべく、「完全に万人が平等な立場で、下から集団的な自治をつくりあげ」、「我々の中から、エリート主義、指導者主義、権力主義そういうものを追放していくこと」〔高畠、一九八一、六八頁〕が目指された。

ところが、小田・べ平連が次々に新しい企画を実行し、組織が大きくなるにしたがって、「一群の「幹部」「活動家」「常連」と、通過集団的に参加し消え去ってゆく「市民大衆」「参加者」「呼びかけられる側」との二層構造」が強固になっていく。外形的には、べ平連の活動は成功しているように見えても、文化人のパフォーマンスによる大衆動員は、所詮一過性のものに過ぎない。結果として、「六〇年型の多様な運動集団の連合という内実は弱まり、代わって、「中央」の呼びかけにこたえる各地の同質的「べ平連系」集団の糾合として、全国的な行事は行なわれるようになった」〔高畠、一九七六、一二二頁〕と総括する。べ平連は「最初から運動への呼びかけを、職業生活や地域生活と結びつけて行なうことができなかった」(同、一二二頁)という、小田の側から見れば逆説的な評価がなされることになる。

高畠にとって「市民運動」は、「職業人」や「居住者」という各集団が職場や地域を変革していく地道な日常的活動を通して下からの民主主義を貫徹させ、それが「連合」として協議し合いながら一歩一歩前進させていくイメージだろう。あくまで主体は、「個人」ではなく「集団」でなければならなかった。それを体現しているものが、たとえ多少の瑕疵があろうとも、久野の「市民主義の成立」に他ならない。後からやってきた小田や吉川の個人主義に市民運動の「正統性」を渡すことはできないという高畠の意思表明として、一九六〇年六月という象徴的なときに書かれた久野の論考は「聖典」でなければならなかった。

4　松田道雄の「市民」概念と日常性への回帰

一九六九年一二月の第三二回総選挙で、日本社会党は議席数を一四〇から九〇に激減させた。とくに都市部の惨敗ぶりが目だち、東京都では一三議席から二議席となった。その凋落する社会党に対して、松田は次のような提案を行なっている。

「社会党は市民の党として更生する道があるのではないか。平民社の姿にもどることだ。平民社は戦争反対の人民戦線だった。木下尚江のようなクリスチャンもいたし、石川三四郎のようなアナーキストもいたし、幸徳秋水のようなラディカリストもいたし、堺利彦のような人格円満の社会主義者もいたし、大杉栄のようなあばれん坊もいた。こんどは、そこに、自由思想の主婦が加わるのだ。」〔松田、一九七二d、一二六頁〕

平民社が日露戦争前夜に、反戦勢力を結集した「人民戦線的」な性格をもつ結社であったことは確かだが、これが戦後に結成された日本社会党に直接つながる組織であったとは言い難いし、また一九六九―七〇年の戦時でもない時期に、小異を捨てて大同につくという発想で政党がまとまるはずがない。「市民の党」たることを要請するのなら、まずは、大労働組合依存の体質からの脱却を言わなければならないだろう。また、「自由思想の主婦」がなぜ日本社会党に加わるべき重要な要素なのかもわからない。* 社会主義思想をもっていない主婦層を新たな支持層のターゲットにするというのなら、ある意味では先駆的な提言であるが、** 幸徳秋水や堺利彦や大杉栄のような人物と並んで、政党を支える存在になるという回路が俄《にわ》かには理解しがたい。

＊松田は、他の箇所でも同趣旨のことを述べているが、そこでは「自由思想の主婦」のことは付け加わっていない〔松田、一九七九―八一、五巻、二二二頁〕

＊＊たとえば、一九七〇年代後半、日本社会党副委員長・江田三郎、公明党書記長・矢野絢也、民社党副委員長・佐々木良作の三人が主導する「新しい日本を考える会」には、松田も発起人として名を連ねているが〔松田、一九七六b〕、この会が提示した「市民社会主義」構想のなかにも「女性」の問題は出てこない〔江田、一九七七、一七九―二一四頁〕。土井たか子委員長の下で女性議員が飛躍的に増大したのは一九八九年参議院選挙だった。

このように一見、当てずっぽうで思いつきの提案のように見えるが、しかし松田にとって、「市民」と「自由思想の主婦」は実は緊密に結びついていたのかもしれない。すでに述べたように、松田の「市民」は、基本的に「被治者」であり、基本的人権が侵された場合にかぎり憲法を根拠に「治者」

に抵抗する存在として捉えられていた。小田や久野のように、「職業人」を起点とする発想がまったくない。むしろ、「職業人」と対立するものとして「市民」を捉えるがゆえに、「消費者」としての「主婦」がその中核的な存在として浮かび上がってくる。

「市民」は被治者ではあるけれども、「誰にもつかえていないし、誰にも頭をさげない人間」であると積極的に定義すれば、逆説的に主婦層だけがそれに当てはまる。「安保闘争にあつまった人たちは、みずからを市民とよんだ。だが彼らは労働者、勤め人、教師、などの主人もちでないか。学生はすねかじりだから市民とはいえない。あすこにあつまった人たちは夜だけの市民だ」(松田、一九七九―八一、八巻、二一九頁)ということになる。

松田は、市民運動を「この憲法で保障されている表現の自由に基づいて、政治の欠点を居住地で訂正していこうという動き」と定義づけ、「全く自由に、だれからも命令されず、どの政党からも指導されずに、住民が自分の生活の権利を守るのが市民運動です」(松田、一九七九―八一、四巻、一六三頁)という。この場合、「市民」とは覚醒せる「住民」ということになるが、松田は、一九七〇年代の公害反対の住民運動に「戦後三十年の生んだ、あたらしい人民の運動」(松田、一九七九―八一、五巻、一四四頁)を見ているのである。「公害反対の住民運動が「革新」政党と別個に無党派的におこなわれたことは注目せねばならない。「革新」政党は革新的でなかったことを、住民のまえにこれほどはっきりしめしたものはない」(同)。

そうした日常的な視点での住民運動の基本となっているのが、「地域のおかあさんたち」の活動である。「たくさんの児童公園や、保育園や、歩道橋や野つぼの囲いが、おかあさんたちの陳情によって造られたことを忘れてはなりません」（松田、一九七九―八一、四巻、一六六頁）。つまり、松田は主婦が地域で行なう陳情活動を「市民運動」と呼んでいることになる。これは、市民運動の一般的論理からすれば、あまりにも狭い捉え方というだけでなく、根本的に間違っているとも言いうるだろう。

まず、「住民運動」とは区別される「市民運動」は、狭い地域内における問題を解決するものではない。しかも、それが「陳情」という形式をとるのであれば、町内会でもＰＴＡでも既存の組織がその機能を代替することができる。「市民運動」であるためには、特定の組織と関係をもたず、つまり松田が言うように「誰からも命令されず」に、行なわれなければならない。デモ行進が、広く問題を外部に訴え、その場で趣旨に賛同するものを吸収していく機能をもつのに対して、陳情は、そのメンバーを固定し、公共機関や有力者に「お願いをする」という消極的な活動と、一般的には見なされる。

しかし、市民運動を熟知しているはずの松田があえてそう言うのは、「市民」を「職業人」と対立させることが眼目になっているからに他ならない。そのうえで、「職業人のなかの市民」を覚醒させようとしている。

「居住地では市民である人も、その職場では職業人です。職業人は、自分が属している役所なり企業なりに、忠実に勤めねばなりません。／だが、どんな役所でも、企業でも、末のほうでは市民生活に関係を持ちます。役所は窓口で市民を相手にしますし、製品を作る企業は、消費者である市民に商品として渡します。／ところが、職業として同じ仕事を繰り返すことになると、職業人の盲点が出て来ます。役所は事務の能率を高めることを第一にしますし、企業では売り上げの多くなることを第一にします。その結果、最終の利用者である市民の立場を忘れることが起こっ

てきます。」〔松田、一九七九―八一、四巻、一六六―一六七頁〕

久野がギルドの「特権的職人」を「市民」の原型としたのに対して、松田は何の特権ももたない住民を「職業人」と対立させ、むしろ、「職業人」は指揮命令系統に属し、そのなかでしか動けないものであるがゆえに、「市民的感性」を本来的にもっていないと措定する。しかし、「職業人」たる個人は、いったん職場を離れれば「住民」すなわち「市民」という立場にもなり、その「市民的自覚」を職業人としての場にもち帰ることができるはずである。その必要を松田は説いている。ここでは一九七〇年代を時代背景として、「職業人」は男、「市民」は女であることが前提とされているが、大切なことは、この「市民」すなわち「女」の論理でもって、男社会＝職業人の社会の閉塞状況を打ち破ることにある。

「市民というのは、今日の日本に住む、どこにでもいるあたりまえの人間だ。／何かめんどうなことにまきこまれたとき、よろしくたのみますといってたのみにいくボスもなければ、えらい役人に知りあいもないふつうの人間だ。／憲法にある基本的人権の保障をただひとつの頼みとするふつうの人間だ。／それは戦後の日本で、人権が何であるかを知り、政党の駆け引きを見、大国のエゴイズムを知った人間だ。パリの市民とも、ロシアの人民とも違う。日本のふつうの人間は、政党の党人なるものの、頼みとしにくいことを知った。人間より党を大事にすることに危険を感じたのだ。ヒモつきであることに、自由にそぐわぬものを感じたのだ。／日本のふつうの人間は、世界のいろいろの国を知った。そして、どの政府のもとでも、ふつうの人間の人権がみとめられない限り、人間は幸福でないことを知った。／人間は幸福になるためには、新しい政府をつくるより先に、いまある政治にふつうの人間の人権をみとめさせねばならぬ。そう決心したのが市民だ。特権を拒否した人間だ。……／政権欲をもたずに、人権の回復を、ふつうの人間の立場で叫んだのは、明治の廃娼運動や青鞜社の女性たちだった。市民運動の源流は女性にあるといえるかもしれない。」(松田、一九七二d、一四四－一四五頁)

「市民」は、何ら特権をもたない「市井人」として扱われている。権力をもたぬがゆえに、いつでもたやすく「犠牲者」になりうる、弱者である。しかし、強者におもねることなく、自らも特権を拒否している。政党を頼りにすることなく、徹底したノンセクトを貫いている。「市民」にとっての制度的な支えとなっているのは、ただひとつ憲法に規定された「基本的人権の保障」のみである。その源流として、「明治の廃娼運動や青鞜社の女性たち」を注視するのは、松田が小田や久野とは違う視点で市民運動のあり方を考えている証左だろう。

ここで注目すべきは、松田が「市民」のなかに文明論的視点をもちこんでいることである。「地球の住人は、いま、戦争で核兵器によって一挙に消滅するか、公害でゆっくり絶滅するかの危機に立っている」(同、一七八頁)という認識に立てば、「人間は無限に進歩し、繁栄するという十九世紀の西欧の思想」、「文明開化の思想」(同、一八八頁)を批判的に検討する時代がやってきたということになる。「社会主義は、人類の未来は理想社会になるにきまっているという。歴史の進歩がそこへ連れていってくれると約束する。／社会主義者と争う保守派は、高度成長が、そのまま福祉社会になるという。／どちらを見ても、文明開化論者ばかりだ。ところが、いま、私たちは文明の公害で息がつまり、内臓がおかされ、車に追われて逃げまどい、手足はひよわになりつつある。／これは、文明開化が人間を忘れたからである。人間を犠牲にした文明、個人を無視した進歩がいけないのだ」(同、一八三―一八四頁)。だから、「公害について蛮勇を必要とするのは、企業主と政府だけではない。公害が文明の産物であり、その文明をすべての国民が楽しんでいるのだから、私たちみんなが蛮勇をもって立ちむかわねばならない」(同、二〇九頁)。

フランスの哲学者、ミッシェル・セールの『自然契約』(一九九〇年)は、ゴヤの「棍棒を振るう決闘者」を題材にして、二人の男の決闘そのものではなく、「沼地という第三の要素」に目をつける。「闘いに決着がつく以前に、泥砂が二人の決闘者を呑み込んでしまう」(セール、一九九四、二頁)ことが明白であるとすれば、二人とも亡びる以前に、依って立つ大地である「自然」を契約の当事者として認め、「自然契約」を結ぶことが急務となる。セールの原著の二〇年前に書かれた松田の構図も基本的に同じである。社会主義者と保守主義者は双方とも理想の未来を約束するが、両者はともに自然の破壊によって文明を切り拓こうとする「文明開化主義」であり、「自然」や自然に含まれるものとしての「人間」をなおざりにする。その結果として、いま人類は絶滅の危機に瀕すという発想である。

また、マルクスの娘婿であるポール・ラファルグの『怠ける権利』(一八八〇年)の邦訳が刊行されたのが、一九七二年である。一八四八年革命における「労働権 droit au travail」(高草木、一九九八、九二―九九頁)を批判し、労働者たちのそうした「労働への愛」が過剰生産、過剰消費をもたらすことをアイロニカルに指摘したこの本について、東大助手共闘の中心的存在だった最首悟《さいしゅさとる》は「目から鱗《うろこ》のような本に出会うことになる」と述べている。「公害は主として企業の倫理が問題とされていたのを、にわかに個人の倫理の問題だと突きつけられたのだ。……労働者は大量消費者として位置づけられ強制されるというのである。……強いられると言っても欲望を刺激させられ自発的に買い続け、捨て続けるのである。公害はまさにそのような資本主義段階の現象なのだ」(最首、二〇〇九、五七―五八頁)。松田は、ラファルグの邦訳よりも早く、公害問題における「個人の倫理」を指摘していたわけである。

高度経済成長期にあって、野党の支持母体である労働組合に属する「職業人」もまた、「労働への愛」が身体に染みついている。破滅への道を断ち切るためには、「賢い消費者」としての主婦層に期待が寄せられた。この点については、旧蔵書のなかの久野収『神は細部に宿りたまう』(三一書房、一九七七年)への松田の書き込みが象徴的である。

当時は、冷戦構造下での新しい可能性として「第三世界」論が幅を利かせていた。小田実が金日成との会談で「第三世界でもっとも望みのある国はソマリアとマダガスカル」(小田、一九七七、一四六頁)と聞かされて、強い関心を示していたのが一九七七年刊行の『私と朝鮮』(筑摩書房)においてである。一九六八年を経て、先進国の社会変革に希望がもてなくなったときに、「第三世界」がクローズアップされた。当時の小田の北朝鮮評価は、「第三世界」への期待感に支えられていたと言ってもよい。

久野収も、「市民的抵抗を抵抗運動のモデルと考えるのは、先進資本主義国の市民たちの思いあがり」(久野、一九七七、九〇頁)と一種の自己批判をしつつ、「第三世界の人民こそが、非常に大事な人間の生き方を示すのではないかと思う。そこにおいて、トータルな人間が回復される」(同、九一頁)と主張する。おそらくは小田の尻馬に乗って「第三世界」を殊更に賞賛したものだが、とってつけたような、足元の覚束ない議論に見える。この「第三極」を松田はまったく別のところに求めていた。

「私はおかみさんたちのセンスをたよっている」

久野からの謹呈本の第三世界に触れられたページに、松田は赤鉛筆で力強くそう書き込んだ。資本主義と社会主義の対立構造をグローバルに見て、どちらにも属さない「第三世界」を変革の主体として考えるというマクロな枠組みに対して、松田は視点を手許にたぐり寄せて、ミクロな世界を問題にする。「保守」でも「革新」でもない、「自由思想」の勢力、自分自身の日常生活の基盤のうえで「いのち」と「くらし」を守るという立場からあらゆる政治問題を是々非々で語りうる人々、それが、「おかみさんたち」、主婦層である。ここに、松田は言わば「第三極」を見いだした。「平和を守るのに、殉教者のような反戦活動家よりも、ふつうの主婦の日常の尊重に期待する」(松田、二〇〇二、一三五頁)。自然との共生の回復をも含めた、非「文明開化」路線を形成しうる主体としての「おかみさん」の日常的視点に期待したのだった。この点は、『女と自由と愛』(岩波新書、一九七九年)や『私は女性にしか期待しない』(岩波新書、一九九〇年)へとつながって、松田の生涯の主張の基礎になっている。

第三章　マルクスとレーニンのあいだ

1　『ロシアの革命』の衝撃

河出書房新社『世界の歴史』全二五巻中の第二二巻『ロシアの革命』(一九七〇年)を松田道雄が単独で執筆したのは、異例中の異例の事態だろうと思われる。他の巻の執筆者は、貝塚茂樹、弓削達《ゆげとおる》、宮崎市定《いちさだ》、会田雄次、今井宏、市古宙三《いちこ》、といった大物の歴史家が名を連ねている。しかも、この巻は、単に歴史的に重要なだけではなく、思想的にも政治的にも影響力のあるものだろう。松田は、ロシア語に堪能であったとはいえ、それまでに書いたロシア史関係の論考としては、先に挙げた「日本およびロシアの初期社会主義」と「人民のなかへ」の二つだけだろうと思われる。松田自身は、「マルクス主義を本職としている学者たちが「ロシアの革命」をかかなかったせい」(松田、一九九〇b、三八八頁)で、不相応な役割を押しつけられたと憤慨している。

ところが、この著作は、一般読者の支持を得た。『週刊朝日』に掲載された経済学者の伊東光晴〈核〉のペンネーム)の書評は、その冒頭に「本書が全集の二十二回配本でありながら、群を抜いて売れている」(伊東、一九七〇、一一〇頁)と記している。さらに、本書の意義については、松田が欧米のロシア研究の成果とソビエト文献を渉猟し、「それが小にしては怪僧ラスプーチンに対する明確な評価となり、革命過程におけるアナキストとボルシェビキとの関係になり、トロツキーが革命において果たした役割の評価になり、最後にキーロフ暗殺をめぐるナゾになってあらわれていく」（同）と評価する。本書が広く受け入れられたことは、「もはや知識人の間でトロツキーの歴史的役割を日本では単純に否定することはできないことを意味している。それは、社会主義を理想とすることと、なんら矛盾するものではない」（同、一一一頁）と著者の意図をくむ評価を下している。ロシア史の田中陽兒が『図書新聞』に載せた書評も、概ね好意的である。「革命期のロシア・ブルジョアジーの役割が再評価されアナーキストのラジカルな行動のもつ意味が問われる」（田中、二〇一四、三七二頁）等、新しい論点が取り入れられていることを専門的立場から具体的に指摘する。「はやくも一九一〇年頃から始まるロシア・ブルジョアジーの積極的な政治介入と、二月革命期の政権掌握指向については、すでに『ロシア革命の研究』（中央公論社）において、和田（春樹）氏がコノヴァーロフのグループを中心に周到綿密な分析をくわえているが、松田氏はさらに、ルヴォフ、グチコーフ、ケレンスキーを中心とした「人民救助委員会」というブルジョアの反軍的秘密組織があったことをのべ、ラスプーチン独探説をわざと流して専制にゆさぶりをかけたのも、これらブルジョアたちの多面的活動の一環にすぎないことを暗示している」（同、三七二頁）。

ところで、この『ロシアの革命』は、『ロシア革命』ではないというタイトルそれ自体に、意味が込められている。同時期に日本で刊行された、江口朴郎編『ロシア革命の研究』（中央公論社、一九六八年）、マックス・ウェーバー『ロシア革命論』（林道義訳、福村出版、一九六九年）、E・H・カー『ロシア革命の考察』（南塚信吾訳、みすず書房、一九六九年）を見てみよう。いずれも論文集である。カーの著作は、原題『一九一七年――前と後 *1917: Before and After*』が示しているとおり、一九一七年の革命に焦点が当たっている。ウェーバーの著作は、三つの論文から構成され、うち二つは一九〇五年の第一革命が対象となっている。江口編は、ロシア革命五〇周年を期して総力を挙げた、執筆者二一名、九〇〇頁の大著である。三部で構成され、第一部「革命の歴史的前提」では、ナロードニキや一九〇五年革命についても目配りが利かせてある。

これらの著作に対して、松田の『ロシアの革命』は、一九一七年革命以前に大幅な頁が割かれているところに大きな特徴がある。河出文庫版で、本文三八七頁のうち、レーニンが登場するのは一五七頁であり、一九〇五年革命の叙述は一八三頁から、一九一七年二月（三月）革命の叙述は二三九頁から始まる。一九一七年のロシア革命を、ナロードニキ以来の「ロシアの革命」の連鎖の一つとして徹底的に相対化しようという意図は明らかだろう。

そのプロローグは、一六歳のゲルツェンが一五歳のオガリョフとともにモスクワ市を見下ろせる雀が丘に立っているシーンで始まっている。ロシア革命の一世紀近く前、一八二八年のことである。二人の革命家は、やがて「流刑になり、亡命し、たすけあいながら異国に死ん」（松田、一九九〇b、一一頁）でいく。「革命だけが地上に正義をもたらし、人類を救済するものであった。義によって革命のためにたたかうのは、知によって生きる知識人でなければならぬ。／奴隷が鞭打たれることに胸をいため、女が売られることを恥じる精神の貴族、それが革命家だ」（同、一一―一二頁）。「ナロードニキへのかぎりなき共感」（松田、一九七九―八一、八巻、二三頁）を示す松田自身の思いを彷彿とさせる。

プロローグが、希望に満ちた二人の少年の社会変革に関する語らいの場であったのに対して、エピローグは陰惨な印象を与える。本論は、レーニンの遺志に反して権力を握ったスターリンによる第一次五カ年計画(一九二八―三三年)あたりで終わり、エピローグは、スターリンのライバルであった「希望の人」キーロフが射殺されるところから始まる。この殺人事件に政治的な裏があるとすれば、その関係者も殺人罪に問うことができる。スターリンの大粛清は、そうした論理で開始され、ブハーリンらの有力者が次々に処刑されていった。そして、レーニンの死後、スターリンによって党を除名されたトロツキーが亡命先のメキシコで殺される。

「トロツキーの秘書の恋人になりすましたスパイ、ジャクスンことラモン・メルカデルは、メキシコのトロツキーの書斎で、かれの脳天にピッケルをふかく打ちこんだ。血は机の上のかきかけの原稿「スターリン伝」を赤く染めた。トロツキーは病院に運ばれて一日を生きて死んだ。一九四〇年八月二一日だった。」(松田、一九九〇b、三八七頁)

突然、この文章で『ロシアの革命』は終わる。もうこの後にソ連には何の希望も残されていないと主張しているかのように、読者を突き放したラスト・シーンである。

この『ロシアの革命』が、スターリニズム批判というコンテクストで書かれたことは言うまでもない(内村・松田、一九七〇、二四九頁)。スターリン体制下においては、ナロードニキは全面的に否定される存在だった。「ソ同盟共産党中央委員会」の公式見解では、「ロシアでは、マルクス主義グループの出現まで、革命的活動は、マルクス主義の敵である人民主義者(ナロードニキ)がやっていた」(ソ同盟共産党特別委員会編、一九五〇、二四頁)、「ロシアのマルクス主義はナロードニキとの闘争によってのみ、成長し強化されることができた」（同、二九頁）と位置づけられている。具体的には、プレハーノフのナロードニキ批判が紹介されている。第一に、ロシアの資本主義発展の道筋を理解できず、第二に、闘争の主体としてのプロレタリアートを否認し、第三に、人民ではなく、英雄のみが歴史をつくるという転倒した歴史観をもっている。資本主義以前の農村共同体を基盤にして、資本主義段階を飛ばして社会主義に移行するというナロードニキの発想は、マルクス主義の側から見れば、このような評価になるのは必然かもしれない。

ナロードニキの再評価は一九五〇年代以降のことになる（和田春樹、一九七四）。日本では、一九六〇年に刊行された荒畑寒村『ロシア革命運動の曙』（岩波新書）が、ナロードニキを評価する視点、というよりも、松田と同じく「かぎりなき共感」を表明するものとして書かれている。「彼等の熱烈な同胞愛、圧制と迫害に対する反抗と闘争、崇高な理想主義、犠牲と献身の殉道的精神は、一世紀近い年月を経た今日もなお、私たちの心に新しい感激の火を点ずる」（荒畑、一九六〇、x頁）。荒畑は言うまでもなく、日本の社会主義運動の先駆者であり、歴史家ではない。彼のこの著作には、多くの史実の誤り等が指摘されてはいるが、それを指摘したロシア史の和田春樹自身が「客観的な歴史叙述としては欠陥を含む本書を意義あるものとして」（和田春樹、一九六〇、二九頁）受けとめている。

松田の『ロシアの革命』は、荒畑の著作と同じ系列に属するだろう。もちろん、松田はロシア語を含む諸外国語で書かれた最新の研究成果を取り入れ、アカデミズムが要求する水準を満たそうとしている点で、荒畑ほど古くもなければ、粗くもない。ただ、松田がこの著作を躊躇《ためら》いながらも執筆した動機は、荒畑の心情とそう遠くはないと思われる。松田は、内村剛介との対談で「あの本を私はなんで書き出したかというのは、やはりいまの日本のマルクス主義とはなにかということ、その問い以外なにも動機がないわけです」(内村・松田、一九七〇、二四一頁)と語っている。さらに、この著作が歴史書というよりも思想書として書かれたことを告白している。「客観的真実を俺は表現しているんじゃなくて、俺の言いたいことをぶつけているんだという、そういう気持はあったでしょうね。だから事実としてはまちがったこともたくさんあるだろうけれども、事実をいろいろ重ねて、もっと正確な事実をたくさん知って書いたにしても、ここで言ってることしか言えないだろうと思う」(同、二四二頁)。

この著作を歴史書であるよりも思想書として読めば、歴史の叙述のなかに松田の思いを読み取ることもできる。

まずは、「トロツキズム」に関する叙述が松田の思想的立場を明瞭に表現している。「トロツキズム」や「トロツキスト」が日本共産党に対する裏切り行為、裏切り者を指す言葉としてまだ流布していた一九七〇年時点でのことである。

「「トロツキズム」とは何か。党の歴史は官僚が決定するものとし、創造的なものを否定するためレーニンの文章を歴史のコンテキストから剝離して引用し、理論によってでなく、官僚機構のキャンペーンで反対意見を葬り去ろうとする策動の合言葉にすぎない。」(松田、一九九〇b、三六二頁)

「『ロシアの革命』をかきおえて日本の共産党がなんであったかという私の疑問もとけることになりました」(松田、一九七九―八一、八巻、四五頁)と述懐する松田の思いは、この一節において象徴的である。

それだけではない。一九六八年にべ平連の国際会議で松田が提起した問題は、この『ロシアの革命』において自問自答されている。

「反乱した軍隊こそ革命の権力である。一部の軍隊はまだ旧軍指導部に服従し、ソヴェトにとって脅威となっていた。国家権力の事実上の執行体である軍隊が二分されている状況こそ、二重権力といわれたものの基盤である。権力を奪取するには軍隊を支配せねばならぬ。」（松田、一九九〇b、二七二頁）

一九一七年の二月（三月）革命後の、臨時政府とソヴェト（評議会）との二重権力状態に関して、このように説明している。松田が、「根本的な社会変革」を唱える「全共闘の少年たち」に対して、いきなり「軍隊」の問題を取り上げたのは論理の飛躍のようにも見えたが、松田にとって「根本的な社会変革」が「革命」までを射程に入れているのだとしたら、権力の基盤である物理的強制力＝「軍隊」の把握は必須のことだった。少年たちに一定のシンパシーをもったからこそ、そこまでの覚悟と戦略をもっているのか、と迫ったわけである。

また、その国際会議において、メンシェヴィキを「デモクラティックなマルクス主義」としてその可能性を探りたいという発言をしていた。しかし、『ロシアの革命』における検討では、「メンシェヴィキという唯物史観公式をきわめて忠実に信じているマルクス主義者の悲劇は、かれらがリアリストでないことにある。かれらは社会環境さえよくなれば人間は善になるという理想主義者であると同時に、歴史的必然は人民を革命化するにちがいないという決定論を信じていた」（同、二八九頁）とし、積極的な側面は掘り起こされていない。*

＊松田は、一九六八年の国際会議ではロシアにおける学生運動の重要性について説いたが、『ロシアの革命』では、この運動を必ずしも革命全体に影響を及ぼすようなものとして描いてはいない〔同、五七―六〇頁、一七三頁〕。

むしろ、生き生きと描かれているのはアナーキストのほうである。松田は、ロシア革命を同時代人として考察した大杉栄『ロシア革命論』〔大杉、一九六三〕の諸論考に対して「日本の研究者に役にたつ」という高い評価を与え、とりわけ「一九二一年にソヴェトでおこった三つの大きな事件、クロンシュタットの要塞守備兵の反乱、「無政府将軍」マフノの反乱の鎮圧、労働組合論争」を取り上げたことについて、「「正史」のなかに割りきっておさまらないロシアの人民の動き」、「プロレタリア独裁の規律にたえられない常民のうめき」が読み取れるとしていた〔松田、一九七九―八一、五巻、九四―九五頁〕。

一九二一年二月から三月にかけて、アナーキストが多数を占めていたと言われるクロンシュタット水兵の反乱の叙述では、レーニンやボリシェヴィキへの明確な否定の叫び声が活写されている。「われわれはソヴェトの味方であって一党独裁の味方ではない」〔松田、一九九〇b、三四六頁〕。こう無線電信で全国民に訴える水兵たちの反乱は、レーニンやトロツキーによって、スパイに煽動された動きとされ、徹底的な鎮圧が起こる。「クロンシュタットには、トハチェフスキーの精鋭部隊とトロツキーが派遣され、飛行機さえつかって三月一六日までかかって鎮圧した。活動的だったものは、ことごとく銃殺され、ペトログラートの牢獄は満員になった」〔同、三四七頁〕。「すべての権力をソヴェトへ」というボリシェヴィキのスローガンが自らの手でうち捨てられたシーンとして印象的な箇所である。

しかし、アナーキズムから新しい理論を探ろうとする姿勢は『ロシアの革命』のなかには見いだされない。「アナーキズムという何らかの論理的に整合性のある、つみ重ね可能の理論があるわけではない。権力を否定し、人民の創造性を信じ、みずからを人民と同一化する心情の人間アナーキストがいるだけだ。二月革命のあとのロシアのアナーキストは、ボリシェヴィキのことばで、権力の否定と人民の創造性を信じたのだ」(同、二八三―二八四頁)。アナーキズムは「心情」であって、「理論」たりえない。「権力を否定し、人民の創造性を信じ、みずからを人民と同一化する」というアナーキストの心情には共感しても、そこから何かが構築できるとは思えない。それが、『ロシアの革命』を通しての、松田の結論なのだろう。

思想書として『ロシアの革命』を読んだ場合、最も重要なのはナロードニキの位置づけだろう。ゲルツェンの少年時代から「ロシアの革命」を説き起こし、一九一七年の革命過程に関する叙述部分を圧縮してでも、ナロードニキの動向を詳細に追ってきた以上、第一革命、二月(三月)革命、一〇月(一一月)革命の進行過程でナロードニキの理念がどのように活かされてきたかが問われなければならないはずである。松田自身、ナロードニキがマルクス主義によって乗り越えられたのではなく、逆にナロードニキの正しさがロシア革命のなかで証明されたとも説明している。「ナロードニキの思想家たちは、マルクス主義の不勉強から、ロシアの農民を高く評価したのではない。彼らは、労働者に期待する西欧の社会主義は、農民が大多数をしめるロシアには不向きと思ったから、資本主義を迂回して農民による社会主義社会をかんがえたのであった。ナロードニキの目には、眼前に苦しむ農民たちの、そこなわれた人間性が何にもましてうつったのだ」(松田、一九七九―八一、八巻、一四六頁)。

具体的には、ロシアにおける革命の主体を労働者ではなく、農民に求めたナロードニキの構想を一九一七年一〇月(一一月)革命の段階でボリシェヴィキは無視できなかった。土地の私有を廃止して農民を国営農場の労働者にするというレーニンの構想は、土地私有を求める農民の前にただちに通用するものではなかった。「(ナロードニキの流れを汲む)社会革命党はこの農民の宿願を地盤にしていた。地主の土地、教会や皇帝の土地をとりあげて、農民に均等にわけるという綱領は、農民の圧倒的な支持をうけていた。それだからボリシェヴィキは、権力を手に入れると同時に、農民の支持をえるために、社会革命党の綱領をそのまま採用せざるをえなかった」(松田、一九九〇b、三四三—三四四頁)。しかし、「ロシアの革命は農民の意志を無視してはおこなえないという点で、ゲルツェン以来のナロードニキの考えは、あやまっていなかった」(松田、一九七九—八一、八巻、一四八頁)ことを示す箇所はここだけにとどまっているように思われ、一九一七年以降の叙述においてナロードニキ主義の影は薄くなってしまう。

この点について、和田春樹は、松田の著作には、「ナロードニキ主義というロシア的な思想・運動のもつ意義へのきわめて低い評価があらわれている」(和田春樹、一九七〇、三一五頁)と、松田の意図の失敗を衝く。一八九〇年代に再生した革命的ナロードニキ主義は一九〇一年の社会革命党(エス゠エル)の結成へと向かい、そのエス゠エルは、一九一七年一〇月(一一月)革命後の革命政権のなかでボリシェヴィキとともに重要な一翼を担いつつ、ボリシェヴィキと熾烈な闘争を行なう。その全体的な構図が松田には描けていないという批判だろう。松田『ロシアの革命』に対して和田よりもずっと好意的な田中陽児も、「農民の動きと、それに関連するエス゠エルの追求がやや生彩を欠く」(田中、二〇一四、三七四頁)点を指摘している。

これは、第一章で述べた社会主義上におけるナロードニキの位置づけに関する問題とも重なってくる。松田編『アナーキズム』の解説では、社会主義思想史上においてナロードニキが浮いてしまい、せいぜい「空想的社会主義」の亜種としてしか扱われようがないが、マルクスの一八八一年三月八日付ザスーリチ宛書簡をとってみても、ナロードニキ主義とマルクス主義の問題は先に見たプレハーノフのような単純な図式で割りきれるものではない。マルクスは言う。「『資本論』に示されている分析は、農村共同体の生命力についての賛否いずれの議論にたいしても、論拠を提供してはいません。しかしながら、私はこの問題について特殊研究をおこない、しかもその素材を原資料のなかに求めたのですが、その結果として、次のことを確信するようになりました。すなわち、この共同体はロシアにおける社会的再生の拠点であるが、それがそのようなものとして機能しうるためには、まずはじめに、あらゆる側面からこの共同体におそいかかっている有害な諸影響を除去すること、ついで自然発生的発展の正常な諸条件をこの共同体に確保することが必要であろう、と」〔マルクス、一九五九―九一g、一九巻、二三八―二三九頁〕。ここに、マルクスのナロードニキへの「共感」を読み取ることは充分に可能だろう〔和田春樹、一九七五、一六五―一八九頁〕。

そもそも、松田において、「かぎりなき共感」の対象としてのナロードニキと史実のなかのナロードニキのあいだには若干のズレがあるのではないか。「私はナロードニキのなれのはてだから、自分が医者であるくせに、人民の立場からみれば医学はどうなのか、ということをしじゅうかんがえてきた」〔松田、一九七九―八一、七巻、六八頁〕と松田は述懐する。松田にとってナロードニキが意味するものは、「隣人の苦痛をとりのぞく」〔松田、一九七二d、一三三頁〕という魂のあり方であり、何をわけても人民のために立ち働く自己犠牲の精神であるとしたら、実は「かぎりなき共感」の対象は史実のなかのナロードニキでなくてもよかったことになる。およそすべての社会主義は、弱者の救済や平等の正義をそのモチベーションにしていると言えるだろう。マルクス主義もまた然りである。松田は、「スターリン批判とは、マルクス主義のなかにロマンチシズムを回復することだ。マルクス主義に可能性をとりもどすことだ。人間の可能性の実現と、可能性が全人民にあるのを信じることだ」〔松田、一九七〇b、一六八頁〕と述べている。「マルクス主義のなかのロマンチシズム」への「かぎりなき共感」のヴァリエーションとして、ナロードニキがもちだされているに過ぎないと見ることもできる。

2　陰謀家の系譜

松田のロシア革命、ロシア史研究が、日本のマルクス主義の問題、日本における革命と改革の問題等、まさに自己の直面する課題にその動機をもっていたことはすでに述べた。松田にとって、スターリンの独裁と粛清に対してどんなに厳しい批判を行なったところで、それがスターリン個人の資質に還元されてしまえば、問題の根は一向に絶たれない。スターリン体制がレーニンの革命観に必然的に起因するところまで問題を剔抉しなければならない。『ロシアの革命』は、レーニンに至る思想的系譜の再検討によって補完されなければならなかった。

松田は、レーニンはマルクスの正統なる後継者ではなく、レーニンの革命論、党組織論は、バブーフ、ブランキの系譜を、トカチョフを経由して引き継いだものと理解する。レーニンは、その思想的出自を隠蔽しつづけたとされる。端的に言えば、マルクス主義の革命論の本質は、主体としてのプロレタリア階級の発見であるが、いっぽうのレーニンは、『何をなすべきか』（一九〇二年）に見られるように、「鉄の規律をもった職業革命家の集団」をもって党を組織しようとする。

バブーフは、フランス革命期の一七九六年に総裁政府を打倒する「バブーフの陰謀」を未然に官憲に押さえられ、翌年死刑となった人物である。バブーフ派のなかで生き延びたブオナロッティが、この平等派の陰謀についての詳細を『バブーフのいわゆる平等のための陰謀』（一八二八年）〔Buonarroti, 1828〕として刊行し、その政治革命路線は次のブランキの世代に引き継がれていくことになる。ロシア人のトカチョフは、ヨーロッパに渡り、ブランキ派と接触している。そのトカチョフの思想がレーニンに決定的な影響を与えた。これが、松田が描いている系譜である。その思想とは、一言で言えば「陰謀と暴力」である。「バブーフ、ブランキの信じたように革命は少数の陰謀家が暴動を誘発しないかぎりおこりえない」〔松田、一九八八a、二三一頁〕。「少数の陰謀家の集団のイニシアティブによって、大衆の暴動をひきおこし、陰謀家の集団が政治権力をうばいとるというブランキの思想をもっとも忠実に実現したのは、歴史のなかでレーニンひとりである」〔松田・河野・鶴見、一九八一、一三頁〕。フランス革命後の言わば「負の遺産」をレーニンが引き継ぎ、それをまたスターリンが引き継いだという絵図を描いているのだろう。

熊本学園大学松田道雄文庫の未整理書類のなかに、松田が社会主義について書き記した一冊のノートがある。表紙には一九七九年五月三日の日付がある。主として、G・D・H・コール『社会主義思想――先駆者たち、一七八九―一八五〇年』（一九五三年）〔Cole, 1953〕の読書ノートだが〔松田、一九八三

a、一七三―一七四頁〕、豊田堯『バブーフとその時代――フランス革命の研究』(創文社、一九五八年)やR・B・ローズ『グラッキュス・バブーフ』(一九七八年)〔Rose, 1978〕についての記述もあり、バブーフにはそれなりの関心があったと思われる。

世界的なバブーフへの関心はロシア革命以後にわかに高まったとはいえ、豊田の著作の副題が「フランス革命の研究」とあるように、この段階でのバブーフ研究は、レーニンに至る革命家の系譜づくりという問題意識を離れ、フランス革命という歴史的コンテクストのなかで分析するという方向に向かっている。豊田の著作の一〇年後に現われた、柴田三千雄『バブーフの陰謀』(岩波書店、一九六八年)は、膨大な原資料に基づいて、フランス革命の過程におけるサン-キュロット主義とジャコバン主義との対抗関係のなかに、バブーフの独自の役割を位置づけようとする。平岡昇『平等に憑かれた人々――バブーフとその仲間たち』(岩波新書、一九七三年)は、バブーフと平等派の人々の生き生きとした人物像を伝えている。そして柴田の書も平岡の書も松田の旧蔵書のなかに収められていた。

ローズも、ジャコバン的なものとバブーフ的なものを区別しえないとするフランス革命研究の泰斗マティエの見解に与しつつ〔Rose, 1978, pp. 330-331〕、ブオナロッティ、ブランキ、トカチョフ、レーニンという少数精鋭による革命路線の先頭にバブーフを位置づけることに疑問を呈す。バブーフの「独裁」はせいぜい三カ月程度の短期のもので、一七九三年のジャコバン憲法よりも民主主義的な志向性をもっていたとする〔*Ibid*., p. 343〕。松田は、ノートを見るかぎり、このような研究動向を正確に押さえているにもかかわらず、系譜づくりのほうに関心が行ってしまっている。

バブーフについては、松田はその思想内容に踏み込まないが、ブランキについては、それどころか、あえて曲解も辞さないという立場をとっているとしか思えないふしがある。ブランキを「粗野な一揆主義者」と見なす通説はあったものの、加藤晴康訳によるブランキ『革命論集（上下）』（現代思潮社）が一九六七―六八年に刊行され、その思想の中心部分が邦語でも明らかにされた。フランス共和主義の伝統のなかにブランキを位置づけなおしたジェフロワの画期的なブランキ伝、『幽閉者』（一八九七年）も、野沢協・加藤節子訳が一九七三年に現代思潮社から刊行されている。これらの著作や、バーンスタイン『オーギュスト・ブランキと蜂起の技術』（一九七一年）〔Bernstein, 1971〕を松田は所持し、引用もしている〔松田、一九八八a、二三六―二三七頁／松田・河野・鶴見、一九八一、二三頁〕。にもかかわらず、松田は、そうした成果や、あるいは広く言えば、当時勢いのあった民衆運動史に対して何の関心も払っていないかのようである。

言うまでもなく、戦術は状況に左右される。松田が「ブランキの秘密の陰謀団」〔松田、一九八八a、二二七頁〕と呼ぶ「季節協会 Société des saisons」が秘密結社の形態をとったのは、一八三四年の結社禁止法の下でのことであり、これは「職業的革命家」の組織とは言えない。「タシュロー文書」と呼ばれる秘密文書によって垣間見ることのできるその組織図は、地区ごと、職種ごとに編成されていて、結社禁止法以前の共和派と労働運動の結合が秘密結社という形式において保持されていたと見なすことができる〔高草木、一九八四、七五頁／社会思想史の窓刊行会編、一九八六、六三―七四頁〕。

ブランキが「総選挙をやるなといっている」〔松田・河野・鶴見、一九八一、二〇頁〕と決めつけることもできない。ブランキは一八四八年二月革命において、普通選挙の実施を延期するよう臨時政府に要求しているが、それは、二月革命が、七月王政を倒す側にとっても「運の良かった不意打ち」〔ブランキ、一九九一b、七九頁〕であったに過ぎず、突然成立した共和政下で普通選挙を行なうことを危惧したためである。ブランキの主宰する中央共和協会は、カベの率いる中央友愛協会等とともに、普通選挙は時期尚早としてその延期を、デモ等によって公然と要求した。「われわれは、選挙の無期延期と、各県に民主主義の光をもたらすべき任務を負った市民の派遣を要求する」〔ブランキ、一九九一c、八五頁〕。当初予定されていた四月九日の国民議会選挙は、結局二週間延期され、四月二三日に実施された〔Wassermann, 1978〕。

ブランキは、制限選挙王政である七月王政下では、共和政に基づく社会変革を望み、革命蜂起はその共和政樹立の手段として意識されていたと思われる。「われわれは、三千三百万のフランス国民が、自らの政府の形態を選び、法を制定する使命をおびた代表を普通選挙によって選出することを要求する」〔ブランキ、一九九一a、四〇頁〕。共和政を成立させた一八四八年革命後には、「共産主義を政令によって強制するなどというのはとんでもないことで、共産主義は国民の自由な決意による達成に待つべきである。そして、この解決こそ、知識の光があらゆる人間に行き渡った時に初めて得られるものである」〔ブランキ、一九九一d、一八七頁〕と主張している。一定期間の「パリ独裁」による情報の均等化を条件にして、国民の自由意思による漸次的な共産主義社会の実現を構想していたと見ることができる〔高草木、一九八九〕。

先に引用した一九六八年のべ平連の国際会議での発言によれば、松田は、マルクス主義のなかに二つの派、つまり「人民のエネルギーを人民の自発性の中に組み上げていこう」とするメンシェヴィキと、「人民というものは、愚かなものであり、これは一、二のリーダーが指導していくよりほかはしかたがないという考え方」に基づくボリシェヴィキとがあるとしているが、そのボリシェヴィキの戦術をバブーフやブランキの系譜と捉えていることは間違いない。しかし、ブランキが革命家の役割を次のように述べるとき、いったいどちらの系譜に入れたらよいか迷わないだろうか。あるいは、松田の二分法自体に無理があるということにならないだろうか。

「民衆的要素は一連隊のように指揮することはできない。……民衆は自動人形ではない。民衆を指導するためには、その道をともに歩み、その本能をともに感じ、その感情をともに分かちもたなければならない。しかし、正面からぶつかっていけば、要らない家具を投げ捨てるように、脇に放り出されてしまう。」〔Blanqui, 1977, p. 295／加藤晴康、一九九一、一四頁〕*。

*松田は、旧版のブランキ『革命論集（下）』（現代思潮社、一九六八年）に収められた訳者・加藤晴康の「解説」のなかにこの一節が紹介されているのを見たはずである。ただし、加藤は、最後の一文を「しかし、猛牛の角をつかまえようとすれば、角で突き倒されることも覚悟しなければならない」と意訳している。

松田は、なぜこのようにバブーフ、ブランキを陰謀家として貶めようとするのか。松田の驚異的な読書量からすれば、一九七〇年代前半の時点で、バブーフやブランキが単なる陰謀家でないことは充分に認識できていたはずである。しかし、松田は血も肉もない骸骨のような「陰謀家」の肖像に固執する。いや、バブーフやブランキだけではない。マルクスやレーニンについても、革命戦術の問題を取り上げるだけで、あえてその思想を語ろうとはしない。

3　マルクスという聖域

松田は、マルクスとブランキ派との関係を歴史的に明らかにしようとはしている。一八五〇年四月にマルクス、エンゲルスとブランキ派が共同署名した「革命的共産主義者万国協会」の規約第一条に、「本協会の目的は、人類家族の最後の組織形態たるべき共産主義が実現されるまで革命を永続的につづけながら、すべての特権階級を打倒し、これらの階級をプロレタリアの独裁に従属させることである」〔マルクス／エンゲルスほか、一九五九―九一f、七巻、五六二頁〕とあることを紹介している〔松田・河野・鶴見、一九八一、一一頁〕。「独裁」概念を、マルクスが同時代の社会主義者と共有していたことの一つの論拠となる文書である。* しかし、約半年後の一八五〇年九月には、マルクスは、共産主義者同盟ロンドン中央委員会会議で、革命を急ぐブランキ派を少数派として退け、以後手を切ることになったという。**

＊ブランキ自身は、一八六九―七〇年の草稿で「パリの独裁」を明言している〔ブランキ、一九九一d、一八六一―一八七頁〕。

＊＊マルクスとブランキおよびブランキ派との関係が、一八五〇年時点で解消されたわけではない。たとえば、国際労働者協会（第一インターナショナル）の第一回ジュネーヴ大会（一八六六年）の開催にあたって、ロンドン総評議会のポール・ラファルグは、ブランキ宛に丁重な書簡を寄せ、参加と協力を要請している〔Paz, 1976, p. 222〕。ここにはマルクスの名前は出てこないが、プルードン派への対抗というマルクスの意図に基づく書簡であるとバーンスタインは見なしている〔Bernstein, 1971, pp. 292-293〕。

このマルクスとブランキ派の交流の一コマの紹介のなかに、松田の日本共産党に対する批判を読み取ることは可能だろう。日本共産党は、一九七三年の第一二回党大会において、党綱領の「プロレタリアート独裁」を「プロレタリアート執権」に改め、さらに、一九七六年の臨時党大会において、「プロレタリアート執権」そのものを党綱領から削除することを決定した。いわゆる「プロ独」概念放棄という問題である。その党決定の理論的支柱として書かれたのが、不破哲三「科学的社会主義と執権問題」（『赤旗』一九七六年四月二七日―五月八日）だった。

不破によれば、「もともと「執権（ディクタツーラ）」という言葉は、語源的には、古代ローマの共和制における政治制度から出たラテン語である。共和制ローマでは、人民によって選出された複数のコンスル（統領）が、国民の指導にあたっていたが、戦争や国内危機などのさいには、コンスルの一人あるいはコンスルの任命する人物を、ディクタトル（執政官）としてこれに一時的に特別の集中した権限をあたえ、危機に対処することとしていた。……／いずれにしても、マルクス、エンゲルスは、この古代ローマ以来のラテン語に、新しい今日的な意義をあたえ、科学的社会主義の国家論、革命論の上の概念として活用しはじめたのである」（不破、一九七六、三七頁）。マルクス、エンゲルスは、古代ローマの用語を直接につかみとり、それを独自に展開したのだという主張に読める。つまり、「ディクタツーラ」は、マルクス、エンゲルスに固有の概念である、ということになる。

中野徹三は、不破論文を批判して、「近代社会主義史上マルクス、エンゲルスがはじめて「プロレタリアートのディクタトゥーラ」という概念を創造したのかどうか、すなわち、マルクス、エンゲルスがこの語を使い始めた一九世紀四〇年代末期においては、「ディクタトゥーラ」の語は、近代ヨーロッパ諸国ですでに国民語化されてはいなかったか」(中野徹三、一九七九、二四六頁)という疑問を呈している。この静かな口吻のなかには、おそらく満腔の義憤が込められている。

「プロ独」概念放棄という問題が思想界に大きな物議を醸したのは、丸山眞男が「「スターリン批判」における政治の論理」(一九五六年)で提起したソ連共産党における「科学と価値観の癒着」と同じ問題を、日本共産党が曝《さら》け出したことにあった。共産党が現代の状況のなかで「プロ独」概念を党綱領から外すことそれ自体は、共産党の価値観に基づく自由な行為である。しかし、その根拠をとってつけたように、マルクスの「正しい」解釈という学問・科学の領域に求めたがゆえに、問題がすり替えられてしまったように思われる。マルクスの「独裁」概念の淵源を古代ローマに求める不破の見解は、一つの解釈であるに過ぎない。しかし、多くの異論のあるその解釈が唯一の学術的に「正しい」解釈であるかのように扱われることになれば、まさに「科学と価値観の癒着」という事態となるだろう。マルクスの思想を、日本共産党がときの政治状況のなかで自在に操ることができるのだとしたら、スターリニズムと基本的にどこが違うのか、という疑問が出てきたとしても何ら不思議はない。

この時期に松田がマルクスとブランキ派の「独裁」概念の共有について語り、不破論文と逆の主張をする以上は、こうした背景を充分に意識したものと考えなければならない。しかし、丸山のスターリン論文にいたく感銘を受けたはずの松田は、いまや日本共産党を批判する意思はないように思われる。むしろ「わが国の社会主義政党の一部で、プロレタリア独裁を将来の目標からはずそうという動きがある。私はそれを歓迎する」(松田、一九七九―八一、五巻、一五一頁)と賛意を示し、プロレタリア独裁を認める者が共産主義者であるという発想はレーニンに固有のものであると強調している。プロレタリア独裁は、結局ソ連においては共産党一党独裁を意味するが、いま日本において必要なのは、その対極にある政権交代可能な議会制民主主義であるとして、松田は、一九七六年当時、社公民の「新しい日本を考える会」の発起人に名を連ねていた。「共産党もプロレタリア独裁の看板をおろしたんだから、この際外国製の制服みたいな党名もかえりゃあいい」(松田、一九七九－八一、一一巻、一三三頁)とまで言っている。しかし、不破とは異なる思惑によるものであれ、マルクスから暴力主義の痕跡を抜きさって無害化しようとする方向においては、両者は共通している。

松田は、マルクスが一八五〇年にブランキ派を批判したことをもって、マルクスおよびマルクス主義は「陰謀家」路線とは縁を切ったことを主張する。その後、一八九五年にエンゲルスが書いたマルクス『フランスにおける階級闘争』の序文を、その決定的な証拠として挙げる。「奇襲の時代、無自覚な大衆の先頭にたった自覚した少数者が遂行した革命の時代は過ぎ去った」(エンゲルス、一九五九－九一c、二二巻、五一九頁)という箇所と「われわれ「革命家」、「転覆者」は非合法手段や転覆によるよりも、むしろ合法手段をもちいるときに、はるかに威勢よくさかえるのである」(同、五二一頁)という箇所を結びつけて、これをもってエンゲルスが「革命を陰謀家の主体的な企図から引きはなしただけでなく、民衆の暴動による物理的な力によって権力を奪取しようとすることの不可能(性)」を公言し、「議会制による労働者解放」(松田・河野・鶴見、一九八一、一二頁)を説いたとしている。しかし、エンゲルスが「政府転覆取締法」を考慮して刊行に際して削除した箇所を見れば瞭然だが、この「序文」において将来の市街戦まで否定されてはいない。

「では、将来においては、市街戦はもうなんの役割も演じないというのか？　断じてそうではない。それはただ、一八四八年以来いろいろな条件が市民の戦士にとってずっと不利になり、軍隊にとってずっと有利になった、というだけの意味である。だから、将来の市街戦は、こうした不利な状況を別の諸契機で埋め合わせた場合にのみ勝つことができる。だから、市街戦は、大革命のはじめに起こることは比較的にまれで、むしろ、そのような革命のその後の経過中に起こることのほうが多く、以前よりももっと強力な兵力をもって企てられなければならないだろう。」〔エンゲルス、一九五九―九一c、二二巻、五一八頁〕

松田が次に掲げるのが、ベルンシュタイン『社会主義の諸前提と社会民主主義の任務』〔一八九九年〕であり、「この〔ブランキ主義の〕政治理論は、まったく単純に、革命的政治権力とその発現たる革命的収奪とがはかり知れない創造力をもつという理論なのである」〔ベルンシュタイン、一九六〇、五一頁〕という箇所を引用する。松田はベルンシュタインを、エンゲルスが一八九五年に示した反ブランキ主義の見解を推し進め、「マルクス主義のなかに混在しているブランキ思想を徹底して洗い流した「純化主義者」」〔松田・河野・鶴見、一九八一、一二頁〕として評価する。こうして、「ベルンシュタインによってマルクス主義がブランキ主義から離れた」〔同、一三頁〕ものの、ブランキ主義はロシア人革命家トカチェフを通してレーニンに伝わってしまった、という構図が示されている。したがって、レーニンは正統なマルクス主義とは相容れない要素をもった革命家だ、という主張になっている。

思想史の解釈には一定の幅が許されるとはいえ、これでは、まるでベルンシュタインが正統派マルクス主義の代表者であるかのようになってしまう。もちろん、松田自身が熟知していると思われるが〔松田、一九七九―八一、八巻、一八頁〕、ベルンシュタインは、この一八九九年の論考をもって「修正主義者」と呼ばれ、ローザ・ルクセンブルクやカウツキーらと対立する。ドイツ社会民主党の一九〇三年ドレスデン大会で、「修正主義」は公式に否認されている。侮蔑的響きさえもった異端の「修正主義」が再評価の対象となるのは、戦後、とりわけ、一九五九年にドイツ社会民主党が階級闘争を放棄した「バート・ゴーデスベルク綱領」を採択してから以後のことだろう〔関、一九八〇、二五六頁〕。

松田のこのような議論に対して、河野健二は次のように釘を刺している。「少数の陰謀家によって既存の権力を打倒するのを陰謀説と名付けますと、マルクス主義がこの陰謀説を初期にはもっていて、途中で捨てたという風に書いておられますが、その点には私は疑問をもちます。十九世紀末になってからエンゲルスが議会主義をいい、蜂起戦術を批判した。松田さんはそのエンゲルスの中に正統マルクス主義があらわれていると考えられ、レーニンはその正統マルクス主義を装うために自分の蜂起説をなるべく表面に出さないようにしたと見ておられる。しかし、果たしてそうでしょうか。マルクス主義は武力による革命闘争を放棄したことはないと私は考えます」〔松田・河野・鶴見、一九八一、一九頁〕。

以上見てきたように、松田道雄のマルクス＝レーニン主義研究の特徴は、マルクスとレーニンを分離することだった。スターリニズムを批判するためには、レーニンにまで遡らなければならない、という強い意志が松田をロシア史研究へと向かわせた。ところが、批判の矢は、レーニンまでで、マルクス、エンゲルスには及ばない。レーニンの誤謬は、バブーフ、ブランキ、トカチョフの誤謬であり、正統派マルクス主義は、陰謀とも独裁とも無縁である、というのが松田の結論だろう。とすれば、これは不破以上に、マルクスおよびマルクス主義を聖域化していることにはならないだろうか。

4　社会主義へのまなざし

松田は、学生時代以来の十数年間、自分の教養の基準がマルクス主義であったことを次のように述べている。

「スミス、リカードー、ケネーなどをとにかく買いもとめたのは『資本論』を読んだからです。モルガンを読んだのは『家族・私有財産及び国家の起源』を読んだからです。わからないなりに『歴史哲学講義』や『キリスト教の本質』を卒読したのは『ドイツ・イデオロギー』のためです。サン-シモンやフーリエなども『反デューリング論』を読まなかったら知らずにすんだかもしれません。ウィンデルバンドとかリッカートなどもデボーリンの『自然科学と唯物弁証法』のなかで西南学派のことに論及してなかったら読みはしなかったでしょう。」〔松田、一九七九―八一、一五巻、一二三頁〕

若き松田にとってのマルクス主義の重要性を示したこの文章には、実は微妙なニュアンスが含まれている。モルガンやヘーゲル、フォイエルバッハらについては「読んだ」ことが明示してあるのに対して、スミス、リカードー、ケネーについては「とにかく買いもとめた」とあり、経済学の古典をきちんと読んではいなかったことを窺わせる。サン-シモンやフーリエなどもまた「読んだ」のではなく「知った」レベルであったことが吐露されている。

この点は、松田道雄の旧蔵書の特徴からも考えることができる。医師でありながら、古今東西の歴史や文学や思想を自在に論じる万能のルネッサンス的文化人である松田にあって、唯一弱点となっている分野が経済学だろう。この場合の経済学は、狭義の経済理論を指しているのではなく、経済学史・経済思想、経済史、あるいはさまざまなレベルでの資本主義論等まで含めた経済的な領域という意味である。熊本学園大学松田道雄文庫のなかで、このような広義の経済学関係の著作に充てられたスペースは本棚一棹分程度しかなく、他の分野に比べてかなり限られている。たとえば、一九六〇年代から八〇年代にかけて経済学史・経済思想を中心に幅広く活動した内田義彦の著書は、『日本資本主義の思想像』(岩波書店、一九六七年)、『社会認識の歩み』(岩波新書、一九七一年)、『読書と社会科学』(岩波新書、一九八五年)という周辺的な三冊しかない。

言うまでもなく、社会主義はまずは資本主義に対抗的な経済システムであり、経済的要素を捨象して近代社会主義を語ることはできない。マルクス主義の側から「空想的」とされるサン-シモンやフーリエにおいても、その思想の中心概念は、前者の場合には「産業 industrie」であり、後者の場合には「労働 travail」であると言ってよいだろう。さらに、バブーフまで遡っても、フランス革命期における経済学(political economy)とモラル・エコノミー(moral economy)との対抗的な関係等を背景に押さえておかないと、その「大国民共同体 grande communauté nationale」の主張の意味やサン-キュロット運動との関係等を考察することは難しい。

つまり、バブーフ以降、一九世紀、二〇世紀の社会主義を考察するにあたって、経済的思考を無視しては、実は何も始まらない。マルクスやレーニンに至っては、なおさらのことであり、松田には、マルクス『資本論』(一八六七年)やレーニン『帝国主義論』(一九一七年)といった著作に対する論及をほとんど見つけることができない。考察の対象となっているのは、蜂起や独裁といった戦術面ばかりであり、マルクスやレーニンがどのように眼下の経済構造を分析し、そこからどのような社会主義社会を志向したのか、という最も基本的な事柄すら、松田は考察の対象にしていないように思われる。

しかし、マルクス主義、社会主義の批判的考察の不徹底さは、そのような松田の弱点からのみ導き出されるべきではない。むしろ、その不徹底さは、松田自身が意図したものであると見なすこともできる。

松田の『革命のなかの人間』(筑摩書房、一九八〇年)を謹呈された丸山眞男は、その礼状を兼ねた手紙(一九八〇年一二月七日付)*のなかで、『革命のなかの人間』が『松田道雄の本』全一六巻のうちとりわけ松田の精神史を知るうえで貴重だという感想を記している。そして、松田と丸山とのわずかな年齢の違いと、マルクス主義に対する距離のとり方の違いが、二人のあいだに微妙な問題意識のズレを生じさせている点に興味をもつとも語っている。マルクス主義への微妙な否定を半ば共有しながらも、また微妙にズレてもいる同士の、しかしお互いの信条を充分に理解し合っている関係と言えるだろうか。

＊この書簡は、熊本学園大学付属図書館松田道雄文庫貴重書「整理番号57」に収められている。

丸山の言う「わずかな年齢の違い」は、松田が一九〇八年生まれ、丸山が一九一四年生まれだから、六歳差である。しかし、このわずかな年齢差のために、マルクス主義に関する体験はだいぶ趣の違うものになっている。

松田がものごころついた九歳の年、一九一七年にロシア革命が起こり、旧制中学生の時代、一九二二年には堺利彦や山川均らによって日本共産党がコミンテルンの支部として非合法に結成されている。一九二六年、旧制三高の時代に、福本和夫らを中心に第二次共産党が結成されたが、翌二七年にはコミンテルンの「日本問題にかんする決議」、いわゆる「二七年テーゼ」で福本は批判され、失脚した。旧制第三高等学校、京都帝国大学医学部時代の若き日の松田が、未来を切り拓く思想としての共産主義、マルクス主義に魅了されたのは、まさに時代の息吹のなかでのことだった。

『革命のなかの人間』に収録された論考のなかで、松田自身がそれを語っている。「労働者階級のもっとも意識的な、先頭部分が党であるというのは、レーニンの『何をなすべきか』から理論としてならったにちがいなかった。しかし、それが実感として私にはいってきたのは、一九二七年から一九二八年への党の大転換によってである」（松田、一九七九―八一、八巻、三三三頁）。二七年テーゼの翌一九二八年の「三・一五事件」の大検挙によって党のインテリ指導部が根こそぎ逮捕されても、党は滅びないことに松田は驚異の目を向ける。「インテリがいなくても、党は労働者階級のなかから、いくらでも優秀な理論家をすくいあげてくる……。労働者階級が存在するかぎり、党は存在する」（同、三四頁）ことが刷り込まれた。

六歳年下の丸山は、一九二八年二月の第一回普通選挙のとき、中学二年生で、演説会を聞きに行ったりしているものの、翌月の三・一五事件は特に印象に残っていないようである（丸山、二〇一六、上、三九頁）。一九三一年に第一高等学校に入学し、寮生活を送ることになるが、当時は「左翼運動の最高潮の時代」（同、上、五二頁）で、寮内は「イデオロギーをめぐってまっ二つに割れ」ていたが、自分自身の立場について「結果としてぼくは反左翼だったということです」（同、上、五七頁）と述懐している。わずかの年齢差とスタンスの違いとから、松田と丸山ではマルクス主義の影響はだいぶ異なるものではあったが、そこには共通する時代の空気があったことも確かである。

丸山は、マルクス主義との関係を「不即不離」と捉え〔丸山、一九九八b、五巻、二二二頁、二八一頁〕つねに自身の学問と思想の形成に刺激を与えるものとして一定の敬意を払いつつも、決してそこにのめり込むことがなかった。だから、マルクス主義やあるいは広義の社会主義に対して、熱く否定的態度をとる必要がなかった。丸山のなかにも社会主義に対する肯定と否定の振幅はあり、* その狭間で自らの思考を練り上げていたとしても、東大闘争の一瞬を除けば、つねに抑制は利いていた。それに対して、松田は若き日にほとんど「信仰」のようにマルクス主義に没入していった。貧しい結核患者に対して献身的に治療にあたることができたのは、「内面をマルクス主義がささえていてくれた」〔松田、一九七九―八一、八巻、二六頁〕からであり、共産党シンパになったのは「人民にたいする負目の意識」〔同、三二頁〕からであるという。しかし、シンパではあっても党員にはならなかったため、「マルクス主義を精神の支えとして守ろうとすればするほど、自分がコミュニストでないことにひけ目を感じ、コミュニストからの距離を罪として感じた」〔同、五八頁〕。これほど、マルクス主義は松田の魂にまで喰い込んでいた。松田は、「なぜ革命を信じたのか」を、『ロシアの革命』等の執筆によって自ら検証し、そして魂から振り払うように社会主義を、ソ連を熱く否定した。

＊たとえば、先に挙げた丸山の「永久革命としての民主主義」は、端的にトロツキーの「永久革命論」のアンチテーゼとして掲げられたものと考えられ、同じ一九六〇年には、「ソビエト社会主義に対立して、あるいはそれを否定して社会主義革命を考えたって、それはユートピアだっていうこと」〔丸山、一九九八b、四巻、一五頁〕と、

社会主義の可能性についてにべもない発言をしている。ところが、晩年の一九九五年には「この頃、いよいよ本当の社会主義を擁護する時代になったなあ、という気がしているんですよ」（同、九巻、一八四頁）と正反対のことを言っている。

ところが、「何をどこまで否定するのか」という問題は一筋縄ではいかない。「信仰」としてのマルクス主義を完全に否定することは自分が命を賭けた青春そのものの否定にもなってしまう。かつて自分の魂を揺さぶった、マルクス主義のなかにある人間解放の「ユートピア」まで消し去る必要もない。いっぽうで、スターリニズムによって手ひどく裏切られた思いは、自分自身によって科学的に検証しなければばならない。そのつまるところは、リアリズムに徹する陰謀・革命派とユートピアを求める民主派というそれ自体曖昧な二分法によって、「悪玉」と「善玉」を分別することに帰着せざるをえなかった。逆に言えば、どれほど厳しくスターリン、レーニンを批判したとしても、ソ連史や社会主義全般を否定するには至らない。マルクス、エンゲルスの社会主義は、それが陰謀や独裁と切れているかぎりにおいて、新たに蘇生する可能性をもっているし、レーニン以前のナロードニキの思想家たちにもまた、その可能性が残されている。その最大の聖域がマルクスにあるとすれば、松田を「無教会派的マルクス主義」（秋山、二〇〇六－〇七ａ、四巻、七五頁）と看破した秋山清の炯眼がここで改めて想起されよう。

5　希望を捨てるという希望

マルクスという中心を聖域化することによって、「社会主義」やソ連へのアンビヴァレントな態度が生じ、松田の思想をわかりにくいものにしている点は否めない。一九五七年のレニングラード滞在でソ連に失望したはずの松田が、帰国後に『中央公論』に寄せた「ロシア人というもの」では、その教育制度に手放しの賞賛を与えている。

「ソヴエトの教育制度は、ロシア人のなかに眠っていた才能を呼びさまし、これをいくらでも吸い上げる装置になっている……幼児の時代から教えこまれるマルクス・レーニン主義は徹底した合理主義であるから、生活環境から一切の神秘的なものを清掃してしまっている。……社会主義への見透しは、ロシアでは、きわめて明るいといわねばならぬ。」〔松田、一九五八c、一三七頁〕

その後も、折に触れて松田はソ連の教育制度に賛辞を送ることになるが〔中野・松田、二〇〇〇、一〇〇頁〕、この点を考えるに当たっては、実は二つの問題があると思われる。一つは、これまで検討してきた、マルクスや「社会主義」の「聖域化」という松田における一般的問題であり、もう一つは、教育分野における特殊な事情の問題である。

前者について言えば、おそらく内村剛介の影響が多大であったことが窺える。すでに紹介したように、内村は一一年間シベリアに抑留され、一九五七年、松田がレニングラードを訪問したその年に帰国している。帰国直後から交流が始まり、松田が死ぬまでそれはつづいた。熊本学園大学松田文庫にある幾通かの内村の松田宛書簡を見れば、日常的に親しい交流がつづいていたことがわかる。親しい間柄であるために、思想的なやりとりは後景に退いて単純な情報交換のような文面が多く、丸山の書簡のような含蓄はない。* 『文藝』では、「ロシアについて」というテーマで長い対談を行なっているし、内村の『定本　生き急ぐ——スターリン獄の日本人』（国文社、一九七七年）の巻末には松田が解説を付している。札幌大学図書館が松田のロシア史関係蔵書を松田道雄文庫として受け入れるにあたっても内村が尽力している（松田潤、二〇〇〇、六一－六二頁）。

*たとえば、貴重書「整理番号132」に収められた内藤操（内村の本名）の書簡では、『世界』一九八五年二月号に掲載された松田の論考「『三酔人経綸問答』のなぞ」に対する周囲の評判を知らせている。

内村と同様にシベリアに抑留され、八年間のラーゲリ（強制収容所）生活から一九五三年に帰国した詩人の石原吉郎は、「帰還後しばらくのあいだ、私の最大の苦痛は〈競争状態〉におかれることであった。電車の座席をあらそう人たちをさえ、私は苦痛なしに見ることはできなかった」（石原、一九八〇b、二九一頁）と述べている。二五年囚として東シベリアの密林地帯のラーゲリに送られた石原は、そこでの日常生活を次のように回顧する。「およそここで生きのびた者は、その適応の最初の段階の最初の死者から出発して、みずからの負い目を積み上げて行かなければならない。……／適応とは「生きのこる」ことである。それはまさに相対的な行為であって、他者を凌いで生きる、他者の死を凌いで生きるということにほかならない」（石原、一九八〇a、五四－五五頁）。帰還した石原の目には、平和な日本の光景のなかで自ら「他者を凌ぐ」ことに躍起になる人々の心情が奇異に映ったに違いない。

その石原が、ラーゲリ生活での思いをアフォリズムとして凝縮したメモのなかに、ぽつんと一行の文章を置いた。

「希望を捨てるという希望が、まだ残っている。」(石原、一九八〇b、二九三頁)

それから数年後の一九七七年、詩人は自宅の浴槽で死んでいた。享年六二歳だった。内村は、詩人への挽歌とも言うべき『失語と断念――石原吉郎論』(思潮社、一九七九年)のなかで、自殺するように死んでいった石原に呼びかけている。「石原一人を見るだけでも私には絶望はない。いや、絶望する権利を私は持たないのだと言い換えよう」(内村、一九七九、二〇頁)。

極限状況を生き長らえた人間にとって、たとえば、松田が「心情としてのアナーキズム」として捉えた一九六〇年安保闘争はどう映ったか。

「安保デモの波をみてわたしは思った。ここに集まったわが知識人たちは、社会主義革命に際してはおそらく反革命に走るだろうと。何ほどかを法に期待し、法を所与として受けとる市民、その市民の運命は、十月革命における社会革命党の運命であり、近くは一九四五年の北鮮における社会民主主義者の運命であろう。北鮮ではまず社会民主主義者が、ついでオールド・コンムニストがわずか三カ月のうちに、〝反革命〟に転じていった。わたしを捕えた社会民主主義者が平壌でわたしを追って監獄入りして来た。それほどに激動する政治闘争のダイナミクスであった。この激動の中から新しい権力が、従って新しい法が生れてくる。法は戦いとるものであって、与えられるものではない。その名に値する革命は、野蛮な、アナーキーなエネルギーを、少くともその初期において噴出せざるをえないものである。わが知識人にそのエネルギーの蓄積があろうと

もおもえない。わが急進知識人の〝市民主義〟は今が泰平の花盛りである。」(内村、一九六六、一八〇頁)

内村のこの一文は、秋山清の直接的な批判よりも鋭く松田を抉るものではなかったろうか。「心情としてのアナーキズム」という評論を一瞬にして吹き飛ばしてしまうような迫力がある。安全な場所から「アナーキズム」などとほざいているインテリ連中は、自分の身が危うくなれば国家や法にすがるに決まっている、という冷ややかな嘲りが聞こえてくる。この内村の回路を通してみれば、一九六八年のべ平連「反戦と変革にかんする国際会議」における松田の発言も、若干異なる様相を呈するかもしれない。「市民主義」を守る立場からの「根本的な社会変革」への批判というよりも、そこに踏み切るためのお互いの覚悟の確認を強くにじませていたのではないか。内村の「市民主義」批判のエネルギーは松田の身体に摂取され、蓄積されていて、それがその場で挑発的発言になって放出された。「われわれは、ディシプリンのない軍隊をもって戦いえるか」という問いかけは、命を賭ける覚悟はあるのか、政治闘争のリアリズムとダイナミズムを承知のうえで「根本的な社会変革」を仕掛けるのか、という松田なりの「連帯」の意思表明であったのかもしれない。

その内村が、同じ著書において、ソ連について次のように語っていることを松田はもちろん見逃さない。

「ソビエト・ロシヤの権力はマルクシズムを「自由」に、すなわちほしいままに解釈する反面、マルクシズム本来の人間解放を謳いつづけてきた。ソビエト政権四十年の歴史はそれがいかに偽善と残酷に満ちていようとも、市民の中の人間を育み、己れの尊厳を守って権力に抗う心性を培

ってきたことだけは認めなければならない。」(内村、一九六六、一七九―一八〇頁)

ソビエト政権が、建て前として「マルクス主義本来の人間解放」を捨てなかったこと、そしてその「建て前」がそれに呼応して権力に立ち向かう市民を期せずして育んだことを、内村はぎりぎり評価する。松田は、この内村のオプティミズムに奇跡的なる「強靭な個性」を見いだす。そして、「零下三〇度ではなくとも、民主主義の名において、日本のデモスを知的荒廃のなかに追い込みつつある」(松田、一九七九―八一、八巻、一六七―一六八頁)日本の現状のなかから、内村が抵抗的な主体的市民の声をたぐり寄せることに期待を抱いた。ソ連の現状の「生き証人」であり、「アメリカの大学の図書館のロシア・アーカイブより貴重」(同、一六四頁)なこの人物のオプティミズムが、松田の「聖域化」を心情的に支えるものとなっていたのではないか。わずかな期間のレニングラード滞在で覚えた失望など、一一年間という気の遠くなるような年月の抑留生活から絞り出すように発せられた逆説的な「希望」に比べれば何と軽いことだろう。石原や内村がラーゲリのなかで自分の未来に対する「希望」を捨てず、その「希望」が人間解放という社会主義本来の夢とどこかでつながっているとしたら、社会主義やソ連に対して安易に「絶望」することなど許されないのではないか(松田、二〇〇二、一五五頁)。かくして、松田のなかでマルクス主義、社会主義に対する批判と肯定は、振幅の大きい波動のように、立ち代わり現われつづけることになる。

最後に、ソ連の教育制度に対する賛辞には、特殊な事情が働いていることを指摘しておこう。レニングラードで見聞してきたソ連の「集団保育」の実践こそが、松田の主著である『育児の百科』の中心的なテーマになっている。『育児の百科』は育児書という一種の教本の体裁をとりながら、そこには「社会主義」をめぐる松田の複雑な思いが深く染み込んでいた。松田は、育児や幼児教育という本来の自分の土俵のうえで、「社会主義」と格闘していたのであり、松田に対する思想家としての評価は、その本来の領域でこそ行なわなければならないだろう。それが第Ⅱ部のテーマである。

第 II 部

育児書のなかの「市民」

第四章　思想書としての『育児の百科』

1　実用書を超える育児書

『朝日新聞』二〇一六年三月一三日「読書面」で、女優の紺野美沙子が松田道雄『育児の百科』について語った文章の一部は、「はじめに」ですでに紹介した。ここで改めて、そのつづきに当たる部分も含めて見てみよう。

「まだ息子が１歳に満たない頃、突然高い熱が出て困りました。６カ月から７カ月までの赤ちゃんがかかりやすい病気として「突発性発疹」という欄がありました。どういう経緯でその病気になるか、どれくらいで治っていくものなのかという解説はもちろんあるんですが、この本がふつうの医学書と違うところは「急をききつけて、お姑《しゅうとめ》さんが登場してくる」ってことまで書いてあるんです。我が家でも「まさに！　まさに登場して来た！」ってなって、その時は思わず笑っちゃいましたね。／小児ぜんそくでしたが、「まわりのおとなが、心配そうな顔をして介抱したり」しない方がいいって書いてあるんです。「少し気温があがったら、せいぜい戸外にだして鍛錬する」と。近所の公園に行ったり、女優生命をなげうって夏でも真っ黒になりながら近所のプールに行ったりしていました。いま振り返るといい時間だったなって思いますね。／いまの方が育児情報はたくさんあるけれど、いつでもどんな情報を信じたらいいんだろうってお母さんたちは悩むと思うんですね。この本はお母さんの立場に寄り添って、そっと背中を押してくれる本なんです。」

一九六七年に初版刊行以来、改版を重ねながら四〇年以上にわたって売れつづけたロングセラーだから、この本のお世話になった人たちはたくさんいる。「お母さんの立場に寄り添って、そっと背中を押してくれる」という紺野と同じ感想をもつ人は多いし、何よりも「安心した、自信がもてた」と実感している人が大半のようである。

松田の書を参考にして四人の子どもを育てたという哲学者の長谷川宏も、これを名著として誉め称えている。「事態をありのままに描き出し、それへの適切な対処法を分かりやすく明瞭に指示する文章に接すると、読み手の心も冷静になってくるのです。……冬の下痢には父親のわたしも気が気ではなかった。それがここを何回も読んでいると心が鎮《しず》まった。少なくとも、読む前よりも冷静になれた。名著というゆえんです」（長谷川、二〇〇八、四八頁）。

さらに、長谷川は、この育児書が「思想の書」であると捉える。松田が「丈夫な赤ちゃんなら、少々のミスをやったところで、関係なしに成長していくのを経験するだろう。そして育児には最高の知識が必要でなく、少しぐらいずぼらでもいいことがわかるだろう。それが育児になれてきたということである。母親である資格がそれだけそなわったともいえる」（松田、二〇〇七、上、二四六頁）と述べている箇所を引用して、長谷川は次のように言う。「子どもの生命力への信頼と、子どもにむかう母親の目と心への信頼なくしては書けない文章です。その信頼は、大きくいえば、はるかな昔からの人類の育児の歴史が育《はぐく》んできたものであり、それこそが育児に人間的なゆたかさをあたえてきたものです。それが一小児科医の母親にたいする励ましのことばのうちにさりげなく表明される。そんなふうに、現在の先端に位置しながら歴史と深くつながっていることが、この本を「思想の書」たらしめている大きな理由の一つだと思います」〔長谷川、二〇〇八、四九頁〕。「日常性の哲学」を志向する長谷川ならではの評価と言えるし、おそらく多くの読者が抱いている感想をやや抽象化して語れば、このような評価になるのかもしれない。

紺野と長谷川の評価は、一言で言えば、「実用書を超える」ということだろう。子育てが終わって何十年経っても、その本に愛着があるということは、単なる実用的価値を超えていることを端的に示している。育児のノウハウを提供するというよりも、育児への向き合い方を読者に寄り添いながら具体的に提示しているところに、『育児の百科』への高い評価の理由があると見てよいだろう。

著者の松田自身、徹底して実用書の体裁をとった『育児の百科』に対して、実用書を超えた思い入れを語っている。

「明治、大正の育児指導が、おかみの期待する秩序への順応を人びとによびかけるものであったとすれば、いまの育児指導は、薬品メーカーや乳製品会社との「共存共栄」のよびかけである。それは保健所で母親にわたす、メーカー署名の育児パンフレットに端的にあらわれている。／内容はアメリカ風になったが、外国の文明を、母親にむかって、うえから注入するという明治の姿勢は、今日の育児指導のなかにもつづいている。この本は、内容では日本の個性をまもり、姿勢

ではうえからのおしつけにたいするささやかな抵抗をしたつもりである。」〔松田、二〇〇七—〇九、下、五二五頁〕

旧来の「上からの秩序への順応」に対する反発は、赤ちゃんの個性、育児の個性の主張となって現われてくる。製薬会社等と馴れ合った医療「業界」批判もまた、遺憾なく随所に発揮されている。また、「日本式育児法」を積極的に主張し、伝統的な育児の側から「科学」を相対化する視点も明瞭に読み取ることができる。それは、一言で言えば、松田の「市民性」と呼ぶべきものだろう。政治権力、資本主義、およびそれらと一体化した「科学」に対抗的な、自律的で個性的な「市民」の探求が、『育児の百科』の根底にある思想性である。松田は、育児をめぐる諸問題を、明確な対抗軸を設定して整理することによって、実用書に徹した一つの思想書を世に問うたことになる。だから、読者は、育児の期間を終えてすでに用済みとなった実用書のなかに、著者とともに格闘した自らの思想性を問い返すのである。

しかし、果たして、そのようなわかりやすい構図で『育児の百科』の「思想性」を捉えてしまってよいものだろうか。これまで本書では、松田の最大の思想的葛藤を「社会主義」をめぐるものとしてきた。とすれば、松田の「本業」である「育児」の領域においても、明示的には語られない「社会主義」の問題が横たわっていると考えるべきではないか。実際、「上からの秩序への順応」は、「社会主義」の問題にも直結してくるだろう。『育児の百科』の「思想性」を「育児」という狭い領域に閉じ込めるのではなく、逆にその「育児」という領域からこそ、松田の全的な思想性を問いなおしてみることができるのではないか。そのような問題意識で、『育児の百科』および周辺の著作群を読み解くことが、本章以下第Ⅱ部の課題である。*

＊『育児の百科』からの引用に際しては、原則として『定本　育児の百科』（全三巻、岩波文庫、二〇〇七―〇九年）を使用したが、必要に応じて他の版にも言及している。

2　『育児の百科』の基本構図

松田道雄は多岐にわたる分野で膨大な著作を残しているが、その代表作を問われれば、あるいは答えに窮するかもしれない。いや誰もが認める代表作がありながら、それが『育児の百科』という若い母親たちに向けられた実用書であることから、彼の業績の中心に据えるのがためらわれてしまう。一般論で言えば、実用書から思想像を立ち上げるのは難しい。松田の全体像がこれまで描かれることのなかった主たる理由は、中心が然るべく位置づけられないことにあるのではないだろうか。

しかし、松田は小児科医として出発し、おそらく生涯、小児科医であることにアイデンティティをもっていた。松田道雄という人物を取り上げる場合には、そのバックボーンを外すことはできない。問題は、育児書のなかの思想を読み込むこちら側にかかっている。

『育児の百科』は、一九六七年の刊行以後、医学・医療の進歩や法改正等に対応すべくきめ細かく改訂をつづけ、「新版」（一九八〇年）、「最新」（一九八七年）、「定本」（一九九九年）をすべて含めて一六〇万部という大ベストセラーとなったものである。「新版」からは、冒頭に「誕生まで」が付け加えられ、妊娠中の注意等がここにまとめて書かれている。松田は、それ以前にも、多数の育児書を書いている。

『赤ん坊の科学』(創元社、一九四九年)から始まって、『私は赤ちゃん』(岩波新書、一九六〇年)、『私は二歳』(岩波新書、一九六一年)、『巨視的しつけ法』(筑摩書房、一九六四年)、『日本式育児法』(講談社現代新書、一九六四年)等を出版し、また『育児の百科』刊行の後も、『わたしの保育指針』(新評論、一九七二年)、『お母さんは心配しすぎる　2－3歳児』(中央公論社、一九七二年)、『わたしの育児教室』(文藝春秋、一九七三年)等の育児書を出している。しかし、八九歳で逝去する一九九八年まで改訂をしつづけた『育児の百科』は、松田の育児書の集大成であり、小児科医・松田の代表作であることは言を俟たない。

松田が『育児の百科』にかけた熱意と真剣さは、すでに序章で触れたように資料的に明らかである。熊本学園大学付属図書館松田道雄文庫には、『育児の百科』の数十に及ぶ刷が収められている。その各刷に膨大で詳細な最新の情報がメモされ、次の刷に活かされている。医学・医療が日進月歩である以上、きめ細かな改訂は必要であろうが、その真摯さには目を見張るものがある。また、読者からの手紙類はおそらくすべて保存されている。松田は読者からの問い合わせに複写式カーボンを使って返事を書いているので、そのやりとりの記録はそのまま保存されている。『育児の百科』は、学会や読者からの刺激を受けながら、最新の状況、最新の知識に照準を合わせつづけたものである。

しかし、松田は、こうした自己の真摯な営みに対して、つねに批評精神を忘れない。「いい育児書というのは、育児書を読まなかった母親が、後日、何かの機会で読んで、うちの育児はあれでよかったと、自信を回復させるようなものだろう」(松田、一九七二c、二八頁)。

可能なかぎり最新の情報を取り入れるという煩雑な改訂作業に没頭して実用書としての価値を最大限に高める努力をしながら、その最大の課題をあっさりと否定してしまう。最善を尽くしたとしても、それが実際に役に立つものであるかどうか、長い目で見れば、間違いである可能性も否定できない。そもそも育児書などというものが必要なものかどうかという懐疑が松田のなかにはある。人格的な表現をすれば「照れ」のようなものが、松田にはついてまわる。「ひょっとすると、私たちのやっている教育は、子どもの創造性を、それが大人の「理想像」からはみだしたところで、つみとっている操作であるのかもしれぬ」（同、四二頁）。威厳のある医学者ではなく、飄々とした町医者のしなやかさをここに感じることもできるだろう。もちろん、こうした「照れ」や批評意識の裏には、時を経ても価値を減じない思想書であることを目指した著者の矜持を窺い知ることができる。

ここで、『育児の百科』の構成を見てみよう。「誕生から1週まで」、「1週から半月まで」、「半月から1カ月まで」、「1カ月から2カ月まで」に始まって、「3歳から4歳まで」、「4歳から5歳まで」、「5歳から6歳まで」の二〇の期間に細分化し、各年月齢で起こりうる問題点とその解決法についてアドバイスをするというのが基本的なスタイルである。巻末には、「子どもの病気」という病気篇が設けられ、五十音順に病気の特徴と対処法が整理されている。通読するために書かれた書物というよりも、辞書のようにその都度に必要な箇所だけを読めばよいように構成されている。育児上の問題点は、個体差はあっても、各年月齢によってほぼ決まってくる、という基本認識に立った構成である。だから、通り一遍の識者から、「「思想」が入っていない」「箸にも棒にもかからない内容で、年齢別に細かな注意点をあれこれ記載しているだけだ」（澤口、二〇〇一、二〇五頁）というような酷評も現われてくる。

「母親の背中を押す、安心させる」効果を『育児の百科』がもったとすれば、そこには一つの戦略があった。随所に現われる医師や医療批判である。同業者の批判は外に向かっては口外しない、というのが専門職集団の一般的マナーだろう。たとえば『スポック博士の育児書』では、「しっくりいかない医者と患者というものはあるものです」〔スポック、一九七二、五二頁〕と例外は認めつつも、「赤ちゃんが順調に育っているかどうかは、医者に定期的にみてもらうのがいちばんたしかです」〔同、四九頁〕、「医者は、どんなことにでもよろこんで答えてくれるし、やさしい質問ほどいいのです」〔同、五一頁〕と医師への信頼が基本であることを説いている。遠隔地等の事情のために「医者の指示を受けられない人たち」のために、育児書は補完的な役割を果たしているという位置づけである。それに対して、松田の、同業医師に対する厳しい舌鋒は、たとえば次のようなものである。

「流産をふせぐ確実な薬はみつかっていない。万一流産しそうになったとき、合成卵胞ホルモンをつかうといわれたら、それこそ必死になってことわってほしい。」〔松田、二〇〇七―〇九、上、四四頁〕

「泌尿科にいくと研究好きの医者や、レントゲン撮影の好きな医者が、造影剤を入れて尿路のレントゲン写真をとるというかもしれないが、ことわってほしい。」〔同、上、四八頁〕

「つわりとわかったら医者にいかぬほうが安全だ。サリドマイドがつわりどめの新薬であったことを忘れてはならない。医者にいけば、たいてい新薬をくれるものと覚悟せねばならぬ。」〔同、上、六一頁〕

「なるべく睡眠剤はつかいたくない。ことに新しくでた睡眠剤は絶対にのんではいけない。」〔同、上、六三頁〕

「流産の治療に合成女性ホルモンをつかった時代があったが、生まれた子の性器に奇形ができたり、女の子は膣がんを、男の子は精子不足をおこしたりするから今はつかわない（不勉強医はつかっている）。」（同、上、六六頁）

「妊婦からすれば、頭痛や肩こりがとれる有益性より奇形児ができる危険性をさけたいにきまっているが、医師は苦痛をとることが、もっと有益だと思っている。だから死ぬかもしれないような病気でない限り妊娠可能の女性は、医者にかからないがいい。診察して薬をださない医者はまずいないから。」（同、上、八二頁）

「〔息を吸うときのどが鳴るのは〕まったく無害のもので、特別の治療を必要としない。……医者は、単純性先天性喉頭狭窄《こうとうきょうさく》というむずかしい病名をつけるだろう。」（同、上、一三三頁）

「さらに困るのは、小食の赤ちゃんの体重が母子手帳の発育曲線の五〇パーセンタイルにおよばないのをみて、もっとよくのめるようにしてあげようなどといって、タンパク同化ホルモンなどと称するものを注射する人物のいることだ。」（同、上、二四三頁）

「〔赤ちゃんが乳を吐くので〕医者につれていくと「幽門痙攣《ゆうもんけいれん》」などといわれる。……元気のいい男の赤ちゃんは、乳を吐くものなのだ。幽門けいれんなどという名におどろいてはならぬ。」（同、上、二六一頁）

「未婚の若い医者は家で母乳栄養児の便をみたことがない。既婚でも赤ちゃんのおむつをかえたことのない男の医者は、若い母親ほども便をみていない。それでも医者はできる。母親のうったえだけをきいて、それなら消化不良の薬をあげましょうと消化剤をわたし、便が緑色なのは「乳

児かっけ」のおそれもあるといって、ビタミンB_1の注射もしてくれる。」(同、上、二六六頁)

「(斜頸について)旧式のかんがえの人から毎日マッサージにかようようにいわれたら、転医したほうがいい。」(同、上、二八五頁)

「誤診をさけたい医者は、子どもが失神していないかぎり、のみ薬で治療する。……/腹部の病気(腸重積)は命とりになるから、母親は医者を選ばねばならぬ。」(同、中、四九七頁)

このように列挙してみると、小気味いいほど周囲の医師を信頼するな、というメッセージに溢れている。『療養の設計』(一九五五年)において松田は、「患者」が自身の生活や信条から自主的に治療法を選択すべきであるという画期的な発想をもち、医師の側の手の内を明かすという「禁じ手」ももちだしていたことはすでに述べた。しかし、『育児の百科』では、それ以上に直截な医師批判が展開されている。製薬会社の営業マンに言われるがままに新薬を使い、新しい機材を必要以上に患者に試す、業界と馴れ合った医師を糾弾するという姿勢は、松田自身が言明しているとおり、『育児の百科』の基本的スタンスである。しかし、その医師批判はそうした営利主義に対するものにとどまらない。未経験や不勉強ゆえに机上の医学書に頼りきりになっている医師に対しても容赦のない批判がなされている。

やり玉に上がっている医師たちは、殊更に「悪意」があるわけではなく、凡庸な町医者であるに過ぎない。スポックが自らの育児書に医師の補完的な役割を任じていたとすれば、松田は、明らかに「セカンド・オピニオン」の提示を意識している。

一九八〇年代に「インフォームド・コンセント」という概念が日本に入ってくると、「説明と同意」

と訳されてしまい、その概念形成の基礎にあった「患者の権利」という側面がすっぽりと抜け落ちてしまったことはすでに述べた。それは、患者の側に事実上の拒否権がなかったこと、すなわちセカンド・オピニオンが制度として根づかなかったことに主たる原因があるだろう。一九六〇年代に育児書を通して松田が行なったことは、その後の「インフォームド・コンセント」の観点から見ても先駆的だったことがわかる。現在でも、医師の判断を相対化するという視点は、重篤な病気の場合ですら定着化しているとは言えない。しかし、育児書において松田が医師批判を繰り広げるのは、もちろんそれ自体が目的であったわけではない。

一人一人の赤ちゃんには「個性」があり、その「個性」の振り幅がときに医師の「健康」概念の外に出てしまう場合があっても、母親は慌ててはいけない、というのが『育児の百科』の骨格的な主張となっている。

「赤ちゃんが、生まれて2週間たって一定の標準体重をもつべきだという思想は、どうかしている。人間を、その目方で甲乙丙丁をきめようというのは、戦前にあった徴兵検査の思想である。」〔松田、二〇〇七―〇九、上、二一六―二一七頁〕

「おとなになって「ぜんそく持ち」にしないためには、子どもに、自分は健康な人間だという自信をもたせつづけることが必要だ。」〔同、下、七〇頁〕

「〔人見知りについて〕そういう子どもはたくさんいるのだから、自分だけ、できそこないの子をもったという気持をなくすことだ。」〔同、下、一六一頁〕

「幼児のどもりは矯正しなければ、早いおそいはあっても、すっかりなおる。いちばん大事なこ

とは、両親の楽観的態度である。」〔同、下、一六二頁〕

そのうえで、松田は、母親たちの「背中を押す」。

「自分の赤ちゃんについて、世界中の誰よりもよく知っているのは自分だ、という自負である。」〔同、上、二五七頁〕

「保健所の乳児健診で、小食の赤ちゃんは、のませ方が不熱心だなどといわれるが、育児に熱心か熱心でないかは、母親がいちばんよく知っていることだ。気にすることはない。」〔同、上、三九八頁〕

「赤ちゃんが、どうしてもいわれただけのミルクをのめないので、母親が赤ちゃんを医者に毎日つれていき、ふとると称する注射で、赤ちゃんの平和で楽しかった生活を破壊する例が多い。」

「この子のことは私が世界中の誰よりもよく知っている」という自負が母親になかったのである。」〔同、上、四五一頁〕

「母親は子どものきげんをいちばんよく知っている人である。これがふだんのきげんかどうかみきわめるのは、世界中で自分がいちばんだという自信をもたねばならぬ。」〔同、下、一四九頁〕

「医者にかかる場合の母親をささえたいというのが私の願いである。子どもの立場をまもる母親と、おおくの医者は一致する。だが営業の要求から子どもの立場を無視する人は、この本に抵抗をかんじるかもしれない。」〔同、下、五二八頁〕

「赤ちゃんとともに生きる母親が、その全生命をつねに新鮮に、つねに楽しく生きることが、赤ちゃんのまわりをつねに明るくする。近所の奥さんは遺伝子のちがう子を育てているのだ。長い間かけて自分流に成功しているのを初対面の医者に何がわかる。」(同、中、四三一頁)「診察室で、せきだけをきいて判断する医者よりも、この子の元気は、これでふつうだと判断する母親の目のほうが、たしかだ。」(同、中、四四六頁)

松田にとって育児の要諦とは、言わば「個性の発見」だろう。「人間の人間たるゆえんは個性にあり、「自分でないと生きられない人生を生きることに、自分の生きがい」(松田、一九六四a、六七頁)があるとすれば、標準からのズレは、心配すべきことではなく、むしろ逆にそのズレを「個性」として発見し、大切にすることが育児をする側の役割ということになる。「上からの秩序への順応」という古い育児観に対する真っ向からの挑戦であり、「標準化」に対抗する原理として「個性」が擁護されている。

『育児の百科』初版の五年後、一九七二年に、松田は『お母さんは心配しすぎる　2－3歳児』(中央公論社)を刊行している。この表題がそのまま松田の育児に対する考えを端的に示していると言えるだろう。扁桃とひきつけに関する項目では次のように示唆する。「ヘントウは五、六歳ごろから大きくなり、十歳をこえると小さくなります。個人差があって、そとからみるとずいぶんとびだしていることもあります。どんなにヘントウが大きくみえても、そのために熱がつづくとか、息がくるしいとか、耳がきこえにくくなるとかいうのでなかったら、切らないほうがよろしい。大きいだけというヘントウは年がたてば必ず小さくなります」(松田、一九七二f、二二頁)。また、幼児の自慰の無害性については、松田の説明に安心した親も多いだろう。「この年齢(三－四歳)の自慰は、おとなのいうセックスとは無関係なのだ。……自慰は幼児にとっては、指しゃぶりとかわらない。……／4歳ぐらいからはじまった自慰が、学校へあがるまでつづくこともあるが、学校へいくとまったく忘れてしまって、その後は正常の子どもになるものだ」(松田、二〇〇七―〇九、下、二六四―二六六頁)。

育児は、医学の領域に属する部分もあるが、伝統的な「しきたり」によって、人々は子どもを育ててきたのであり、それを連綿と支えてきた母親たちの営為と叡知に対して最大限の敬意が払われている。「医師の判断よりも、母親であるあなた自身の判断のほうが正しい」と言われることによって、母親たちは自信と責任感の両方を身につけることができる。育児の過程で起こるたいていのことは心配に値するものではなく、標準化・画一化に対する「個性」の問題としてどっしりと構えていればよい、という強いメッセージが表明されている。

ここには、『スポック博士の育児書』への対抗意識もあったかもしれない。『育児の百科』には、『スポック博士の育児書』に直接言及した部分は見あたらないが、松田が、世界的な話題となった育児書の内容を知らないはずはなく、むしろ、『スポック博士の育児書』に対する批判が、『育児の百科』執筆の一つの契機になっているとも考えられる。

松田は、育児を基本的に「しきたり」と「小児科学」の結合として考える。「小児科学」は普遍的であるとしても、「しきたり」のほうは社会的、文化的、環境的な偏差をもつ。したがって、育児に普遍的な方法があるわけではなく、たとえばアメリカの育児法を単純にまねすることはできない、と考える。その一つの例として、「添い寝」が挙げられている。『スポック博士の育児書』では、親が赤ん坊に添い寝をすることは、自律性を妨げるものとして、否定的に評価されていた(スポック、一九七二、一二三二頁、五〇一―五〇三頁)。しかし、一九六〇年代の日本を考えてみれば、アメリカやヨーロッパの中産階級とは住宅事情がまったく異なっている。赤ん坊一人に一部屋を確保することができ、独立した夫婦の寝室をもっている家は、日本には数少ない。また、高温多湿という気候的条件が、赤ん坊の成育方法に関してアメリカやヨーロッパとは異なる知恵を生み出し、育んできたことも忘れてはならない。育児は、長い年月の間に培われてきた「おばあさんの知恵」的な「しきたり」を最新の「小児科学」で検証して行なうことが望ましい、ということになる。

「育児もしきたりのひとつでした。……しきたりであって知識ではありません。／育児が知識でない証拠に、江戸時代から明治の中ごろまでにでた婦人用の家庭百科全書に育児の項がありません。……／育児が知識としてほんとに普及しはじめたのは、わかい母親が年よりと同居しなくなってからです。」〔松田、一九七九－八一、一二巻、二〇一頁〕

松田が、あえて「日本式育児法」を提唱したのは、このような発想においてだった。

しかし、ここで素朴な疑問が生じてくる。松田が言うように、赤ちゃんの個性の振り幅は大きく、病気になってもがいたり苦しんだりしながらも、成長していく。後で振り返ってみれば、母親の心配のほとんどは杞憂であったに違いない。しかし、それは「ほとんどの場合」であり、そうでない場合はどうなるのか。つまり、赤ちゃんの「個性」の範囲内に収まらない障害があったとき、「正常の子ども」にならなかったとき、「お母さんは心配しすぎる」と言ってはいられないのではないか。巻末の「子どもの病気」のなかには、「知恵おくれの子」、「脳性マヒ」などの項目を立てて、詳細な説明はされているが〔松田、一九八七、七六九－七七一頁、七八九－七九三頁〕、『育児の百科』は「個性」と「障害」の問題には正面から答えてはくれない。

3　健全な少年少女のために

松田が一九四八年に刊行した『からだとこころ――おばけ退治』(大雅堂)という少年少女向けの本がある。近代合理主義の立場からかっぱや幽霊やろくろ首などの「おばけ」は存在しないことを説いたものであり、松田の基本的な視座をストレートに表わした著作であるとも言える。

このなかに「かたわ」という言葉が頻出する。たとえば、「一つ目こぞう」については、読者を病院の標本室に案内して「さあ。これだ。きみがわるいだろう。もちろん死んでるさ。かたわなんだ。こんなひどいかたわは、うまれるのはうまれてもそだたないよ」(松田、一九四八a、三二頁)と言う。「狐憑き」現象については、「自分のからだなのだが自分のものでないような気もちになるのは、きちがいによくあることなんだ」(同、四四頁)と説明する。「手のゆびの六本ある人だの、あたまの中に水がたまってふくすけみたいになった人だの、そういうかたわをみせものにするのがあるね。どう思う。かたわの人にきのどくだね。うまれつき、よその人とちがったところのある人は自分のかたわをかくしたいものだ。それを大ぜいの人が、けんぶつしておもしろがるなんて、下等だ」(同、六九頁)と説教をする。

ここで問題なのは、「かたわ」や「きちがい」という現在では差別用語とされている言葉が使われていることだけなのだろうか。松田が、「かたわ」や「きちがい」をあからさまに差別していないことだけは確かだから、これを「障害者」や「精神障害者」と言い換えることで問題はなくなるのだろうか。問題はむしろ、「正常かつ健全な」少年少女を読者対象にして、彼らとはまったく無縁な外的存在として「障害者」を扱っていることではないだろうか。「手のゆびの六本ある人だの、あたまの中に水がたまってふくすけみたいになった人」を差別することは「下等なこと」だと非難しながらも、そうした「かたわ」はあくまで健常な少年少女読者の外側にいて、決してこちら側の世界に入ってこない存在として描かれている。明確な排除の論理が働いているという意味で、「差別意識」の表われであり、しかも主観的には差別に反対しているのだから、余計に始末に負えない「差別意識」である。「私は、差別なんかした覚えがないというのは、いいわけにならない。覚えがないのが差別なのだ」〔松田、一九七三―七四、正、七九頁〕と松田自身が言っている。「かたわの人にきのどくだね」という「同情」は、まさに「連帯」を拒否した発想だろう。*

*松田は、一九六七年、全日本精神薄弱者育成会第一六回全国大会において、「同情というと聞こえがよろしいが、実は、私は不幸でなくてよかったという思い上りです。富めるものから、貧しきものへの「施し」のような形で、協力をすることは、ゆるされないと思います」〔松田、一九七九―八一、二巻、一三七頁〕といみじくも語っている。なお、ベトナム戦争報道で世界的に活躍した写真家の岡村昭彦は、一九六〇年頃に千葉県北部の被差別部落に住み着き、そこでの体験を基点として、「連帯は同情を拒否したときに生まれる」〔岡村、一九八六―八七、二巻、九頁〕という信念を生涯貫き通した〔高草木、二〇一六、六五頁〕。

もちろん、時代の制約から自由な人間はいない。戦後まもなくの一九四八年に書かれたものを、約七〇年を隔てた現在の感覚で裁断することは著者に対してフェアではない。ところが、この『からだとこころ』は、『おばけ退治』と改題されて、麦書房より「雨の日文庫」、「新編雨の日文庫」の一冊として一九五八年、一九六五年に再刊され、さらに、『きみはなにがこわい？――おばけとたましいの話』と改題のうえ大幅に増補改訂されて、少年少女講談社文庫の一冊として、一九七二年に刊行されている。この七二年版では、「きちがい」は「精神病者」に、「かたわ」は「病気の人」や「欠陥」に置き換えられている〔松田、一九七二a、五八頁、八八頁〕が趣旨に変更はない。「一つ目」の「かたわ」については何ら手が加えられていない〔同、四二―四三頁〕。

また、七二年版で増補された部分に、次のような箇所がある。「うまれつき目の見えない人のこころは、ぼくたちのこころとひどくちがう。からだに故障がなくても、からだをうまくはたらかさない人は、ものを正しく見わけられない。ものを正しく見わけられない人は正しく考えられない。まちがって考えている人は、ほんとのよろこびや、かなしみを知らない」〔同、一二〇頁〕。この一節は、「目の見えない人」は「正しく考えられない」としか読めないのではないだろうか。少なくとも、そのような解釈の余地を残す文章である。*

＊松田は、この著作を後年になって隠そうとはしなかった。一九四八年の『からだとこころ』も一九七二年の『きみはなにがこわい？』も、一九八〇年刊行の『いいたいこと・いいたかったこと』〈松田道雄の本　一三巻〉の「私の歩み」のなかに取り上げられている〔松田、一九七九―八一、一三巻、二〇一―二〇三頁、二六七―二七〇頁〕。

すでに一九六五年の時点で、森永ヒ素ミルク中毒事件、サリドマイド事件という新生児の薬害事件は、大きな社会問題となっていた。もはや、とりわけ小児科医が「かたわ」などという差別用語を使うことも、そして、障害者を外部の世界の人間であるかのように扱うことも許されない時代になっていたはずである。松田自身、一九六二年二月に、足の指が四本しかない新生児や膝から下が欠損している新生児を診断してサリドマイドとの疑いをもち、いち早く新聞社に知らせたと語っている〔松田、一九六二、八九－九一頁〕。

松田は、一面では障害者差別の問題を積極的に取り上げている。たとえば、「幼稚園や小学校で、からだに欠陥のある子を、その欠陥を理由にして、差別待遇をしてはいけないということを何度もかいた」〔松田、一九七九－八一、一二巻、一二八頁〕、「からだが丈夫でなければ、人生失格だというかんがえは、人生イコール兵役というかんがえの、のこりかすだ」〔同、一二九頁〕といったことを松田は随所で述べている。「おかみの期待する秩序への順応」としての育児観が、一九三〇年代には「健康優良児」の表彰制度等をつくっていったこと〔鹿野、二〇〇七－〇八、五巻、四〇－四三頁〕などを、松田は知悉していたものと思われる。

規律・矯正的な育児からの解放が、『育児の百科』の執筆意図であったからこそ、赤ちゃんの「偏食」についても、「人間の好みにかたよりがあってはならないという思想には、賛成できない」〔松田、二〇〇七、中、二六七頁〕として矯正の必要を認めない。左ききについても、「矯正などかんがえないほうがいい」〔同、中、三九八頁〕と諭し、「左きき友の会」を人権運動として評価する論説も書いている〔松田、一九七九－八一、一三巻、一三六－一四六頁〕。

松田が個性の尊重を訴えるのは、その著書の核心部分であると言ってよい。不健康であったり、障害をもった子どもに対する差別を厳しく諫めるのは、その延長線上のことと考えられるが、しかし、「障害」を「個性」の一つと見なす発想は松田にはなかった。障害を「かけがえのない個性」と見なすのは、脳性マヒ者の団体である「青い芝の会」等、一九七〇年代の障害者運動のなかで培われてきた発想だが〔石川准、一九九二、一二七頁〕、一般的に「障害個性論」が大きく取り上げられたのは、総理府編『平成7年版　障害者白書――バリアフリー社会を目指して』〔大蔵省印刷局、一九九五年〕だろう。「気の強い人もいれば弱い人もいる、記憶力のいい人もいれば忘れっぽい人もいる、歌の上手な人もいれば下手な人もいる」〔総理府編、一九九五、一二頁〕という発想で、障害の有無を「歌の上手・下手」という「個性」に準じるものと捉えた議論だった。仮にこうした議論を松田が知ったとしても、医師である松田がこれに与したとは考えにくい。障害者手帳の発行をはじめとして、障害者福祉のために「障害」の認定という役割をもつ医師が、これを「個性」として認めるのは、明らかな自己矛盾となってしまう。そのことに近代主義者の松田は耐えられないだろう。

松田は、「障害者」を基本的には「弱者」として位置づけている。たとえば、知的障害児のための運動にも、松田は協力している。川上重治の写真集『もぐらのじだんだ――ちえ遅れの子』〔読売新聞社、一九七二年〕には「人間は人間であることによって尊い」という文章を寄せ、「ちえ遅れの子」が疎外され、差別や抑圧を受けることに対して民主主義のあり方を問題にする。「人間の尊厳を天秤にかけるところから、民主主義の空洞化がおこなわれるとすれば、民主主義の回復は人間の尊厳の相対化を拒否するところからはじまらねばならぬ。／人間の尊厳は学問の進歩にも、国益にもくらべられてはならぬものなのだ。人間は何かに役にたつことで尊厳であるのではない。人間は人間であることによって尊いのである」〔松田、一九七二h、五頁〕。また、「誕生日ありがとう運動京都友の会」の一〇周年を記念する冊子の巻頭にも「人間の尊厳を信じる」という文章を寄せている〔松田、一九八三a、三〇一―三〇二頁〕。核戦争の危機と地球の汚染に直面した人類の知恵として何が必要なのか。「つよい者が勝つのはあたりまえだという考えがまちがっていたのだ。／多数が少数をだまらせるのが民主主義だというのが、まちがっていたのだ。／よわい者はよわい者として大事にすることだ。／多数は少数を尊重することだ」〔松田、一九八〇〕。

松田自身、小児科の医師として、「「不幸な子ども」のことを若干知っている」〔松田、一九七二h、四頁〕立場にあると言いながら、当時「知恵遅れ」と呼ばれていた知的障害児に固有の問題には何も触れていない。彼らに直接接している親や医師や関係者から見れば、いきなり「核戦争の危機」や「地球の汚染」にまで問題が拡大されてしまうことには違和感を抱かざるをえないのではないだろうか。「不自由児の医療センター」の設立等の提言も行なっているとはいえ〔松田、一九七九―八一、七巻、一九八―二〇五頁〕、松田の文章からは、「生身の障害児」の問題が見えてこない。

脳性小児マヒの子どもの体操番組をテレビに提案して、「全然生活力のない国民を一人よけいにしょいこむとなると、日本の国全体がそれだけ損をするのだ。美容体操よりも必要だと思う」〔松田、一九七九―八一、一二巻、六八頁〕と言っている件《くだり》は、松田の視点のありかをよりクリアにする。「しょいこむ」や「損をする」といった統制的・管理的視点を松田は、あえて皮肉を込めたレトリックとして使用しているとも考えられるが、松田が、こうした「不幸な子ども」を「役に立たない」存在と見なしていることは間違いないだろう。もう一つ例を挙げれば、「蒙古症」の子どもについては、「そういうこどもが、社会にたいして障害になるのですから、社会は自衛上こういうこどもを、社会の障害にならないようにして、他の人間の迷惑を予防しなければならないのです」〔松田、一九六四a、一〇五頁〕と述べている。「役に立たない」だけでなく、明確に「迷惑」な存在なのである。『最新　育児の百科』の「水痘（みずぼうそう）」の項では、「妊娠一五週までに母親が水痘にかかると、胎児が奇形と知恵おくれになる危険があるから、人工流産をする」（松田、一九八七、五八〇頁）と断定的アドバイスを行なっている。「役に立たない」し「迷惑」な存在ではあるけれども、人間だから尊厳があるという「ヒューマニズム」的発想には、「同情」はあっても「連帯」の意思は存在しない。

民主主義の同質化、画一化作用に深い危惧を抱いたJ・S・ミルは、『自由論』（一八五九年）のなかで、マイノリティを「地の塩」にたとえた。「彼らがなかったなら、人生は澱んだ水溜まりとなるであろう。従来存在していなかった善きものを導き入れるものが彼らであるばかりではない、すでに存在している善きものの中の生命を維持するものもまた彼らなのである」（ミル、一九七一、一三〇頁）。ミルの言う「マイノリティ」は、天才や独創的な人々を指しているが、それを「知的障害児」と読み替えようとしたのが糸賀一雄である。松田より六歳年下で、丸山眞男と同年生まれの糸賀は、知的障害児等の施設である「近江学園」や「びわこ学園」を創設して、「障害者福祉の父」と呼ばれている人物である。松田は、「近江学園」について言及しているから（松田、一九七一b、一八〇頁／一九七九―八一、一四巻、一四九頁）、糸賀のこともよく知っていたはずである。糸賀は、障害児とともに暮らし、彼らの尻を拭いたり、鼻をかんでやったりする日常的行為を通して、「この子らを世の光に*」という確信を深めていく。「重症の人たちはただ寝ていることによって、あるいはもがき回っていることによって、この人たちに対する社会の目を転換させ、新しい社会形成の原理を打ち出してくれました。つまり生産をしたのであります。新しいものの見方、人間に対するものの見方の変革を生産したのです」（糸賀、一九八二―八三、三巻、三八二頁）。一言で言えば、糸賀は、障害児たちを庇護すべき「対象」

ではなく、新しい社会を切り拓く「主体」として捉え返そうとしたのである。対して松田は、障害児団体や障害児の親たちとの接点をもち、障害者福祉に一定の関心をもちながら、糸賀の発想には思いが届いていなかった。「障害個性論」と言わずとも、「障害」と「個性」とをつなぐ何らかの回路を松田はもっていなかったように思われる。

＊「地の塩」も「世の光」も、イエスの山上の垂訓に出てくる言葉である。「あなたがたは、地の塩である。もし塩のききめがなくなったら、何によってその味が取りもどされようか。もはや、なんの役にも立たず、ただ外に捨てられて、人々にふみつけられるだけである。あなたがたは、世の光である。山の上にある町は隠れることができない。また、あかりをつけて、それを枡の下におく者はいない。むしろ燭台の上において、家の中のすべてのものを照させるのである。」（「マタイによる福音書」第五章）

そもそも育児書は何のためにあるのか、誰のためにあるのかを問うてみれば、このような松田の態度も理解しやすい。とりわけ初めての子どもをもつ母親は、育児にかかわるさまざまな不安をもつだろう。それをいちいち医師に尋ねるわけにもいかない。育児の先輩格である自分の母親や親族も、全面的に信頼できるわけではないし、人間関係を煩わしいものにしたくなければ、相談しづらい。日常的に、不安を解消する指針になるものが欲しい。その不安の構造は、一言で言えば、「この現象は、健康の範囲内で、心配の要らないものであるか、医師に治療を委ねるべきものであるか」ということだろう。つまり、多くの場合は、健康＝正常という安心感を得るために育児書が利用されると見ていい。育児書を執筆する側は、当然、重篤な病気の子どもや障害のある子どもの母親を相手にはしていないだろう。

たとえば、瀬川昌耆《まさとし》『最新育児のをしへ』（至誠堂書店、一九一三年）を見ると、最初の項目が「健康児と虚弱児と病児の区別」であり、「虚弱児となる原因」とつづく。自分の子どもが健康児、虚弱児、病児の三つのカテゴリーのどれに属するか、端的に言えば「健康児」かどうかを判断することが育児の第一歩ということになる。「病児でも虚弱児でも夫々《それぞれ》適当なる保育法のあるもので、其《その》取扱方さへ善良《よろ》しければ、完全なる発育を遂げるし、其の保育法を充分会得してさへ居れば親の狼狽もありません」（瀬川、一九一三、一一―一二頁）とは言うものの、その後は子どもの罹《かか》りやすい病気について対処法や注意点を列記し、あるいは牛乳の与え方などの一般論を展開するだけなので、結局、「病児や虚弱児の適当なる保育法」を知ることはできない。つまりは「健康児」のための育児書ということになるだろう。

戦後の育児書でも、構造はさほど変わらない。医師と母親の協力でつくられたという主婦の友社編『ママさん文庫・第一巻　赤ちゃんの育て方』（主婦の友社、一九五四年）は二年間で五五刷まで数えたベストセラーである。冒頭の「出産から生後一カ月までの赤ちゃん」の項は、次のような文章で始まっている。「月が満ちて、無事に生れてきた健康な赤ちゃんは、次のような様子をしています。このうちの一つでも欠けると、完全な健康とはいわれません」（主婦の友社編、一九五四、六頁）。以下、一一のチェック項目が列挙されている。「体重や身長が標準並か、それ以上あります」、「いきくしています」、「調子の高い、元気な声で、精いっぱい泣きます」、「皮膚の色が赤くて、つやくしています」、「大したしわがなく、太つています」、「腕や脚を体にくつ丶けるように曲げています。そしてよく動かします」、「手の指で体にさわると、体をくねらせます」、「お乳をよく吸い、よく飲みます」、「外陰部はほとんど完成され、男児では睾丸は陰嚢におさまり、女児では小陰唇は大陰唇で被われています」、「体のどこにも奇形がありません」、「ほとんどすや〱ねむってばかりいます」。このチェック項目をすべてクリアした「健康」な子どもだけを対象にすることが暗に示されていると言えるだろう。

松田の『育児の百科』がさまざまな点でいかに画期的なものであったとしても、この育児書の「通例」から完全に自由であることはできなかった。育児書が大部数の発行を前提にした商業出版である以上は、「特殊な」子どもに焦点を当てたものは扱いにくいことは確かだろう。「健康児」のために育児書があるということは、著者、出版社、読者の暗黙の了解事項であったと見なすこともできる。

しかし、『育児の百科』の後継と言うべき毛利《もうり》子来《たねき》・山田真《まこと》『育育児典』（岩波書店、二〇〇七）では、その点が劇的に変わっている。育児の方針の第一に掲げられているのが、「発達にこだわらない」である。「もちろん、発達はうながされてよいことではありません。ですが、それとて一様にではなく懸命にでもなく、その子なりの発達がそれとなく支えられるようにするほうが自然だと思います」（毛利・山田、二〇〇七、「暮らし」編、六頁）。「変わった生まれ方をした子」や「障害のある子（障害児）」がそれぞれ項目を立てて説明されていることも、松田にはなかった点である。そして、これは、必ずしも時代的制約ばかりとは言えない。

スポックは、ベストセラーとなった『スポック博士の育児書』とは別に、レリゴとの共著で『障害のある子どものためのケア』（一九六五年）（Spock/Lerrigo, 1965）を著し、一九七二年には『スポック博士の心身障害児の療育――親のためのアドバイス』として邦訳も刊行されている。邦訳は本文だけでも五〇〇頁近い大著である。もちろん、障害児といっても、障害が身体のうちのどの機能にあるかによって、対応の仕方は千差万別だろう。同じ種類の障害であったとしても、その程度によって、まったく異なる対応が必要になる場合もあるだろう。その意味では、スポックのこの著作は、どんなに大部になったとしても不十分な内容でしかありえないかもしれない。しかし、「あなたの子どもを、あるがままに喜びなさい。この子があああであったらよかったと考え続けることは、あなたにとっても、子どもにとっても、非常に間違った、不公正なことです」〔Spock/Lerrigo, 1965, p. 3／訳、七頁〕といったアドバイスは、やはり一般育児書のなかではなかなか出会うことができないものだろう。「あらゆる種類の障害の子どもについて、そしてその子どもの生活のあらゆる面について書いてあるような本」〔上田、一九七二、一頁〕がなかった時代には、障害児の親が最初に手にとる本としての価値は十分にある。邦訳版は、医師二人と障害者一人の三人でチームを組んでつくられ、巻末には障害児に関する日本の施設や著作などの詳細なガイドが独自に作成されている。この邦訳が刊行された一九七二年は、松田が「かたわ」発言をする著作の増補改訂版を刊行した年に当たる。

4 『育児の百科』の読者像

このような松田の障害者「軽視」とも言える発想は、一つには松田の医学・医療観に起因しているように思われる。

松田は、『人間と医学』〔中央公論社、一九四七年〕の冒頭で、「人間の病気をなくしてしまふための学問を医学といふ。病気がなくなれば医学はいらなくなる。だから医学の目的は医学自身をいらなくすることにある」(松田、一九四七、九頁／一九七九－八一、六巻、五頁)と述べている。少年少女に向けた『人生ってなんだろう』(筑摩書房、一九七三年)でも、「医者になりたい人」に対して、「医者という職業」は「人類から病気をなくしてしまうことを目的とする職業」(松田、一九七三－七四、正、一〇四頁)と説明している。ここに、松田の医学の原点があり、その原点は松田の限界点でもありうる。

病気を「治る」ものではなく、「治す」ものだと考えるのは、近代医学・医療に特徴的なことだろう。世界に出現したあらゆる治療法は、「自然治癒による効果、物理化学的治療の効果、治療者－患者の関係性の効果の三つのうちのどれか一つ以上を使っている」(佐藤、二〇一三、一一八頁)とされるが、近代医学・医療は、この三つのすべての効果を利用しているとはいえ、原理的に認めているのは物理化学的治療の効果だけだろう。病気に対しては、外的な操作によって「病因」を除去し、「治す」ことがその目的となる。このような「病気」を「治癒」させる技術としての医療という発想においては、現場の医師は「治らない病気」を前に何もすることがない。障害者は、治らない病気を抱えている人なのだから、「病気－治療」という狭い枠のなかに医学・医療を閉じ込めてしまえば、障害者問題が医師の本業のなかに入ってこないのは当然のことだろう。

「病気－治療」を医学の本質と考える松田の発想は、晩年になってもつづいている。「英国の医者」が清貧であることを称える一九八一年のエッセイのなかで、「日本では医者は金のもうかる職業ということになっているが、医者がほどほどに貧乏であることは、患者にとっていいことだ。病気をなくすることに主たる関心がある青年だけが医者になってくれるからだ」(松田、二〇〇二、三五頁)とある。「病気をなくすること」が、相変わらず医師や医学の使命であると考えられている。医学の進歩を人類の幸福への貢献として疑わない、近代主義的発想がここにはある。公害問題や核問題には敏感に反応し、技術の発展がそのまま利便性を増大させるわけではなく、そこには環境汚染という深刻な陥穽があることを充分に意識しながらも、専門である医学については根本的な疑念を呈することがなかった。拝金主義の医師を批判することはあっても、医学そのものの本質について出発点の議論を再考することはなかった。

松田の一世代後になると、治ることのない公害病が出現し、「病気をなくすること」ではなく、患者が「治らない病気とどうつきあうか」をサポートする役割を医師が務めるようになる。水俣病と取り組んだ原田正純は、「胎児性水俣病」の発見によって著名となったが、原田によって治癒した水俣病の患者はいない。それにもかかわらず、原田は水俣病患者から信頼され、慕われつづけた。医師は治らない病気を前にしたときこそ、やるべきことが実はたくさんあるのだと言って、患者の生活のためにできうることを率先して行なった。原田は、ソーシャルワーカーや宗教家の役割をも同時に担う新しいタイプの医師として、治らない病気のために一生を捧げた(原田、二〇一一、一〇四頁)。

さらには、一九七〇年以後、脳性マヒ者の団体「青い芝の会」をはじめとして、障害者が社会的な発言を積極的に行なうようになると、障害の視点から医学を見直す動きも出てくる。石川憲彦『治療という幻想――障害の医療からみえること』(現代書館、一九八八年)等はその最前線に立った労作であり、「治療の名によって、医療が人間を魔術的に管理する傾向を強めている」(石川憲彦、一九八八、二六五頁)と告発する。

一九八〇年代に、ヨーロッパから日本に紹介されたホスピスもまた、「治療」という発想を大転換したものだろう。近代医学・医療では治療の不可能な末期がん患者等が、しかし安らかな最晩年を送ることのできるようにケアを施す施設またはプログラムがホスピスである。もはや積極的な治療は施されず、疼痛コントロールなどのケアだけが行なわれる。患者は、そこで抗いようのない死を迎え入れる平穏な生活を営むことになる。一九六七年にイギリスでシシリー・ソンダースによって開設されたセント・クリストファー・ホスピスが、近代ホスピスの最初であると言われ、*その後、全世界にそれは普及していった。日本でも、一九八一年に浜松市の聖隷三方原病院に最初のホスピス〔独立棟型〕がつくられて以来、全国に展開している。

＊岡村昭彦は、ホスピスの源流を、一九世紀アイルランドのメアリー・エイケンヘッドに求めている〔高草木、二〇一六、一四四－一五四頁〕。

もう一つ、『育児の百科』で障害者が「軽視」されていることの背景には、高度経済成長下で分厚い中間層のなかから、良くも悪くも「健全な」主婦層が形成され、それが松田の著書を支えていたという構造があるように思われる。

松田の『育児の百科』が、一九八〇年代に日本に紹介された「インフォームド・コンセント」の先端を行くような発想をもついっぽうで、おそらく現在の読者には通用しないような記述があることもまた確かなことである。同時代の『スポック博士の育児書』と比べてみても、「禁欲」に関して明確な違いのあることがわかる。スポックは、「昔のピューリタン的な、カルビニズム的な立場で見ると、子供はそもそもその性は悪いもの。厳重に監督し、絶えず矯正しておかないと、すぐ悪の道に走ってしまう」〔スポック、一九八〇、二三〇頁〕という発想に対抗的な基本姿勢をとっている。子どもの自律性を尊重することは、逆に言えば、親が子どもへのケアを簡素化し、親自身の個人主義を貫徹させることができることになる。

たとえば、母乳については、松田はもっぱら子どもの発育・成長という観点から叙述しているのに対して、スポックのほうは、「スタイルをわるくしないためには」(スポック、一九七二、九五頁)という一項を設けて、母親の美容の観点を導入している。さらに、母乳で育てる母親の心得として、「お母さんがコーヒーやお茶をのみ、たばこを吸い、少しくらいならアルコールの入った飲物をのみ、運動をしたからといって、それが赤ちゃんに悪い影響を与えたという例はありません」(同、九九頁)と言い、授乳についても「音楽を聞くなり、雑誌を読むなり、ビールをのむなり、タバコをふかすなり、テレビを見るなり、なんでも、自分に合っている方法で、やってみることです」(同、一一二頁)と鷹揚な立場をとっている。

対して松田は、アルコールととくにタバコには厳しい態度をとっている。『育児の百科』では、妊婦に関して、「最近アルコールの量と奇形の頻度との関係がわかってきた。一日の酒量が純アルコールにして六〇グラム以上だと、五人に一人は異常児ができる。二五ないし六〇グラムだと一〇人に一人、二五グラム以下でも安全だとはいえない」(松田、二〇〇七、上、四五頁)、「もちろん検査で妊娠とわかった女性は、タバコやアルコールは、やめないといけない。以前に流産したような人は特にいけない。/「わたしはずっとビールをのんでいたわ」などという先輩のいうことは信じないがいい」(同、八二―八三頁)と戒める。喫煙についてはもっと厳しい口調で、「タバコをのむ人は父親になる機会をとらえて禁煙してほしい。……3DKぐらいの家だと、父親がタバコをのむことは、赤ちゃんを「強制された喫煙者」にする」(同、上、九一頁)、「タバコは、やめないといけない。乳にでてくるより赤ちゃんが煙を吸う。突然死の原因になりうる」(同、上、一三一頁)と言う。また、別の著作でも、「イギリスの統計では、タバコのみの女の人の赤ちゃんは、体重が小さい」(松田、一九七二c、一四九―一五〇頁)といった言及がある。

松田は、主張の裏側に医学研究があることを楯にして、ほとんど脅迫に近いようなかたちで節制を要求している。「異常児」「流産」「突然死」等は、呪文のように若い母親を縛りつける効果があるだろう。しかし、生活習慣と特定の病気の罹患率や体格等との関係についての医学論文は、たいていの場合母集団が小さいこともあって、そのまま信用するに値しない、というのは、とりわけ当時においては医学界の「常識」の部類ではなかっただろうか。たとえば、一九七五年三月二日の『朝日新聞』朝刊は、次のように伝えている。「イギリス政府の調査では、一日に三回歯をみがいても、一回以下しかみがかなくても、五歳児のむし歯の発生率は、あまり変わらなかった。それどころか、三回組の方がむし歯の本数が多い事もあった。つまり、歯をみがく回数とむし歯の発生とはあまり関係がない、というのが調査の結果である」。だからと言って、歯磨きは意味がないと患者に説く歯科医はいなかっただろう。このような「逆説」はおそらく稀有なことではなく、調査データが「科学」性を保証するとは一般に言えない。妊娠中のタバコやアルコールに関して読者から不安を訴える手紙に対して、「いままで酒をのんだという妊婦から何度も質問がきましたが奇形ができたという例をしりません」(一九八七年私信)と答えていることからも、松田がデータをそのまま信じているとも思えない。松田の禁欲主義は、医療からの要請であるというより、自身の個人的な道徳観に依拠するものとは考えられないだろうか。

この潔癖さは、性のモラルについてはエスカレートする。性病については、梅毒の説明の後で次のような記述がある。「ふつう淋病は性器に化膿の症状をおこすが、無症状のもある。妊娠発見時と出産直前に菌を培養してしらべる。陽性ならすぐ母親を治療する。生まれた子は抗生剤の点眼で失明をふせぐ。産道にヘルペスの疹がみつかったら帝王切開で感染をふせぐ。夫の品行方正を望む」〔松田、二〇〇七、上、七三頁〕。「小学生にエイズ予防をおしえるなら、結婚するまでがまんしろ、結婚したら浮気するなという原則をたたきこむことだ。エイズのウイルスにうつるのは、この原則にはずれたときだけだ」〔同、下、五一七頁〕。

薬害エイズが図らずも明らかにしたように、病気の感染経路は社会的に形成されるものであり、個人の道徳的努力や道徳的頽廃とは切り離して考えなければならない〔吉岡、二〇〇九、一八七―一八九頁〕。一九九〇年代における エイズ問題は、日本社会にそのような教訓をもたらしたと思われる。翻って、エイズ以外の性病についても、その病気に罹患した原因を道徳的に糾弾ないし指導することは医師に許されているのだろうか。医師が、医師という一種の権威を笠に着て「性道徳」について説教を垂れれば、医師―患者の対等性は綻びてしまう。

松田の「性道徳」は医師としての知見に基づくというよりも、松田の道徳観によるものであり、理性による煩悩や邪心の抑制という近代主義者としての顔をそこに見ることができる。一九五五年の画期的な著作『療養の設計』を書評するに際して、丸山眞男が唯一疑問を呈したのが、結核を患った青年は恋愛・結婚については慎重であるべきで、「異性にたいしては、敢えて非情緒的にふるまうこと」

〔松田、一九五五、二三九頁〕と忠告した部分だった。丸山は、「いかにも著者のピューリタニズムが出ていて微笑ましくなりますが、若い患者にはちょっと厳しすぎる感じがする」〔丸山、一九九五—九七b、六巻、一三七頁〕という感想を漏らしている。＊

＊松田は生涯無宗教であったと思われる。「私は老年にはいったいま、信仰をもとうとは思わない。信仰というものは、そうかんたんにえられるものではないからだ。／私は十代のときに、教会にかよって聖書をよみ、神を信じたいと思った。けれども、どうしても信じられなかった」〔松田、一九七三—七四、正、三〇—三一頁〕と述べている。

『育児の百科』が一九六七年に刊行されたという事実は、その時代的特質を端的に示しているように思われる。ベトナム戦争を背景にして、既存の価値体系に対して根源的な異議申し立てが世界的規模で爆発したのが、一九六八年である。その前年である一九六七年に『育児の百科』は刊行された。日本は高度経済成長の真っ只中にあり、「一億総中流」という意識が形成されていた時代である。松田のスタンスを見ていると、これについてきた読者像もまた具体的に浮かび上がってくる。

二〇〇七年に亡くなった小田実が生前最後に刊行した著作、『中流の復興』〔日本放送出版協会、二〇〇七年〕を読むと、小田の言う「中流」のなかの主婦層として、松田の読者層を想定できるように思われる。

「戦後、私たちは、世界全体の市民の問題として、人間の理想の目標である民主主義と自由、そしてもう一つの重要な要素、平和主義の三つを追求し、そのなかでその理想追求の土台となる中流の暮らし、中流の経済に基づく市民の暮らしを実現して来たはずです。しかし、今、急速な格差の形成とともに、理想の土台となる中流の暮らしが崩壊しつつある。また、土台の民主主義と自由と平和主義の理想の追求も、日に日に崩壊しつつあるように見えます。」〔小田、二〇〇七、二二八頁〕

小田たちがべ平連で活躍していた一九六〇年代は、右肩上がりに所得が増えていった時代であり、階級対立もさほど意識されなかった。べ平連をはじめとする市民運動の基盤となっていたのは、まさにこうした分厚い「中流」の存在だった。小田は、こうした「中流」の健全でまっとうな価値意識に期待していたのだった。一九六〇年代の小田は「市民」をもっぱら意識の面で捉えていたが、晩年になってその母胎が「中流」にあり、階級的基盤をもっていたことを認めた。その意味では、「市民」認識において、小田の「シトワイヤン」と久野の「ブルジョア」は充分に重なっていたことが確認される。

小田の晩年になると、バブル経済崩壊、冷戦構造崩壊の後、世界のグローバル化とともに格差社会が訪れる。「一億総中流」意識のもとにある程度一体化していた国民は、バラバラになり、それとともに中流の価値観である民主主義、自由、平和主義が危うくなったという認識である。

もちろん、小田の回顧的叙述のなかに中流に対する過度の美化があることは否めない。「一億総中流」意識が崩壊したところにむしろ多様性の契機があったことも、ここでは触れられていないし、世界的な規模で既存の価値体系の見直しが問われた一九六八年の意義も語られていない。しかし、小田が顧みて自らの支持層を改めて「中流」と捉えて、その「復興」を唱えたことは、べ平連の特徴をよく示しているとも言える。

「総中流」からさまざまな意味ではみ出すマイノリティ層が声を上げていったのは、一九六八年を一つの契機として一九七〇年代以降のことだろう。「青い芝の会」の運動が脚光を浴びたのは、一九七〇年横浜の母親による障害児絞殺事件をきっかけとしていた。それ以前の段階では、「総中流」である健康で正常な子どもたちを相手にしていればさしたる問題はなかった。

いまから見れば明らかに行き過ぎた松田の禁欲的な性道徳も、それを素直に受け入れる読者層がいるからこそ成立する。松田は『育児の百科』以外にも多数の育児書を書きまくり、そのような価値観を読者と共有していたのである。健康で真面目で素直な、しかも科学的な知見に対して一定の理解力のある知的な主婦層が、一つの社会層を形成していった時代である。松田自身は、『育児の百科』の読者層について、「ひとりの筆者がかいた二段組八〇〇頁の本を、出るなり二万も買ってくれる婦人の読者がいたのは、戦後の教育のおかげだった」（松田、一九八八a、一一三頁）と述べている。

その読者層の道徳観がますます禁欲的な方向に向かわせていったことも確かだろう。たとえば、子どもが「乳児梅毒」と診察された主婦が松田に手紙を寄せる。原因は夫の婚姻外性交渉にあったことを夫自身が認めたが、今後どうしたらよいかと相談する。松田は医師としてのアドバイスの他に、健気な主婦を励ます手紙を書いている。この主婦の立場からすれば、まさに「夫の品行方正を望む」と言いたくもなるだろう。子どものことを何よりも第一に考えるこうした主婦層から手紙を受け取り、電話で話をし、あるいは直接会って相談を受ける過程のなかで、松田のなかに女性中心の健全で禁欲的な道徳観が形成されていったとしても何ら不思議はない。

国民皆保険制度が確立したのは一九六一年のことである。一九六〇年代は、多くの人が日常的に医師に相談できるようになり、医学が身近になっていった時代であり、その身近になった医学の道先案内人の役割を担ったのが松田道雄だった。医学書や医学雑誌を読み漁り、そこから詳細なデータを提供して、「中流」の潔癖な価値観に確信を与える医師として、古今東西の文明文化に通暁した知識人として、松田は時代の「先生」の役割を担った。紺野美沙子や長谷川宏のように、一定の教養と財産をもち、子育てにそれなりの苦労をしたとはいえ、自らの子育てを幸福な過去として振り返ることのできるような「中流」が、松田を支えていた〔長谷川、二〇〇一〕。

第五章　集団保育の発見

1　育児と集団保育

『育児の百科』が『スポック博士の育児書』と決定的に違うこと、というよりも『育児の百科』が他の育児書と一線を画していること、と言えば誰もが「集団保育」を挙げることだろう。少し注意深く目次を概観するだけで、第4期である「1カ月から2カ月まで」以降、各期の末尾に必ず「集団保育」の項目が設けられていることに気づく。つまり、個体としての子どもではなく、集団的で関係的な主体としての子どもの「育児」の問題が提起されている。『育児の百科』が、狭義の医学的視点から書かれた育児書でないことはもはや明らかだろう。

『スポック博士の育児書』では、「集団」の問題は、六歳から一一歳の項目で初めて現われ、しかも簡略に「集団を作って遊ぶ」ことが半頁程度記述されているに過ぎない〔スポック、一九七二、五四七―五四八頁〕。集団保育の場として松田が中心に考えている「保育所」については、『スポック博士の育児書』は、「仕事をもっている母親」という「特殊」な場合として取り上げ、「三歳までは個人的にめんどうをみてやる必要がある」という前提のもとで、「三歳になったら保育所もいい」という消極的な承認を行なうのみである〔同、七八二頁〕。とはいえ、三歳から六歳になっても、子どもはまだ甘えたいものだから、保育所に通わせる場合でも、「こどもが保育所から帰ってきたときは、お昼でも、三時でも、六時でも、とにかく誰かその子の大好きな人が家にいて、迎えてやらなければいけません」〔同、七八三頁〕と釘を刺すことを忘れない。集団保育の積極的意義は、ここではまったく語られていない。

松田の「集団保育」への着目は、その思想の根幹にかかわっている。小児結核の専門医として出発した松田は、一九五七年にレニングラードで開かれた全ソ小児科学会に、日本小児科学会代表の資格で参加し、その地での集団保育の実践に衝撃を受けて帰ってくる。それは、ソ連の社会主義に対する失望よりも松田にとって大きなものであったかもしれない。

学問的な面で言えば、ソ連の小児科学が「小児健康学」という新しい面を切り拓き、「小児集団保育」というフィールドに小児科医たちが率先して入っていっていることに目を見張っている〔松田、一九七九―八一、一巻、五四頁〕。

また、その小児学会の参会者二千人のうち八七パーセントまでが女医だったことに驚愕する。医師だけではなく、いたるところで女性の社会的進出が顕著だった。それは、当然女性が職業人として働けるだけの社会的制度が整備されていることを意味する。つまり託児所の充実である。松田は、三歳までの孤児の託児所を見学させてもらう。三〇人の子どもに対して一一人の保母と二人の教育係が置かれている。「子どもたちには四人一組の寝室と、別に遊戯室と食堂と講堂のようなひろい部屋とがあてがわれ、結局この託児所は十以上の部屋をもって」〔同、三〇頁〕いた。

託児所における集団保育と言えば、それがソ連であればなおさらのこと、画一的で鋳型にはめるような保育が行なわれているだろうと誰もが想像しがちだが、その託児所ではいくつもの工夫がなされ、「子どもたちにはさまざまの異なったオモチャが与えられ、衣服の色もめいめいちがったのを着せ、クツの色もちがえて」あったという。そのうえ、彼らは、「それぞれの個性を持たせて育て上げる最もいい方法」（同、三一頁）を知っていた。つまり、満三歳を過ぎると、子どものいない家庭の希望者に引き取ってもらい、個々の家庭に育児を託すことになっていた。ソ連では、集団保育と家庭保育がうまく結合して機能していると、松田には思えたのである。

戦前・戦中のマルクス＝レーニン主義への信奉はすでに捨て去っていたとはいえ、かの地で見た集団保育の実践例は、共産主義の輝かしい面として映った。政治の面では共産主義との訣別を果たしたはずの松田は、「集団保育」の面でまた「共産主義」の理念との関係を突き詰めて考えざるをえない課題を背負ったことになる。

「集団保育」への思い入れには、もう一つの思いも投影していた。「現代の子どもに何を与えるかと問われれば、私は、日本人が伝統としてもっていた幼児期の楽しみを、今日失ってしまった子どもたちに返してやりたいと答えよう」（松田、一九七九―八一、一巻、七頁）と松田は述べている。子どもたちが失ったものは、端的に言えば「遊び場と友だち」であり、「自由空間と自発的集団」である。その喪失は、子どもたちにコミュニケーション能力の低下をもたらし、子どもたちの未来を、来るべき社会を暗いものにしてしまう。

かつての「自由空間」には、子どもたちにとって自由の喜びがあり、エネルギーの氾濫があった。

そこでは、子どもたちは「自分が自分の主人であると感じ」ていた。「エネルギーが、そとにある抵抗にうちかって氾濫するなら、それが創造」であり、「エネルギーが、自分のなかで泉のように湧くままにこぼれ、こぼれるままに湧く状況が怠惰」(松田、一九七三a、六五頁)であると松田は言う。そうした「自由空間」とそこに集う「自発的集団」をいま人為的につくりだすとしたら、それが「集団保育」という機会である。

松田は、ソ連から帰国後、一九六〇年に関西保育問題研究会が設立されると、会長として主導的な役割を果たしている(和田悠、二〇一七)。これは、研究者と現場の保育者が協同してつくりあげた研究会であり、松田は、「京阪神の保育所の保母さんたちが先頭にたってつくった会である。彼女たちの熱心さにうごかされて、大学で教育学だの心理学だのを研究している学者たちも参加し、経営者、幼稚園の先生、保育学をやっている学生もくわわって、総勢三百人ぐらいになっている」と説明している(松田、一九六二b、七八頁)。この会に参加したことの意味は松田にとってきわめて大きかった。この会の活動は主として研究であり、「望ましい保育」、「保育者と新しい人間像」、「どんな子に育てるか」、「職場の人間関係」、「全国集会」、「問題児」、「子どもの集団をどうしてつくっていくか」等のテーマで例会をつづけた。したがって、保育の現場にいる者たちからは、日常の実践に直接役にたたないという批判もあったようである(松田、一九七九―八一、一巻、二一三―二一四頁、二二七頁)。この会の経験を基にして、『新しい保育百科』という「百科事典のような本」(同、二〇四頁)を一九六三年に編著として刊行することができた。これが、『育児の百科』の基礎となった。

「集団保育」については、「大阪で月に一回やっていた関西保育問題研究会で報告して、会員の保母さんたちにきいてもらった」（松田、一九八八ｂ、九頁）という。実際、それ以前の松田の育児書、たとえば『はじめての子供』（中央公論社、一九五八年）は、誕生から満三歳までの子どもを対象にしたものだが、「集団保育」に関する言及はほとんどない。[*] 関西保育問題研究会が「集団保育」に関する松田の見識を深めていったことは間違いないだろう。まさに、「保育所でやる集団保育のなかから、明日の小児科の学問は生まれねばならない」（松田、一九六二ｂ、八四頁）という松田の信念が実現した恰好になっている。

＊ただし、二歳半の子どもの集団教育について、「この点では社会主義国のほうが一歩すすんでいると思う」（松田、一九五八ａ、一七一頁）と指摘している。

しかし、松田は一九六七年の前半には事実上この会を退会してしまう。その理由を松田は次のように述べている。「会をやめたのは、会が政党員に利用されて、研究よりも儀式に力をいれる風がみえたからであった。その気持は、すでに第二回の保育問題研究会全国集会で話した「文化運動としての保育」のなかにも感じられるだろう。幼稚園や保育所をよくしようという運動は無党派の市民運動でなければならないと思っていた」（松田、一九七九―八一、一巻、二八三―二八四頁）。松田の説明では、日本共産党との確執が窺えるが、会が「政党員に利用され」たことや「研究よりも儀式に力をいれる」傾向が強まったといった運営上の問題よりも深刻な問題が実はあったはずである。それは、関西保育問題研究会の成果である『新しい保育百科』と四年後に単著として刊行された『育児の百科』を比較してみれば直ちにわかることである。

『新しい保育百科』が『育児の百科』に結実する松田の育児論に不可欠なステップだったことは確

かだろう。タイトルのとおり、保育全般にわたっての実用書であり、しかも、実践と討議を経てつくられた重厚な内容となっている。編者である松田自身は、ここでは、子どもの健康管理の問題など医師の立場でいくつかの項目を執筆しているが、「編者」として全体のトーンを調整する役割を果たしていたか、と言えば大きな疑問を抱かざるをえない。第一章「保育の理論」には松田は執筆者として加わっていないが、ここにはイデオロギーが前面に押し出されている。

一九世紀ロシアの文芸批評家ドブロリューボフの研究者としても著名な教育学者、横田三郎が執筆した第一章2「女性の地位の向上と婦人解放」では、レーニンやエンゲルスを引用しつつ、「婦人の解放とは、婦人を家庭から解放して、社会的活動・社会的生産労働に全般的に参加させることである」(松田編、一九六三b、一四頁)と断言する。そのためには、「「家の仕事」、「小さな家計」を社会の事業、社会の経済に変革しなければならない」(同、一五頁)と主張する。すでに確認したように、松田が主婦の市民としての役割を主張していたことを考えれば、とうてい松田の受け入れるところのものではないだろう。ほぼ同時期の一九六四年の論考でも、「(女性が)家庭の労働をしたほうがいいか、そとではたらいたほうがいいかは、その家庭の事情によってきまってくる」(松田、一九六四d、二二三頁)と述べている。

生活綴方教育、同和教育等で活躍した教育学者、小川太郎が執筆した第一章3「児童観の発達」は、あまりにも堂々とイデオロギーを剝き出しにしている。

「一九一七年に、ソビエト革命によってロシアではじめて社会主義が実現し、第二次大戦後は中国と東欧にそれが成立し、最近はキューバが社会主義を宣言した。児童の幸福という点から言っても、これは画期的な歴史的進歩を意味する。この事業の担い手として、レーニンとその夫人クルプスカヤの名を忘れることはできない。……近代以前の社会が児童を「小さなおとな」として見たとすれば、近代は「子どもを発見」したのであり、社会主義では、発見された子どもの中に社会主義的な人間としての成長の現実的な可能性を見るのである。ソビエトのすぐれた教育学者マカレンコは「人格にたいして提出される要求は、それの力と可能性とにたいする尊敬をもあらわしているのであります。」と言っている。」〔松田編、一九六三b、二二五頁〕

ソ連を模範にして日本も社会主義を目指すべきだと言っているのに等しい内容である。松田自身が一九六三年の時点でこのような発想をもっていたはずがなく、監修者としての責任も問われかねない。いったい、松田は何を考えていたのだろうか。とりあえず、ここでは、「マカレンコ」という名前が出てきたことに留意しておきたい。

2　集団保育と文化の担い手

『育児の百科』において、「1カ月から2カ月まで」の赤ん坊を対象とした「集団保育」は、産休明けに直ちに職場復帰をする母親の存在を念頭に置いていることは間違いない。しかし、特殊な事情のある母親のために、本来あるべき「家庭保育」の代替として「集団保育」が考えられているわけではなく、その積極的な意義が語られている。

「いまの家庭保育における子どもの反抗は、3歳に近づいた子どもをそだてるには、家庭はせま

すぎるということをしめしている。子どもの創造力を満足させる集団保育が必要である。」〔松田、二〇〇七、下、一三〇頁〕

「子どもの夢の世界の創造は、保育園や幼稚園でいう「自由保育」の時間に、自然にできあがることがおおい。……それは、家庭でひとりの子どもがやっているママゴトという密室にくらべて、何と壮大な世界だろう。そこには、ひとつの市場、ひとつの都市が創造されたのだ。」〔同、下、三〇五頁〕

しかし、「集団保育」を育児のなかに導入すれば、子どもの「社会性」に当然スポットが当たり、個体の医学的「健康」レベルとは異なる視点が必要とならざるをえない。「育児」というよりも「幼児教育」の側面が強くなってくる。

そこですぐさま問題となることは、「人間をつくるか、市民をつくるか」〔ルソー、二〇〇七、上、三三頁〕というルソー『エミール』〔一七六二年〕以来の問いである。いやむしろ、石川三四郎「小学教師に告ぐ」〔一九〇四年〕の問いかけのほうがこのコンテクストに相応しいかもしれない。「諸君の事業は人民の教育にあり、然れども諸君の職務は国家の職務なり、而《しこう》して国家は国家の為めに其《その》人民を教育せんとするも、人類として之を教育せんと欲せず」〔石川三四郎、一九七七―七九b、一巻、一九八頁〕。子どものもっている能力、可能性を最大限に引き出すという自由主義的発想が一方にあり、国家、社会に適合的な有為の人材をつくり出すという要請が他方にあり、この二つの方向は必ずしも一致しない。自分が属している国家、社会のあり方に基本的に異議がない場合、あるいはそのようなイデオロギー統制が行なわれている場合には、二つの教育のあいだに矛盾はないものとされるが、そうでないほとんどの場合、教育の原点について際限のない議論がつづくことになるだろう。石川の場合には、「諸君若《も》し真に人の教育を完全にせんと欲せば、先《ま》づ此社会を改造せざる可《べか》らざる也、即ち社会主義を実現せしめざる可らざる也」、「来れ諸君、満天下の小学教師諸君来れ、而して速かに我が社会主義運動に投ぜよ、是《こ》れ実に諸君が其《その》教場に鞭《むち》を執《とる》の前に於て、先づ当《まさ》に為すべき真の使命に非ずや」（同、二〇〇頁）と、その政治的解決が図られている。しかし、「社会主義」が単純に人類の夢や希望であるとは言えなくなった時代において、問題はそう簡単に解くことはできない。

この点を、一九六三年八月二四日に開催された第二回保育問題研究会全国集会での報告「文化運動としての保育」で見てみよう。松田自身が、政党員との確執の問題に触れていると言っていた報告である。

松田は、ここで現前の日本の文化を「中間文化」、「消費文化」、「金もうけ文化」と捉えている。高度経済成長期にあって、一億総中流化という幻想のもとに大量消費社会が形成され、それは「金さえもうければよい」という「金もうけのための文化」を生んでいる。それに対して、「現状に不満をもつものの文化」がある。後者を、松田は「はたらく人の文化」と言い換えている。現状肯定の文化と現状否定の文化を、消費者文化対労働者文化と置き換えるとすれば、それは階級対立の図式に見える。実際に、松田は、日本における二つの文化とほぼ並行的な世界における二つの対立する文化を、「アメリカを先頭にする、いわゆる「自由主義」の文化と、ソヴェトを先頭にする、いわゆる「共産主義」の文化」（松田、一九七九—八一、一巻、二五三頁）としている。そして、日本の現状の文化は、アメリカの「自由主義」文化と「完全にくっついている」と捉えるのだから、松田の問題意識は、基本的にはイデオロギー的もしくは党派的なもののように思われる。

しかし、二つの陣営のなかで「共産主義」のほうに軸足を置きながらも、どのようにずらしていくか、という点に松田は腐心し、悪戦苦闘しつづける。「日本のはたらく人の文化は、ソヴェトの「共産主義」に完全にかさなるものではありません」(同、二五三頁)。「ソヴェトの文化からまなぶことは何らさしつかえないが、私たちは日本独自のはたらくものの文化をつくっていく義務がある」(同、二五四頁)。「政党員」と決裂もせず、しかし同調もしないというバランスを取ろうとしている姿を窺うことができる。

このような枠組みのなかで、文化運動、つまり政治運動から相対的に独立した運動としての保育はどのように捉えられるのか。まず、大きな前提として、家庭の教育と集団の教育は車の両輪のようなもので、互いに補完し合う関係にあると考える。「自由主義の文化」が日本を席巻しているなかでは、「現在の日本の多くの家庭が、近代的小家族化して、孤立し、密室化するにしたがって、子どもは肉親だけを中心にしたエゴイズムのなかで教育され、自分さえよければいいというエゴイストになりつつ」あり、「集団教育に力を入れて、このエゴイズムを匡正しなければならない」(同、二五八頁)。集団保育は、特別な事情のある家庭を対象としたものではなく、すべての家庭に対して提供されるべきものでなければならないことになる。親密なる家族関係と、それとは相対的に距離を置く他者関係の二つを同時に育てることが必要だという点は、おそらくは多くの同意を得られる点だろう。しかし、問題はその先にある。

松田は、現存の社会を否定的に捉え、「金もうけのための文化」を乗り越えるべき「はたらく人の文化」を打ち立てようとする。受験体制と無縁でありうる唯一の期間と考えられる幼年期において、知識詰め込み型ではなく、創造力発揮型の伸び伸びとした教育を施すという理想は、「金もうけのための文化」が席巻する社会においては「反社会的な」あるいは「非社会的な」子どもを育てることになりかねないし、むしろ、そうした子どもを育てることが企図されているとも考えられる。現存社会のなかで要領よく立ち振る舞い、「金もうけのための文化」の担い手になるべき人材を育てようとしていないことだけは確実だろう。そうなると、幼児教育の目的をどのように立てるのかは、簡単なことではない。

「教育の目的を問題にしない保育の研究は、役所が主催者になって、始終もよおされて」（同、二六五頁）いると松田は言う。それは、結局「保育を単なる技術のなかにおしこめてしまう」ことになるし、現状肯定と現在の社会に適合的な人材の育成という理念が暗黙のうちに前提にされてしまっている。それだからこそ、「はたらく人の文化」の側から、教育の目標を明確にしていくことが必要になってくる。「教育の目標を世界平和、生活の向上という、「天下泰平家内安全」式の無色透明なものにおくこと」（同、二六七頁）を松田はきっぱりと拒否する。

しかし、この問題に対して松田ははっきりとした答えを出してはいない。「私たちのやっていく文化運動は、はたらく人間の文化をつくる運動であるという自信を失わないことです。／はたらく人間の文化は金もうけ文化よりはずっと高い文化だという誇りをもつことだといってもいいでしょう。／自分たちは金もうけ文化の否定者なんだということを、忘れてはなりません」（同、二七一頁）と檄を飛ばすことに終始している。

目標設定の必要性を感じながらそれができない理由はおそらく二つある。一つは、「文化運動」の目標を政治運動のターミノロジーのなかに回収されてはならない、というバランス感覚がある。政治運動のなかに呑み込まれてしまえば、否が応でも文化運動の独自性は失われ、冷戦構造の論理のなかに組み込まれることになるだろう。文化運動が政治運動とは異なるのは、「権力とのむかいあいからくるつよい緊張から自由であるということ」(同、二六八頁)であり、「その自由のなかで各人の創意と独創とが生かされて、新しいものが生まれるというのが文化運動の特徴」だと捉えている。だから、「金もうけ文化の否定者」であることを自覚しながらも、ソ連や日本の既成政党と連動するようなスローガンを掲げることはできない。

さらに重要な点は、新しいものを創造しようとする運動は、実は方向を定めることができない、ということである。子どもに「自由と責任」をどう教えるか、という問題に関して、松田は次のように言っている。

「子どもの集団作りということが言われて、その集団の中にリーダーという子がいて、その子が先生の心の内を読心術のように読み取って、いい集団を作るために、集団討議を組織して、集団としてルールを決めます。これは戦争中の大政翼賛会と全く同じです。／独裁者がルールを決めて押しつけたのを、集団で下から決めたという点が民主主義なのでしょうが、えらい人は何がいちばんいいかということをよく知っていて、えらくない者はそれに従うという姿勢が、ぬぐいきれません。／そういう民主主義の中で育てられた子どもは、はたして自分の自由意志で選ぶことのできる人間になれるでしょうか。／おおぜいの人のやることについていきさえすればいいというような人間になってしまうおそれがあります。／多数決でルールを決めたということが、こんどは逆に、好きなことができなくなってしまうということになります。そうだと、自由でなくなります。／民主主義の名のもとにおける不自由というのは、今日まさに私たちおとなが置かれている状態です。／この問題は、おとながうまく解決して、その解答を子どもに配給するといったものではないでしょう。／ある点でおとなより自由である子どもの中で、この問題を解くことができはしないかというのが、現代の幼児教育にかける期待でもあります。」（同、一三一―一三二頁）

多数決という形式的な民主主義の「ルール」を教えることは、必ずしも民主主義の「精神」を教えることにはならない、民主主義の「ルール」は独裁体制にも利用されうる、と松田は主張し、したがって、「精神」を教える工夫の必要を説いている。そこまではよいとして、後段の「民主主義の陥穽とその回避」は、まさに思想家が正面から取り組むべきような課題である。それを松田は幼児に期待すると言う。そうした態度が幼児教育の視点から適切であるかどうかはここでは問わない。ともかくも松田が、次世代の新たな市民をつくる、新たなしくみの社会をつくるという壮大なビジョンのもとに幼児教育を構想していることは明白である。既成の、あるいはお仕着せの教材を教える側が「与える」ような教育は想定されてはいない。むしろ逆に、「新しい市民」としての幼児から大人が「学びとる」ことのほうが期待されている。幼児は、大人に教えられ、しつけられる対象ではなく、「自分の主人」として自ら関係性を築いてゆく主体として認識されていた。新しい世代は旧い世代を乗り越えるべきものとしてあるという確信のもとに、子どもに対して払われる「敬意」、これこそが松田道雄の幼児教育の原点である。

3 「レンガの子ども」をめぐって

一九五九年九月、伊勢湾台風は、名古屋市南部を中心に約五千人の命を奪い、甚大な被害を及ぼした。南区の弥次衛町では、三〇二戸の仮設住宅が建てられた。その様子を『朝日ジャーナル』(一九六一年二月一九日号)は次のように伝えている。「六軒から八軒で一むねのむね割り長屋で、その名の通り、板ばり、六畳一間。もちろん、フロはない。便所も、炊事場も別むねで共用、住民の約半数は朝鮮の人、職業はニコヨン、クズ鉄回収など、ともかせぎでない家はめずらしい」(宇佐美、一九六一、六二頁)。そこに、名古屋大学等のセツルメント運動のグループが中心となって「ヤジエ・セツルメント保育所」が建てられる(東海ジェンダー研究所編、二〇一六、四―七頁)。当初は学生アルバイトが保母の役割をしていたが、東京保育問題研究所に働きかけて、及川(原田に改姓)嘉美子、難波(河本に改姓)ふじ江の二人の保母が派遣されてくる。ここでの二人の保母の子どもたちとのかかわりは、一九六二年に原田嘉美子・難波ふじ江『レンガの子ども――ぶんなぐり保母の記録』(光風社)という本になり、また東芝日曜劇場(関東ではTBS)で「レンガの子ども」としてドラマ化されるなど、全国から注目を集めるようになる。

ヤジエの実践は高く評価されてきた。たとえば、上笙一郎《かみしょういちろう》・山崎朋子『日本の幼稚園――幼児教育の歴史』(理論社、一九六五年)では、「日本国民の望むべき幼児教育」として、「日本はもちろん世界じゅうの人びとが、ひとり残らずしあわせになれる社会の到来を願い、そのために、自分自身の頭でものごとを考え、相手の立場を思いやりながらすべての人と協力し、自分の仕事は責任をもってやりとげることのできる人間に、幼い子どもたちを育てあげて行くような幼児教育」〔上・山崎、一九九四、四三七頁〕を掲げたうえで、こうした理想に近づいた実践例としてヤジエ・セツルメント保育所を挙げている。「この保育所の実践をとおして、日本国民の真に望むべき保育の精神とすがたとを、さぐってみようと思います」〔上・山崎、一九九四、四三八頁〕と、最大限の賛辞が捧げられている。近年においても、幼児教育を主題とする論文にしばしばヤジエ・セツルメント保育所は取り上げられ、二〇〇九年、初版から五〇年近く経ってから『レンガの子ども』が、新たに再編集されて刊行されたことは、何よりもその実践への高い評価を物語っている。

ヤジエ・セツルメント保育所は、名古屋保育問題研究会の成立に大きくかかわっている。一九五九年の伊勢湾台風以前に保育問題研究会設立への動きはあったものの、保育者、研究者、学生、母親を巻き込んだ運動が展開されるのは、ヤジエの実践があったからこそである。「その後の保育所づくり活動も、保母の労働組合の活動も、保育研究活動もすべてヤジエが原点であったことは、誰しも認める事実である」〔土方、一九七四、二五〇頁〕と言われるほどの求心力をもった。一九六二年の第三回総会で規約が定められ、「名古屋保育問題研究会」という現在につづく正式名称を得た。第一回の全国保育問題研究集会が京都・比叡山で開催されたのは一九六二年八月であり、翌年の第二回全国集会は名古屋保育問題研究会が中心となって愛知で開催された。関西保育問題研究会会長の松田道雄が「文化運動としての保育」という講演を行なったのは、この第二回全国集会でのことである。

関西保育問題研究会は、一九六〇年に設立され、松田が会長を務めた。翌六一年からは機関誌『関西保育問題研究』が刊行され、松田は巻頭言を毎号執筆している。したがって、松田にとって、ヤジエ・セツルメント保育所は姉妹団体の中核的な実践の場であったことになる。

ヤジエ保育所が注目されたのは、「ぶんなぐり」教育だった。『朝日ジャーナル』がこの保育所を取材した記事のタイトルも「ぶんなぐり保母」である。及川も、難波も東京保育問題研究会に属していたが、赴任当時二五歳と若く、確固たる保育理論をもってヤジエに乗り込んできたわけではない。むしろ手探りでヤジエの子どもたちと向かい合い、連日二人で話し合いをつづけ、父母にも連絡帳を通じて呼びかけながら保育活動を行なっていた。二人のその真摯な姿勢が、やがて日本全国に感動を与えることになったのである。

二人とも、最初から「ぶんなぐり保母」であったわけではない。ヤジエの子どもたちのあまりの粗暴さに直面した二人は、子どもたちに言うことを聞かせるには「ぶんなぐる」ことを辞さない態度が必要だという共通認識に達する。

「O　これまでなぐったときもあるけどでもそれは基本的にいって絶対いけないことだと思ってきたの、でもヤジエの子どもたちの状態をみていてそれが許されていいような気持ちになってきたんだけど。」

「N　本当に子どものことを考えて殴るのならいいのかもしれない……。」

「O　その場合どの子もぶんなぐるのではなくて、殴っていい子といけない子を見分ける難しさがあると思うわ。」〔河本・原田、二〇〇九、四五―四六頁〕

こうして及川と難波は、「ぶんなぐり」の基本原則を次のように定める。

のです。

「どうしても許せない行為をした時に、なぐることにしました。それも平手でほっぺたをたたく

•命に危険をおかすようなことをした時
•集団をみだすような行為をした時
•人に迷惑なことをした時」〔同、四七頁〕

二人の保母は「ぶんなぐり」に対して慎重であり、「ぶんなぐり」の後には、その子どもの親に丁寧な連絡をするなどのケアも怠らなかった。その結果、親たちの同意も得られ、子どもたちは「メキメキ成長して」いったと報告されている。

「ぶんなぐり」の実践は、ヤジエ・セツルメント保育所の二年八カ月の歴史のなかでわずか一月程度の間に限定されてのことだった。だから、これを暴力として非難する者はなく、むしろ愛情ある教育的手段として認められ、人間と人間の本気のぶつかり合いとしての教育というコンテクストで、賞揚される行為と見なされていた。

ヤジエの仮設住宅が撤去されるに伴って、ヤジエ・セツルメント保育所も閉鎖されることになったが、住民の存続への強い要望を受けて、代わりに名古屋市立宝保育園の開園を市は約束する。しかし、二人の保母は、「市の職員ではない」という理由でこの保育園に採用されないことになった。そんななかで松田は、『中部日本新聞』に「献身と非情」というタイトルの論考を寄せている。

「各地にある保育問題研究会がこんどはじめて全国集会をやった。……研究発表のなかで、こういう不十分な設備のなかで、しっかりした子どもを育てあげるいろいろのやり方が報告された。

その中でも、伊勢湾台風で家を失った人たちの子どもをあずかってできた名古屋のある臨時の保育所の経験は、多くの会員を深く感動させた。／無秩序の子どもの集団にどうすれば規律と自治とをもたらすかという保育学の最大の問題がそこで解決されたからだ。これは全くここで献身した二人の保母さんの学問的に正しい態度のためだということが、会で結論された。ところが、こんどこの臨時保育所が正規の保育所になって子どもたちはそこにうつることになったのに保母さんは、おいてきぼりときいて、研究者のすべては、教育上の弊害を恐れ監督者の非情にあきれたのだった。名古屋の市民はどうしてそんなことになるのか全国の保育研究者に説明すべきだろう。」（『中部日本新聞』一九六二年八月二七日夕刊）

この論考を見るかぎり、松田は、「ぶんなぐり」も含めて、セツルメントの二人の保母の教育実践に賛意を表わしているように思える。さらに別の論考では、ヤジエの実践に対して、「子どもたちが、自分たちの問題を討議し、協力すべき課題をきめて、これを行動にまでもっていくということは、家庭のなかだけでそだてられる子には絶対にできない」（松田編、一九六三b、三九七頁）と、集団保育の成功例としてヤジエを挙げている。『レンガの子ども』刊行の折にも、これを紹介し、「幼児の教育はデラックス幼稚園でなくっても、教育者の熱意があればうまくいくということをおしえています」（松田、一九六四b、一一九頁）と評価している。

ところが、『中部日本新聞』の論説から八年後の一九七〇年の論考では、「ぶんなぐり」という非常手段による保育者の権威の確立の思想を真っ向から否定しているのである。そこには、マカレンコの思想につながるものがあることを否定できないとして、「私はそこに「ソビエト的従属の鎖」を感じる」〔松田、一九七七ａ、二九七頁〕とまで否定的な見解を明確にしている。

松田が問題にしているのは、「ぶんなぐり」の原則において「生命に危険な行為」「集団を乱す行為」「他人に迷惑をかける行為」の三つが「同一次元」に並んでいることにある。「生命に危険な行為」は、解釈の幅はあるものの、切迫した事態においては暴力を使用することも一般には許される。生命を救うための「緊急避難」的措置と見なされるからである。「他人に迷惑をかける行為」も、それに準じる措置を施していい場合もあるだろう。しかし、「集団を乱す行為」に対する暴力は、保育者の言うことを聞かせる、保育者の権威を確立するための手段であり、子どもや周囲の他人への危害が問題になっているのではない。とりわけ「生命に危険な行為」と「集団を乱す行為」のあいだに保育者自身が明確な境界線を引けないことの思想的意味が問われている。

なぜヤジエに対する評価が反転してしまったのか、と言えば、松田がここで見ているのは、ヤジエの問題ではなく、もっと大きな日本全体の問題だからだろう。「日本の幼児教育の研究者たちの活動的な部分が、マカレンコ批判をもっていないソ連教育学に密着しようとする現在、集団における個人の自由は切実な問題」であるとして、ヤジエ・セツルメント保育所が賞賛の対象となっているからこそ、それが密かに抱えているマカレンコの「芽」を鋭く指摘しなければならなかった。

「「共通の目的」が私個人の目的を「決定する」というのは、集団の目的が指導者によってきめられることだ。集団の成員が自分の目的を指導者の目的に「調和」させるというのは、指導者の立場において考え、行動するということだ。だが、スターリン時代の悲劇は、支配するものの考えが通って、支配されるものの考えが、まったく無視されたことにあった。」〔同、二九七頁〕

一九六二年から一九七〇年の間に、松田のなかで何が起こっていたのか。六二年の論説は、保育問題研究会の研究報告を前提にして、ヤジエ・セツルメント保育所への評価が行なわれている。それは、関西保育問題研究会会長としての松田の公の顔によるものだろう。一九六三年刊行の松田編『新しい保育百科』は、部分的には、他の執筆者によって社会主義イデオロギーが色濃く現われていたにもかかわらず、編者の松田はそれを許した。それと同じパターンがここにも見いだせるように思える。関西保育問題研究会をはじめとして、育児や幼児教育の分野で同志を募れば、「政党員」の協力なしにことは進まない。松田自身のなかに「政党員」と共通の問題意識があることは否定できないし、会長のような重職にあれば、「政党員」の主張をときには自分の意思に反しても会として取り入れなければならない。

その確執は、松田がマルクス＝レーニン主義に関する知見を深めていくなかで増幅されて、松田自身を苛んでいく。そうして、一九六七年に『育児の百科』を単著で刊行して、『新しい保育百科』を事実上葬り去った。一九七〇年の『ロシアの革命』について松田が、「『ロシアの革命』をかきおえて日本の共産党がなんであったかという私の疑問もとけることになりました」（松田、一九七九―八一、八巻、四五頁）と言っていることの意味が、ここで改めて問われることになる。この著作は、歴史書という形態をとりながらも、松田個人においては、とりわけ育児・幼児教育の場での日本共産党への訣別の書という意味をもった。松田が『ロシアの革命』刊行と同じ年に、日本の育児・幼児教育の場に多大な影響をもたらしているマカレンコの思想を糾弾したのは偶然ではない。マカレンコ批判は、『ロシアの革命』の応用編として、セットで理解すべきものだろう。

ここで、鍵となっているマカレンコという人物に注目してみよう。彼は、浮浪児や少年犯罪者の施設での教育業績で著名になった人物で、戦後日本の教育界にも重大な影響を及ぼしている。一般には、「集団教育」の第一人者と見なされ、日本では、一九五九年に結成された「全国生活指導研究協議会(全生研)」がマカレンコの集団主義教育の強い影響下に置かれていたことは、つとに指摘されている。一九六〇年に、大西忠治によって、「マカレンコの集団主義の考え方から出発し」、「班・核・討議づくり」なる集団組織論が提案され、この「班・核・討議づくり」が一九六二年の第四回大会以来、主流を占め、その方針に基づく成果は、全生研常任委員会編『学級集団づくり入門』(一九六三年)、『学級集団づくり入門〈第二版〉』(一九七一年)等、次々に刊行されていった(片岡編、一九七五、二七頁／大橋、一九六七、一八一―一九〇頁)。

そのマカレンコの代表作が『教育詩』(全三部、一九三四―三六年)である。これは、犯罪歴をもつ未成年者の更生施設ゴーリキー・コローニヤでの集団教育実践を基に書かれた文芸作品であり、マカレンコが実際にどのように教育成果をあげていったのかが生き生きと語られている。最初の六人の生徒には、強盗罪や窃盗罪の犯罪歴があった。そのうちのザドーロフという生徒が、教師の命令に従おうとせず、逆に教師に向かって「おまえ」よばわりをしたシーンが次のように描かれている。

「はじめてわたしに向かって「おまえ」よばわりをしたのである。／過去数か月間、怒りとうらみがつもりつもって絶望と激怒の極にたっしていたわたしはいきなり腕をふりあげるや、ザドーロフのよこっつらをひっぱたいた。力まかせになぐった。かれはよろけ、ペーチカの上にドッとたおれた。二発目をくらわし、えりをつかんで立ちあがらせ、三発目をくらわした。／このときわたしはかれがひどくおびえきっているのに急に気がついた。まっさおになり、ふるえる手であわてて帽子をかぶったかと思うと、またぬぎ、またかぶった。わたしは場合によってはもう一発くらわせようと思ったが、かれは小さな声で、うめくようにつぶやいた。／「ゆるしてください。アントン・セミョーノヴィッチ。」」〔マカレンコ、一九六四－六五a、一巻、一九頁〕

この暴力行為には、教育的配慮はまったくなかったと言ってよい。ヤジエの基準で言えば、ザドーロフの行為は「命に危険な行為」でも、「他人に迷惑な行為」でもない。教師の言うことを聞かなかったというだけで、「集団を乱す行為」に該当するかどうかも怪しい。しかし、その暴力行為によってコローニヤの規律の転換点であった。正直なところわたしは良心の苛責なるものになやまされなかった。たしかにわたしは生徒をなぐった。この事件の教育学的な矛盾、法律的な不法性を痛感した。が同時にわたしはわたしの教育学者としての手の清さは自分に課せられた任務にくらべれば第二義的なものだと考えていた。他の方法がつかえぬとなれば独裁者になってやろうと固く決心した」〔同、一巻、二一頁〕。もちろん、マカレンコの集団主義教育の本質を暴力主義と捉えることはできないが、松田のヤジエ批判の背景には、この『教育詩』の有名なくだりがあったことは間違いないだろう。

4 マカレンコの集団主義教育論

マカレンコの集団主義教育の根幹にある思想は、ルソー『エミール』に見られるような教師と生徒の一対一の教育の根本的な否定のうえに成り立っている。「教師プラス生徒という、対の観念から、どんな方法もひきだされてはならない、それは、学校と集団との組織化という観念からのみ、ひきだされることができる」〔マカレンコ、一九六四－六五ｅ、六巻、二一九頁〕という革新的な発想は、個に分解されない「集団」の力を基礎にする社会主義教育論としての意義をもつものだろう。マルクスが「フォイエルバッハにかんするテーゼ」〔一八四五年執筆〕のなかで示した「環境と教育の変化にかんする唯物論的教説は、環境が人間によって変えられ、そして教育者自身が教育されねばならぬことを忘れている」〔マルクス、一九五九－九一ｄ、三巻、三頁〕という見解には、松田も言及している〔松田、一九七七ａ、三〇五頁〕。このテーゼは、ルソーの絶対的教師像に対する批判とも読めるし、オーウェンの環境決定論的な「性格形成原理」に対する批判とも読むことができる。マカレンコが具体的な教育実践の場からこのマルクスの先端的なテーゼを練りなおしたと考えれば、マカレンコの「集団主義教育論」はきわめて重要な問題提起であると言える。幼児を訓育やしつけの対象から解放して、「新しい市民」と捉える松田にとって、マカレンコとの対決は、自らの思想を鍛える契機となりうるはずである。

松田は、しばしばマカレンコを批判しているが、しかしその批判は体系的なものではない。松田は、マカレンコの集団主義教育理論が、浮浪者の矯正という特殊な目的のためにつくられた理論の一般化であるという外在的な事実から、そこでは、予め外的に定められた規則、秩序への馴致の効率化が課題であり、子どものあいだにコミュニケーションを発達させるような意図がもともと存在しない点、幼児教育における集団のあり方を軍隊に準えてしか理解しえない点を批判する〔松田、一九六五ａ、二四－二七頁〕。そのマカレンコの特徴が顕著に表われているのは、全集版では「ソビエト学校教育の諸問題」第四講にある次の箇所であるとする。
「この問題をもっとはっきりさせるためには、集団とその行動、群集でなく、一定の共通目的をもっている集団をみなくてはならぬ。この集団では従属は甚だ複雑で、個々の個人は自分の志向を他人の志向と一致させなければならぬ。すなわち、第一に全集団において、第二に自分にいちばん近いプライマリー・グループにおいて、個人的目的を共通の目的に対立させないようにせねばならぬ。したがって共通の目的が私個人の目的を決定せねばならぬ。この全体の目的と個人の目的との調和がソビエト社会の特徴である。私にとって、共通の目的が重要であり、支配的であるだけでなく、私の個人的目的ともつながっているのだ。子どもの集団もそのようにつくられうることも明かだ。もしそのようにつくられなかったら、私は断言したい、それはソビエトの教育ではない。」〔マカレンコ、一九六四―六五d、六巻、一九六頁／松田、一九七七a、二九三頁（訳文は松田による）〕
これを、松田は「全くスターリン的である」〔松田、一九七七a、二九三頁〕と一刀両断に切り捨てる。松田は、日本で集団保育をすすめるなかで、マカレンコに影響を受けた人々の発想が自分の発想と大きく懸隔していることに気づいてゆく。松田が目指していたのは、かつて幼少期の自分が京都で自由に遊ぶことのできた「自由空間」とそこで幼児たちが自発的につくりあげていった「集団」を、集団保育においてどのように人為的につくりあげるか、ということだった。ところが、このような発想は、「革新派の保母さん」たちから、「子どもをあそばせてばかりいてどうなるか。集団保育は集団の規律をつくることが第一だ」〔松田、一九七三a、一四〇頁〕と反論されてしまう。日本の教育界から従属・馴致的な発想を一掃するためにも、スターリン時代に脚光を浴びたマカレンコは、悪しき社会主義者の典型として、スターリンとともに全否定されなければならなかった〔片岡編、一九七五、二八頁〕。*

*松田自身、ペトラシェフスキーらによってフーリエの思想がロシアに広められた点を紹介しているが〔松田、一九九〇b、四五頁〕、松田の言う「たのしい集団」づくりの思想史的原点とも言えるフーリエと規律的な集団をめざすマカレンコとのあいだに、ある種の類似性があることはつとに指摘されている〔Zeldin, 1969, pp. 146-148〕。この比較の視点から、「たのしい集団」の「規律的集団」への反転可能性の問題もまた議論しうると思われるが、松田にはフーリエはまったく念頭にないようである。

松田のマカレンコ批判は、むしろ家庭教育論において生彩を放っている。マカレンコが矯正を試みた「浮浪児」は、帰るべき家庭の存在しない、家庭をまったく知らない子どもたちである。それゆえ、「浮浪児」の矯正は、もっぱら集団教育のなかの規律訓練として行なわれ、そこに協力すべき家庭教育が不在だった。本来、幼児教育は、家庭教育と集団教育の両輪で成り立ち、その分担、均衡を考えなければならないはずだが、マカレンコには、そのような意識は希薄である。というよりも、家庭教育独自の役割と機能に関して、マカレンコは充分な考察を果たしていない、と松田は考える。「集団保育」は自らが率先して日本に導入したものであるとはいえ、それが家庭における教育や育児と切り離されて一人歩きしてしまうことに対する松田の警戒心もまた、そこに読み取ることができる。

『マカレンコ全集』第五巻に収録されている「講座　子どもの教育について」は、松田が赤で傍線を引き、書き込みを行ないながら読み込んでいる。マカレンコによれば、家庭もまたソビエト社会の集団の一つとしてあり〔マカレンコ、一九六四―六五b、五巻、三一〇頁〕、その家庭において親の権威の主要な土台となりうるのは、「親たちの生活としごと、市民としての風格、行為」（同、五巻、三二二頁）であるという。家庭においても、単なる従順が求められているわけではない。「いわゆる従順ということは規律ある人の特徴としてはまったく不十分なもの」であり、「なんのために、なぜあれこれの命令をやりとげなければならないかを理解しているばかりでなく、その人がみずからできるだけよくそれをはたそうと積極的に努力すること」（同、五巻、三二五頁）、つまり「自発的・積極的な従順」が求められている。

また、子どもの「遊び」については、松田と同様にそこに「創造の喜び」を見出そうとするが、しかし、それは「社会的生産」に直結したものとして捉えられている。「労働への準備、人間の労働能力の教育こそは未来のいい市民かわるい市民かを準備し教育することであるだけでなく、その子の未来の生活水準、その幸福を育ててあげることでもあります」（同、五巻、三五二頁）とマカレンコは言う。そして、「ソビエト国ではどんな労働でも創造的な労働になるはず」（同、五巻、三五三頁）であり、「家庭の生活で子どもをごくはやくから労働に参加させてほしいと思います」（同、五巻、三五六頁）と述べている。

マカレンコの幼児教育論においては、家庭は、ソビエト社会の集団の一つとしてその他の集団と同様の規律と効率が求められ、親子の関係も他の集団と同様の構造が要求されている。「彼は家庭教育論としての特別の個別的原理を展開しているわけではない。むしろマルクス主義にもとづく訓育論を家庭教育の分野にも貫徹しているといったほうが正しい」（藤井、一九九七、一八七頁）とソビエト教育の専門家からも指摘されている。松田は、このようなマカレンコの発想に対して真っ向から反対する。

「家庭は子どもを養育するためにだけある社会の制度とはかんがえないのです。家庭という場所でのみ、人間はその非合理的な面を処理できる。そこで、男と女とが、おたがいに非合理的な人間になることによって、社会的には合理的に生きていけるように調整できるのです。そのために、プライバシーというものがみとめられているのだとかんがえます。」〔松田、一九六五a、三二頁〕

ここに、松田道雄の真骨頂の一つを見ることができる。家庭は、まずは、男と女とが生身の人間として剝き出しの自己をさらけ出し、すり合わせる場として存在している。そこには、他の社会集団におけるような儀礼や規律は求められていない。その生の葛藤を子どもたちは否応もなく見て、感じて、あるいはそこに参与して、自己のモラルや美意識を醸成していく。言わば弱くて、みじめな存在である者同士の、理性的判断以前に行なう感情的、情念的な愛着と反発、対立とすり合わせといったドラマが家庭では繰り広げられるのである。家庭は、その意味では社会的に「模範的」なものである必要はない。はじめて子どもをもった若い母親や父親が「立派」であることは、そもそもありえない。頼るべき者もなく、手探りで、おろおろしながら子育てを行なう若い親たちを相手に、松田は『育児の百科』を書いた。

5　集団保育の日本的伝統

松田は、ソ連で見聞した「集団保育」の実態から、そして関西保育問題研究会等を通して、「集団保育」のあり方を模索した。その過程で「政党員」との間の確執が大きくなり、「政党員」との関係を振り切るためにも、その背景にあって絶大な影響力をもっていたマカレンコの理論を批判しなければならなかった。しかし、「集団保育」それ自体の価値は終生松田のなかにあり、『育児の百科』を何度改訂しても、「集団保育」に関する記述を削除することはなかった。

だから、本来松田が行なうべきマカレンコ批判は、「集団保育」や「集団教育」の分野における理論的なものであってしかるべきだが、松田はむしろ、集団教育と家庭教育との連携という方向で議論を詰めていく。「集団保育」を論じながら、図らずも「家庭」とは何かという問題を浮き彫りにすることとなった。

ここで、松田が育児をしきたりと科学の結合と捉えていた点を振り返ってみよう。『育児の百科』の執筆の動機として、母親たちが連綿とつづけてきた育児の叡知の活用という発想があったことはすでに述べた。その「しきたり」の源泉として、松田が着目したのが貝原益軒《かいばらえきけん》だった。中央公論社の「日本の名著」シリーズの『貝原益軒』(一九六九年)は、松田が責任編集を担当しているだけではなく、収録されている六作品のうちの五つ、『大和俗訓』(一七〇八(宝永五)年)、『和俗童子訓』(一七一〇(宝永七)年)、『楽訓』(一七一〇(宝永七)年)、『家道訓』(一七一一(正徳元)年)、『養生訓』(一七一三(正徳三)年)の現代語訳を行なっている。* 一九六七年に『育児の百科』、一九六九年に『貝原益軒』、一九七〇年に『ロシアの革命』という、まったく異なるジャンルの大著をつづけざまに刊行していることになる。

なかでも、「幼児教育を書いた古典として、ほとんど唯一の書」(松田、一九六四c、一九四頁)たる『和俗童子訓』については、『日本式育児法』(講談社現代新書、一九六四年)のなかではやくも取り上げられている。

＊熊本学園大学松田文庫には、江戸期の和綴本が三〇〇冊（タイトル）以上収められている。松田の読書領域の広さを窺い知ることができる〔松田、一九八三a、七八頁〕。

松田は、益軒が『和俗童子訓』において、幼児教育として強調している点は、「いとけなき時より、はやくおしゆべし」、「小児をそだつるに初生（生まれたとき）から愛を過ごすべからず」、「人品よき師」を求めて「交わる所の友をえらぶ」の三点であると指摘している〔松田、一九六四c、一九四頁〕。簡単に言えば、子どもの教育は早くから実施せよ、過剰な愛は慎め、よき先生と友人を選べ、という三点になるが、この解釈が若干奇妙である。「これは、私たちが、幼児の教育は家庭で母親だけがかかりきりになっていてはだめだ、はやく、よい集団のなかに入れて、集団教育をあわせて行なわないといけない、といっていることと原理はおなじです」〔同、一九四―一九五頁〕と松田は説明している。果たしてそう解釈できるだろうか。

「早くから教える」という点は、具体的には「子どもは十歳にならないうちに早く教え戒めないといけない」〔松田編、一九六九、二〇九頁〕とあるので、「幼児保育」のこととは言い難い。師についても「子どもに学問を教えるのには、はじめから人品のよい師をさがすがよい」〔同、一九五頁〕とあるので、これも「幼児保育」の問題ではなく、友人については「無頼の小人はきっと酒色とみだらな音楽を好み、また博打《ばくち》を好んで諫《いさ》めてもきかず、恥をしらず、友だちを誘惑して悪くするものである」〔同、一九六頁〕とあり、交遊に関する一般論を言っているに過ぎない。父母が子どもをかわいがり過ぎるのを諫めて、家庭の外に出すことを奨励している箇所はある。「昔中国で子どもが十歳になると、外に出して昼夜師にしたがって教室に住まわせ、ふだんは父母の家におかなかった。……だから父母の側をはなれ、昼夜外に出して師の教えをうけさせ、学友に交わらせると、怠慢にならず知恵が日々進歩し、行儀も日々正しくなる」(同、二〇六頁)。しかし、こうした箇所から、「貝原益軒がいまいたら、彼は幼児の教育を、密室のなかの母親にまかすでしょうか、それとも、もっといい保育園をつくれというでしょうか」(松田、一九六四c、一九五頁)という二者択一の問いを立てるのは、どう考えても牽強付会と言わなければならない。

このように苦しい解釈を施すのは、「集団保育」の源泉をソ連にのみ求めるわけにはいかない、日本の伝統的文化のなかにその根を見つけなければならない、という「政治的」な思惑によるものだろう。益軒をもちだすことで、松田は「集団保育」をめぐるイデオロギー的な議論について一定のフリーハンドをもつことができた。

そして、もう一つ、これもやや強引ながら、松田は「集団保育」の源泉として、集団主義教育と原理的に対立するルソー『エミール』を援用することになる。

第六章　ルソーをめぐる葛藤

1　回想の大正自由教育

第二三回毎日出版文化賞の審査委員として、松田道雄は、中野光《あきら》『大正自由教育の研究』（黎明書房、一九六八年）を推薦している。中野によれば、謹呈もしていない見ず知らずの松田から、出版直後に一読者として手紙が届けられたという。

「一昨日、貴著『大正自由教育の研究』の出たのを知り、昨日入手し、本日一息に読みました。……私自身、自由画と自由選題で育った大正の子なので、以前から大正の教育のことを知りたく思っていましたが、私の視野にはいってくる本ではよくわからなかったのが、あなたの本で眼があいた感じです。」（中野光、一九九八、vi頁）

『毎日新聞』一九六九年一〇月三〇日掲載の松田の「選評」には、次のように書かれている。

「生徒に好きな絵をかかせる「自由画」や生活に即して自由な題でつづり方をつくらせる「自由選題」は、大正の自由教育の成果であり、今日も伝統として小学校の教育のなかに生きている。／この大正自由教育は、大正デモクラシーの余波として考えられがちだが、著者はそれを明治以来の小学校の先生の自由への願いのうえに実をむすんだものであることをあきらかにした。／著者の両親が小学校の先生で、父君は迫害されながら自由教育をまもった人であった。その父君の蔵書に大学図書室には存在しない先生たちの抵抗の記録がのこされていた。著者はそういう文献を自由につかって、いままでの教育学者の視野からかくされていた面に光をあてることに成功した。いわば、親子二代かかってつくった教育の書である。」

ここには、松田自身が自己のアイデンティティのありかを突き止めたような興奮が見てとれる。

一九〇八（明治四一）年、松田道雄は、医師・松田道作の子どもとして、茨城県結城郡水海道町《みつかいどう》（現在の常総市）に生まれた。出生直後に京都の聖護院《しょうごいん》山王町に引っ越し、翌々年には丸太町仲小路に移っている。一九一四（大正三）年、父親が開業するために、烏丸蛸薬師《からすまたこやくし》に移り、その翌年に道雄は明倫小学校（一九九三年に閉校後、建物は改修保存され、京都芸術センターになっている）にあがっている。一九一五年秋の京都は、第一次世界大戦による成金などで賑わっていたという。当時は、町のなかでも子どもの遊び場にことかくことはなく、野球やメンコや竹トンボ、竹馬など友だちとの遊びに思う存分興じることができた。その幸福な少年時代の記憶が、松田の幼児教育論の原型となっている。

ところで、松田の言う「大正自由教育」は、一九一九（大正八）年、道雄が小学校五年のときにやってきた。それまでは、「小学図画手本」をまねてかく「臨画」であったのに、画家の角田《つのだ》素江《もとえ》（本名：茂）が赴任してからは、人物でも何でも好きなものをかくことになった。また、芦田松太郎が担任になってからのクラスの変貌を松田は次のように書いている。

「生徒のなかにある一切の可能性をひきだすために、生徒のあらゆる自発性を鼓舞された。自発性をひきだすために先生は、いままでになかったものをもってこられた。それはバック台、走り高跳びの器具、三段跳びのための砂場であって、既成のカリキュラムでなかった。

奇蹟のようだった。クラスのなかのひとりひとりが蘇生した。前年までの「でけん子」のなかからジャンプの名手だの、特異な画家だの、リアリストの作文家だのが誕生した。」〔松田、一九七一a、一九頁〕

では、何がこのような大正自由教育を可能にさせたのか。松田の個人的述懐によれば、大正自由教育は、明治期の天皇制臣民教育への良心的な小学校教師たちの集団的対抗運動であったかのように見えてくる。しかし、中野は、大正自由教育運動に対して決して手放しの賞賛を与えてはいない。むしろそれは、「巨視的には帝国主義的発展段階におけるブルジョア民主主義的イデオロギーに支えられていた」〔中野光、一九九八、一八頁〕という一般的前提のもとで理解されなければならない。具体的に言えば、「学習方法の次元における改革運動にとどまり、教育内容政策に対するインパクトはきわめて微弱であった」〔同、二七一頁〕と評価されている。私立帝国小学校創設者の西山哲治にしろ、明石女子師範学校附属小学校の及川平治や奈良女子高等師範学校附属小学校の木下竹次にしろ、「教育内容においては国家権力の統制を殆ど容認してしまって」いて、「教育内容のデモクラティックな改革についてはほとんど何もふれなかった」〔同、二七一頁〕と中野は見ている。わずかに教科内容の改革に結びついた例として芦田恵之助が切り開いた国語科・綴方等が挙げられているに過ぎない。結局、大正自由教育運動の担い手たちも含めて、教育界全体が教育の民主化の方向ではなく、ファシズムのほうになだれ込んでいってしまったという重い事実を受け止めたうえで、大正自由教育の実態を丁寧に掘り起こすことの必要性を説いている〔同、二八七頁〕。中野は、大正自由教育の評価には努めて禁欲的、抑制的であり、むしろその限界を厳しく見ている点に特徴があるとさえ思われる。このような中野の解説を前提にすれば、松田が「奇蹟」ともちあげる教育内容の変化も、綴方以外は、周辺科目である図工と体育に限られていて、教科全般にわたってはいなかったことがわかる。

松田の中野の著作に対する評も、著作の意図とはすれ違っているように見える。松田の言う「明治以来の小学校の先生の自由への願い」が、本書のテーマになっているとは言い難いし、「親子二代かかってつくった教育の書」というのも、「あとがき」に書かれた小さなエピソードをあまりにも大きく膨らませ過ぎている。

松田は、小学校五年生のときの体験と実感を基にして大正自由教育をあたかも理想の教育のように受け止め、その思い出のなかの憧憬を中野の著作に投影してしまっているのだろう。そして、中野の「あとがき」を読んで、著者の意図とは無関係に、天啓に打たれたような興奮を覚えた。

旧制中学生だった中野が、小学校の教師をしていた父親の本棚のなかから教育関係の本を手にするシーンが「あとがき」のなかにあり、そこにはこう書かれている。「もちろん、理解の程度ははなはだあやしいが、三浦関造訳『エミール抄』福島政雄訳『隠者の夕暮』などもひもといてみた本の中に入っている」〔同、二八四頁〕。また、後に恩師となる梅根悟が、『新教育への道』〔誠文堂新光社、一九四七年〕で、「ルソーやペスタロッチの民主主義的思想や実践」を、「われわれに今後の実践方向を示唆し、はげます教育的エネルギーの源泉だ」〔同、二八四頁〕と説いていることを紹介している。おそらく、ここで、松田のなかにルソー『エミール』と大正自由教育が一瞬にして結びついた。いやむしろ、少年の日の美しい光景の秘密を解く鍵が『エミール』のなかにあると思い込んだのだろう。

因《ちな》みに、中野の著作では、「あとがき」以外にルソーや『エミール』に言及した箇所はない。大正自由教育に影響を与えた思想家としては、デューイ、ジェームズ、エマーソン等の名前が挙げられているだけで、具体的な思想上の影響関係については何も考察されていない。

2　幼児教育とルソー

当時の松田は、京都大学人文科学研究所のルソーに関する共同研究に参加していた。その成果報告書である桑原武夫編『ルソー論集』(岩波書店、一九七〇年)に、「日本の幼児教育とルソー」という論文を発表している。*共同研究参加者のなかで松田だけがアカデミック・キャリアをもたず、しかもルソーに関してはズブの素人のはずだが、この論文は、人文研内部でも一定の評価を得ていたようである。樋口謹一は、「もっとも最近の共同研究の成果たる『ルソー論集』において、松田道雄氏の「ルソーと日本の幼児教育」が、これまでの研究の欠落部をうずめた点で劃期的ですらあった。／この松田論文でとくに注目すべきなのは、これまで知られなかった三浦関造による『エミール』訳業の新発掘である」(樋口、一九七二、一四五頁)と述べ、松田論文に触発されるかたちで、三浦関造訳『人生教育エミール』の詳細を紹介する論文を書いている。

*京大人文研の研究会資料(熊本学園大学松田文庫貴重書整理番号124)を見ると、松田は、一九六七年九月二九日に「『エミール』論」を発表している。そこで松田から提起された問題点は、「ルソーの生活と作品は〃心情と精神

の矛盾〟によって解釈すべきではないか」、「『エミール』は危機状況の教育論、すなわち体制側の子供に向けられたものではないか」、「子供には一五才まで政治教育をしない理由はなにか」、「ルソーの女性教育論を今日どう受けとめるか」、といった一般論であり、この時点では、最終的な成果である「日本の幼児教育とルソー」に直接関連するテーマは何も議論されていない。

『エミール』の最初の完訳は一九二四(大正一三)年、平林初之輔によるものであるが、実は抄訳はそれまでにも出ていた。明治期にすでに『エミール』は読まれ、大正自由教育の「かくれた支柱になっていた」(松田、一九七七a、二七二頁)、というのが松田の論文の第一の主張点である。

松田は、明治維新以降第二次世界大戦終了までの近代日本の政策を、人民の総動員体制をつくることに求め、その教育は完全な国家統制のもとにあった、と指摘する。人民の道徳的従属は、一八九〇(明治二三)年の「教育勅語」によって完成し、ルソーが明治の教育のなかに入り込む余地はなかった。輸入する教育思想は、ドイツ一辺倒でその代表たるヘルバルト教育論は「強化、規律、訓練」の三つによって成り立つものだった。

松田によれば、ルソー『エミール』の最初の抄訳は、山口小太郎・島崎恒五郎訳『エミール抄』(開発社、一八九九年)である。訳者はこれを家庭教育の本として、現行の学校教育批判にならないよう注意している。大村仁太郎は『児童矯弊論』(一九〇〇年)において、ルソーを著しく曲解し、伊賀駒吉郎は『日本教育学』(一九一〇年)において、ルソーを理解したうえで、極端な個人主義として拒否している。しかし、一九一三(大正二)年には、三浦関造訳『人生教育エミール』(隆文館)が刊行され、三カ月で六版というたいへんな売れ行きを見せたという。

大正自由教育のピークは、一九二三（大正一二）年につくられた池袋の「児童の村小学校」と言われるが、この学校の活動メンバーがルソーの影響を受けていたかどうかを松田は確かめている。中心的な教師だった野村芳兵衛に手紙を送ると、創立者の野口援太郎が『エミール』のことをよく話していたことはわかったが、野村自身を含めて、「多くの人たちもエミールという言葉をきいていただけで、読んだ人は少かったのでないでしょうか」（松田、一九七七a、三一四頁）という回答を得る。

松田は、自ら多大な恩恵を被った大正自由教育を半ば手放しで賞賛し、それを批判的に分析することをしていないが、同じように、ルソーも自由教育の思想家として無批判に許容し、この二つがどこかで結びつくはずだという仮説のうえに推論を行なっているように見える。「及川平治だとか木下竹次とかの文章の引用にはルソーの名はでてこないけれども、自由教育をおしすすめていた人たちはルソーをよんでいたのでないだろうか」、「大正時代に教職についていた人たちはルソーの名をあげないで、自由教育をルソー流にやっていたのでないだろうか」（同、三一三頁）。

仮に、大正自由教育の担い手たちがルソー『エミール』を読み、それを自分たちの実践に活かそうと考えたとしても、そこにはいくつもの難題があったはずである。

まず第一に、ルソーの思想は正しく翻訳され、紹介されていたのか、という基本的な問題がある。松田は、『エミール』の初訳を一八九九年の山口・島崎訳としているが、現在の段階では、それ以前に一八九七年の菅學應訳『児童教育論』（文遊堂）のあることが確かめられている。これは、抜粋英訳版をさらに恣意的な省略をして邦訳したもので、「〔『エミール』の〕ゆがんだ虚像をねりあげることに手を貸す」（坂倉、二〇一三、二九頁）ことになったと辛辣に評されている。また、松田の紹介している三浦関造訳にしても、これを詳細に検討した坂倉裕治によれば、底本すら定められない、「自由訳に近い」もので、重大な省略や書き換えが散見されるという。つまり、ルソーの思想を忠実に翻訳することはそもそも意図されていない。「教師と生徒の麗しい信頼関係のもとで、権威的にふるまうのではなく、書物の無味乾燥な暗記を強いるのでもなく、生徒の興味関心に訴え、生徒が生き生きとした体験に基づいて嬉々として学ぶよう援助することに徹する」という、「近代の黎明期の日本の教育関係者たちが求めたもの」が、そのまま『人生教育エミール』に反映されていると結論づけている(坂倉、二〇〇九、二〇二頁)。この批評は、松田の『エミール』読解にもそのまま当てはまるものであるかもしれない。

『エミール』が当時の自由教育の理念に適合するように恣意的に解釈されたとすれば、その邦訳本が当時読まれたかどうかはたいした問題ではなくなる。ルソーの邦訳本は自由教育の理念を補強するものとはなったかもしれないが、「自由教育」の理念そのものは、ルソーを源泉とするものではなく、ルソーの翻訳以前にすでに形成され、一部の教育関係者のあいだではある程度共有されていたと考えるほうが、『エミール』翻訳の事情に沿ったものと言えるだろう。

また、『エミール』は家庭教師と子どもとの一対一の関係を描いたものであるから、それをそのまま直接に学校教育の現場に活かすことはできないはずである。ルソーは学校教育そのものを否定するところから『エミール』を始めている。そのルソーの否定の意味を了解したうえでないと、学校教育への「応用」はそもそも不可能である。ルソーが地下水脈のように流れていたとする大正自由教育の実践者たちがその問題をどのようにクリアしていたのかという点については、松田の論文は何も示していない。

松田の論文「日本の幼児教育とルソー」の第二の主張点は、戦後の幼児教育とくに集団保育におけるルソーの重要性である。戦後、働く母親たちが保育園をつくる運動を展開するなかで、集団保育に積極的な意義を認める城戸幡太郎らの学説が浮上してくるが、結局、集団保育に関してはソ連の理論、もっぱらマカレンコのものが広範な影響力をもち、ルソーの名前は取り上げられなかった。しかし、先に見たとおり、ソ連の社会主義のあり方に対するのと同様に、マカレンコの教育理論にも松田は批判的である。それは、「社会主義」の大義のもとに語られているとはいえ、事実上は支配者の視点からの教育論であり、構成員の組織への「自発的・積極的な従順」を基礎に据えるものだった。松田は、その理論に対抗的なもの、つまり支配される側、教育を受ける側の立場を基本に置いているものとして、ルソーの教育論を位置づけ、『エミール』の次の箇所を引用する。

「そこで、わたしたちがわたしたちと同じような人間にたいして愛着をもつのはかれらの喜びを考えることでなくむしろ苦しみを考えることによってなのだ。そこにわたしたちはいっそうよく、わたしたちの本性と一致するものを、そしてわたしたちにたいするかれらの愛着の保証となるものをみるからだ。わたしたちに共通の必要は利害によってわたしたちを結びつけるが、わたしたちに共通のみじめさは愛情によってわたしたちを結びつける。」〔ルソー、二〇〇七、中、三三頁／松田、一九七七a、二九八頁〕

ここでは、人間の社会性の根拠が「利害」や「効用」ではなく、「弱さ」や「みじめさ」に求められていて、ルソーを他の啓蒙思想家から分ける独自性を示す箇所であることは間違いない。そして、

『エミール』においても頻出する他者への「あわれみの情pitié」という概念こそが、もっぱら「自己保存」を原理とするホッブズ等にはない、ルソー独自のものであるとして、『人間不平等起原論』に遡っていく。

「それはいくつかの状況において、人間の自尊心の激しさを和らげ、あるいはこの自尊心の発生以前には自己保存の欲求を和らげるために、人間に与えられた原理であって、同胞の苦しむことをみるのが生まれながらにきらいなことから、人間が自己の幸福に対していだく熱情を緩和する原理である。わたしは、人間の徳を最もひどく中傷する者といえども認めざるをえなかった、たった一つの自然の徳を人間に認めても、なんら恐れるべき矛盾を犯しているとは思わない。わたしはあわれみの情のことを言っているのだが、それはわれわれのように弱く、多くの不幸におちいりやすい存在にはふさわしい気質なのである。」〔ルソー、一九六六、一四二頁／松田、一九七七a、二九九頁〕

現在の集団保育のなかで、ルソーの理論が取り上げられなければならないのは、「集団における個人」はもはやマカレンコの理論では捉えられないからである。「集団のなかに完全に同化できない子ども、疎外された子どもの出現」〔松田、一九七七a、二九五頁〕が普遍的で切実な問題としてクローズアップされている以上、根底に「あわれみの情」を据えた、一人一人の子どもの内面と向き合う教育が必要になってくる〔松田、一九七九―八一、二巻、二七頁〕。集団保育のあり方も、ルソー『エミール』という原点から捉え返してみなければならない、と松田は考える。

このように見てくると、松田の幼児教育論は、基本的に「個人主義＝ルソー」対「全体主義＝マカレンコ」の図式で表わされているように思われる。松田自身が体験した大正自由教育の誇るべき遺産の源流としてルソーが想定され、それは明治以来の帝国日本の富国強兵策に対抗的なものとして現われる。戦後民主主義のなかでなお規律訓練型の集団教育が蔓延《はびこ》ったのは、戦前・戦中からの継承ではなく、むしろスターリン主義的な教育理論としてのマカレンコ理論が広く援用されたからであり、これに対抗する教育理論として、ルソーが重要視される。ルソー『エミール』の世界は、返るべき教育の理想のように捉えられている。

松田は、一九六七年の講演では、「マルクスよりもルソーのほうを読んでいる。……ルソーのほうがおもしろいのです。……ルソーのほうが、より多く文学的であり、より少なく哲学的である、というようなところにあるかと思います」(松田、一九七七a、二四二頁)と述べ、ルソーへの心情的な愛着を語っている。マルクス主義に代わるものとして、ルソーの人間的な思想が松田自身の信条の支柱に据えられているようにも見える。

しかし、ルソーがまさに矛盾の人であること、教育学の古典と言われる『エミール』にもさまざまな問題点のあることとは、京大人文研のルソー共同研究に参加した松田が知らないはずがない(桑原編、一九六八/一九七〇)。その分厚い研究史の蓄積を知っている者には、そう簡単にルソーを賞揚することはできない。松田は、マカレンコに対抗すべきものとしてルソーを取り上げるが、ルソーのなかにマカレンコと同質なものはないのだろうか。

3 『エミール』の医学概論

松田『育児の百科』の後継として刊行された『育育児典』を山田真とともに執筆した小児科医の毛利子来は、一九七九年に『新エミール』(筑摩書房)というエッセイ風の育児書を著している。現在の子どもは「自然から切り離され、おとなによって理解されず、厳しく自由を拘束された状態にある」(毛利、一九八五、九頁)という点で、ルソーの同時代の子どもたちよりもむしろ深刻であり、いまこそ『エミール』の復活が必要だと説いた書物である。毛利によれば、ルソーの「子どもの発見」は、ルソーの意に反して、子どもの主体性を奪うものとなってしまった。「いま、子どもたちは、「発見」の目に射すくめられているようにみえる。なにかというと検査され、精神までも判定され、頭ごなしに「治療」や「匡正」や「指導」を加えられる」(同、一四頁)。子どもを「再発見」し、「支配と従属の関係から、対等と信頼の関係へ」(同、一六頁)という転換が行なわれるべきことを主張している。

毛利がこの書を著した動機は、医学・医療批判であり、小児科医としての自己批判だった。「小児科の医者というものは、子どもを丈夫に育て、病気にならぬよう、そして、もし病気になったら一刻も早く治すよう努めるのが、使命であると、久しいあいだ考えてきた」(同、二二七頁)。おそらく、現在でも多くの小児科医は、このように考えていることだろう。しかし、毛利は、障害児との出会いによって、この一見まっとうに見える考え方に、「恐るべき非現実性と残酷さが潜んでいる」(同、二二九頁)ことを発見する。「病気」は、赤ん坊が病原体に対して免疫体をつくっていく過程でもあるのだから、「普通の病気はしたほうがよい」し、「普通の環境にある病原体に慣れ親しむ」(同、九一頁)ことのほうが重要だということになる。環境への適応過程である「病気」の症状を治療薬によって人工的に「改善」することは、危険な行為であることが忘れられている。またそれ以上に、「健康」と「正常」を善とすれば、「虚弱」や「障害」や「異常」はすべて否定の対象になってしまう。医学という客観的な科学が、社会的には差別や排除を生み出す根拠となってしまっている、という恐るべき実態がここにある。

毛利が、この著作に「新エミール」というタイトルをつけたことは、本人の説明以上に、ルソーへの深い洞察を含んでいるかもしれない。というのは、毛利の著作の後で、ルソー研究の泰斗であるスタロバンスキーが『病のうちなる治療薬』(一九八九年)を刊行し、「『エミール』と『社会契約論』は、病自身を病に対抗させるという原理にもとづく壮大な計画を理論として展開した」という大胆な仮説を提起したからである。スタロバンスキーは、ルソーの「反医療」の思想を、「最悪の病は、治療薬を用いることのうちにある。病に治療をもたらしうるのは、ただ自然か〈完璧な〉技術かのみであって、われわれの不完全な技術がなしうるのは、つまるところ薬物に頼って害を与えることでしかない」(スタロバンスキー、一九九三、二〇二頁)とまとめている。『エミール』のとくに第一編・第二編には、痛烈な医療批判が散見されるが、病それ自体のなかに病の治療薬があるという発想は医療の分野に限定されるものではなく、逆に、「悪徳と紛争の原因を「徳」へと変える」(同、一九九頁)という社会的、政治的な問題意識の隠喩でもあるということである。

では、『エミール』のなかの反医療の思想を具体的に見ていくことにしよう。全五編のうち、エミール少年の誕生から一歳までを扱った第一編、一歳から一二歳までを扱った第二編に、それは集中して現われる。松田『育児の百科』が扱っている〇歳から六歳までの範囲と重なっている。『エミール』の主眼は、副題にあるとおり「教育」であるとはいえ、この時期の「教育」は「育児」や「保育」と重なっているので〔ルソー、二〇〇七、上、三九頁〕、そこに医学的なまなざしが不可欠のものとして入ってくる。

『エミール』全体の概論的部分でもある第一編では、まず「私」が家庭教師としてどのような子どもを望むかという問題に関連して、医学への考察が行なわれている。「肉体は魂に服従するために頑丈でなければならない」〔同、上、七〇頁〕と宣して、「虚弱な肉体は魂を弱める」ゆえに、病弱な子どもの家庭教師になることは拒否している。「自分の体をまもることばかり考えていて、体が魂の教育をさまたげるそういう生徒はごめんだ」〔同、上、六九頁〕。子どもが病弱、虚弱な場合には、医学がそこにつけ込んでくる。

ここから、ルソーの激烈な医学・医療批判が始まる。治療行為それ自体が、身体にとって有害になるという直接的な批判と、治療という人工的な技術によって、自然治癒力を失わせ、さらにはその人の魂を殺してしまうという文明論的な批判の二つに分かれる。

「かれらがなおした病人のうち幾人かはかれらがいなければ死んでいたかもしれない。しかし、かれらが殺した数百万の人は生きていたことだろう。」〔同、上、一三九―一四〇頁〕

「医学はそれが治療すると称するすべての病気よりも人間にとっていっそう有害な技術だ。わたしは医者がどんな病気をなおしてくれるのかは知らない。しかし、医者がひじょうに有害な病気をもたらすことを知っている。臆病、卑怯、迷信、死にたいする恐怖などがそれだ。医者は肉体をなおしても、心を殺してしまう。かれらが死体を歩かせたところでなんの役にたつのか。わたしたちに必要なのは人間だ。人間が医者の手から出てくるのを見たことはない。」〔同、上、七〇頁〕

『エミール』が刊行されたのは一七六二年である。ルソーは「医学はこんにちたいへんはやっている」〔同、上、七〇頁〕と書いているものの、もちろんまだ「近代医学」は誕生していない。フランスの医学は、大革命以後一九世紀初頭にかけて、パリ学派が登場し、正常と異常等をめぐって今日的意味をもつ議論が行なわれているが、実際の医療は、「中世医学以来の瀉血や浣腸や薬草からの薬剤の投与と、医師と認められない「床屋外科」の素朴な外科的手術・整形外科的手技だけという状態」〔佐藤、二〇一三、一二四頁〕と言われている。ルソーの時代は、「病因論、病理学に未だ近代が到来せず、医者がさまざまの独自の、あるいはお仕着せの理論に基づいてそれぞれ勝手な治療のプログラムを立てていたいわば盲目飛行の時代」〔川喜田、一九七七、上、三九三頁〕だった。

したがって、ルソーの批判は近代医学・医療に対するものではありえないにもかかわらず、それは、たとえばイリッチの近代医学・医療批判にきわめて近いものになっている。イリッチは『医療の限界（邦題：脱病院化社会）』〔一九七六年〕のなかで、「医原病」つまり医学・医療がもたらす病を「臨床的医原病」「社会的医原病」「文化的医原病」の三つに分類して考察している。「臨床的医原病」は、「医原病」の基本とも言えるもので、医療を受けたがために患者が不必要に被る不利益全体を指すものと考えられる。現代では、薬剤の副作用や手術ミスなどが典型的なもので、「医療過誤」と言い換えることもできる。いまや、「医療過誤」は新たな疫病として猛威を振るっているとさえ言われている（ワクター／ショジャニア、二〇〇七）。さらに、「社会的医原病」は、過剰な医療化現象を指し、本来「病気」の範疇に含まれないはずの出産や老化等が医療の対象として囲い込まれていくことが問題とされている。現代では、学校で落ち着きのない生徒を「多動症」として医療の対象にするようなケースも増えている。また、「文化的医原病」は、そうした医療化の拡大の結果として、各個人が自己の身体の自律的コントロールを放棄し、「健康」に対する主体性を失っていくことを指す。

ルソーの第一の批判は、イリッチの「臨床的医原病」にそのまま当てはまる。抗生物質も発見されていない時代には、薬剤には劇的な効果を望めず、したがって劇的な副作用もなかったはずである。外科手術は一六世紀のパレの時代からあったものの、一八世紀においてもなお麻酔や消毒の技術はなく、骨折や脱臼の手当の他には、腋窩リンパ節や甲状腺の切除が最先端の技術だったと考えられる（川喜田、一九七七、上、四〇〇–四〇一頁）。患者を救うことも、死に至らしめることも困難な、低い技術水準のなかで、治療による救命と医療過誤による死亡が約一対一〇〇万と、ルソーは指摘している。医療は、救命という口実のもとで、どんなに身体に危険で有害なことをもなしうる新しい技術であると見なしているのである。

逆に、医療の不確かな技術を自覚する医者は、「安静と食養生法を主とする待機的な治療方針」（同、上、三九三頁）をとることになり、今度は、それがルソーの第二の「医原病」、「臆病、卑怯、迷信、死にたいする恐怖」を患者にもたらすことになる。仮に医療によって身体が健康を回復したとしても、魂から活力が奪われてしまえば、その人間は生ける「死体」であるに過ぎない。

「ほんとうに勇気のある人間をみつけたいと思ったら、医者のいないところ、病気の結果が知られていないところ、死ぬことをほとんど考えていない人々のなかに、それをさがすがいい。自然のままの人間はいつも苦しみに耐え、やすらかに死んでいく。処方をあたえる医者、教訓をあたえる哲学者、説教をする僧侶、そういう者が人間の心を卑屈にし、死をあきらめることができない人間にするのだ。」〔ルソー、二〇〇七、上、七三頁〕

ルソーが求めているのは、苛烈なまでの「健常性」である。疲れることを知らずに、いつまでもどこまでも走り回っているような子どもが理想であり、そこには医者は必要がない。そして、そのような「健常な」子どもに対して、ルソーは「病気に耐えること」を要求する。「この技術は医学に代わるものとなり、しばしばはるかによい結果をもたらす。これは自然の技術だ。動物は病気のとき、なにもいわずにがまんして、静かにしている」〔同、上、七四頁〕。

名医シデナムと親交をもつ医師でもあったジョン・ロックは、「いかなる医薬も予防のために子どもに与えてはいけない……またごく軽い病気の場合も、子どもには薬を与えないほうが良いし、医者を呼んではいけません」〔ロック、二〇一一、二九―三〇頁〕と語っているが、ルソーはそれを徹底させて、危篤のとき以外に医師を呼ぶことをしないと宣言している〔ルソー、二〇〇七、上、七三頁〕。病気になったときには「自然治癒力」だけを頼りにせよ、と言っているわけである。動物のように死を恐れず、いや死を知らずに活力をもって生きることが推奨されている。「医者にかからずに十年生きた人は、医者に悩まされながら三〇年生きた人にくらべて、自分にとっても他人にとっても、よけい生きたことになる」〔同、上、七五頁〕。

こうしたルソーの医療批判は、イリッチのいう「社会的医原病」と「文化的医原病」の両方を含んでいる。つまり、人間生活への医療の介入を極力抑えることによって、魂までもが萎《しぼ》んでいく「社会的医原病」を防ぎ、自然治癒力の強化によって身体の自己コントロールを十全にし、「文化的医原病」を排除しようとしている。

さらに言えば、イリッチのいう「健康」の二つの概念に関してルソーは明確な立場をとっている。イリッチは、「一つの立場では、健康とは、基本的には、操作的に検証される体調のよさであり、それは、もっぱら専門家の手で推進され、擁護され、管理されるものです。いまひとつの立場では、健康とは、基本的には、一人ひとりの人格に応じて定義され、一人ひとり違ったしかたで求められるものです」(イリイチ(イリッチ)、一九九九、二三三―二三四頁)と述べている。ルソーは、前者の「操作的に検証される体調のよさ」が幻想であることを見通すようなエピソードを掲げている。

健康と幸福を享受している人間のもとに一通の手紙が届くとする。その人は、瞬時に不幸のどん底に突き落とされてしまうかもしれない。しかし、仮にその手紙が手許に届かなかったとしたらどうだろうか、とルソーは問題を投げかける。その人は相変わらず健康と幸福を享受しているに違いない。だから、「健康、快活な気分、快適な生活、満足感、それらはもはや幻想にすぎない。わたしたちはわたしたちがいるところにはもはや存在せず、わたしたちがいないところにだけ存在する」(ルソー、二〇〇七、上、一四三頁)ということになる。この「手紙」を「診断書」と考えれば、ルソーは「一人ひとりの人格に応じて定義され、一人ひとり違ったしかたで求められる」健康観を提示していることになるだろう。イリッチは、ルソーの医学思想を「注意深く整序された豊かな思想」(Illich, 1976,

p. 158／訳、二八四頁）であると認めている。

ルソーの反医療の思想は、同時代の世論の反映であるとも見られるが、近代医学・医療にまで通じる透徹した批判を論理的に展開しえたのは、まさに、「自然」の力を信じ、それとの対比において人為の医学・医療を「いつわりの技術」（ルソー、二〇〇七、上、七二頁）として告発するという基本的姿勢にあったと言えるだろう。そして、その背景には、ルソー自身の病気体験があったと思われる。『告白』（一七八二―八九年）や『孤独な散歩者の夢想』（一七八二年）には、自身の病気に関する記述が散見される。そこには、ルソーの症状と治療行為の実際が具体的に書かれている。ルソーは生まれつき膀胱の構造に欠陥があったとされ、尿閉症に悩まされた（ルソー、一九六五―六六、中、一三四頁）。「煎じ薬、温浴、瀉血」（同、中、一四〇頁）といった治療も効果がないばかりか、事態を悪化させるばかりだった。「十五年の経験は、むだではあったが、わたしに教えてくれたのだ。いまでは自然の法則だけに従うことにして、それで昔の健康を取り戻している。たとえ医者仲間がほかに私に恨みはないとしても、かれらの憎悪に驚くことがあろうか？　わたしはかれらの技術のむなしいこと、その診療がなんの役にもたたないことの生きた証拠なのだ」（ルソー、一九六〇、一一五頁）。

ところで、こうした医学批判に対して、医師である松田はどのような見解をもっていたのだろうか。熊本学園大学松田文庫のなかには、『エミール』の平林訳と岩波文庫三巻本の今野一雄訳の二つが収蔵されているが、とくに今野訳は、ガルニエ版の原書〔Rousseau, 1939〕を参照し、マスターズ『ルソーの政治哲学』（一九六八年）〔Masters, 1968〕を手引きにしながら綿密に読み込んだ跡が見られる。ただし、夥しい数の傍線が引かれてはいるものの、書き込みはごくわずかである。たとえば、「もともと、人間にとっては、自分の食欲よりもたしかな医者はいない。そして、人間を原始状態において考えれば、その時かれがいちばんうまいと思った食物がいちばん健康にいいものでもあったことは疑いえないと思われる」(ルソー、二〇〇七、上、三三二頁)という箇所には、松田は赤鉛筆で傍線を引いたうえで、その箇所の上の空欄に「!!」と記している。先に見た『療養の設計』(一九五五年)のなかの、「食事は栄養価の問題であるよりも愛情の問題である」という箇所に呼応もしている。また、「(わたしのしていることは)子どもの遊びをいっそう楽しいものとするためにそれに変化をあたえる技術であって」(ルソー、二〇〇七、上、三二四頁)の箇所には、「『育児の百科』の鍛練と偶然にも一致」との書き込みがある。松田が『育児の百科』の問題意識を背景にして『エミール』を読んでいたことは間違いないと思われるが、他に自らの意見を記した書き込みは見あたらず、松田がルソーをどう読んだのか、という問いには答えてくれない。

「ルソーの意見を松田はどう受けとめているか」という問題について、『新エミール』の著者である毛利子来が『育児のエスプリ――知恵の宝石箱』(新潮社、一九九三年)のなかで説明している。松田はルソー『エミール』の精神をスポックにも増して引き継いでいる(毛利、一九九三、一六一頁)と評価し、とくに病気に関しては、「子どもと母親の立場に立って行なわなければいけない、という考え」を基本に、「子どもは自然治癒力が強いので、それに期待しなさい」、「注射や入院はもちろん、のみ薬でも、なるべく少なくしなさい」(同、一六九頁)という明確な方針を示しているのは、ルソーと同じ発想であると説く。

また、毛利は「松田道雄が最も怒りをあらわにする「時計版式授乳法」」(同、一六二頁)について、伝統的な民俗としての日本式育児法の主張として説明しているが、実はこの背景には明らかにマカレンコ対ルソーの対立構図が松田のなかにあったものと思われる。子どもに対する習慣づけについて、マカレンコはルソーと正反対の主張を行なっている。ルソーにおいては、「子どもにつけさせてもいいただ一つの習慣は、どんな習慣にもなじまないということだ」と述べる。「一方の腕でばかり抱いてやってはいけない。一方の手ばかり出させるようにしてはいけない。一方の手ばかりつかわせてはいけない。同じ時刻に食べたり、眠ったり、行動したりしたくなるようにしてはならない」(ルソー、二〇〇七、上、九二頁)。ルソーは子どもが自分の意思で自由に行動するための基礎は、あらゆる習慣を排除することだ、と考えている。それに対してマカレンコは、歯を磨いたりする時間を規則正しく守らせる習慣を形成することによって、社会化の基礎ができあがると主張した。「生活のすべての規則と一日の秩序とは、時間と場所とにかんして、いかなる例外も寛容さも許してはならない」(マカレンコ、一九六四—六五c、六巻、三二五頁)。松田の「怒り」は、遠くマカレンコまで伸びていると考えられる。

毛利のこのような松田評価は、その道を切り拓いてくれた先輩に対する敬意によって、批判の棘を包み込んでしまっている。育児のあり方について、実は毛利は松田に多々批判的な面をもっていると思われる。たとえば、松田の「母乳主義」(松田、二〇〇七、上、一二二—一三二頁/二〇〇二、二八四—二八五頁)に対して、毛利は、授乳の「社会的行為」の側面を考えれば、「母親が自分の身体と気分、生活と仕事のことなどを考えて、決定すればよい」(毛利、一九八五、二四頁)とする。松田にあった製薬会社等への対抗意識も、もうこの世代では前面に出てこない。松田が強調する「赤ちゃん体操」や

「鍛練」等も、それがルーティーンになれば「監獄での定時の体操」（同、三二頁）のようなものになってしまう。それよりも必要なのは、年齢の近い子どもたちとの接触であり、それができる環境にあるのなら「なにも特別に「鍛練」などに力を注ぐ必要はない」（同、三四頁）と断言する。転んだり、泥んこになることこそが、「鍛練――身体を鍛えることの基本である。トラックを走ったり、飛び箱を跳んだり、マット上で転んだり、プールで泳いだりは、大地との生の接触を欠いている」（同、一三八頁）。さらに、松田の『育児の百科』の最大の特徴である集団保育については、「ここ（保育園や幼稚園）で行なわれるものは、教育ではなくて、馴致であり管理である。……いまの日本の幼稚園と保育園は、総体として、子どもの監獄と化している。これは、園および先生の善意と熱心にかかわらない」（同、二〇九―二一〇頁）と強い否定的見解をとっている。

　重要なことは、毛利が障害児との出会いによって、小児科医として培ってきた「健康」や「治療」という医学の常識をことごとく覆されたという点にある。人為の術としての医学・医療が患者の「健康」を侵害しているという根源的な逆説を医師として背負い込んでいるがゆえに、毛利はルソーのなかに一種の「救い」を求めつづけている。松田にも、もちろん医療批判はあるが、それは、医学・医療全体を脅かすようなものではない。拝金主義の医師、不勉強な医師を批判したとしても、あるいはそのような医師を絶えず生産していく医学教育や医療システムを批判したとしても、医学・医療そのものは傷つかない。清貧に甘んじて、町医者としての人生をまっとうした父・松田道作や、修行僧のように医学研究の道を邁進した京都帝国大学医学部小児科学教室の恩師・平井毓太郎を、松田は理想の医師として憧憬していた（松田、一九七九―八一、三巻、八二―八八頁／一九六五b、一〇九―一一五頁／

一九七七b、六三―一一三頁）。自己犠牲を顧みず、人民のために尽くす、古き良き時代のナロードニキ型の医師が松田自身も目指すところだった。ところが、そのような医師の人格とは無関係に、医療行為の逆説は定立する。その点を衝いた『エミール』の医学概論に相当する部分が松田には見えていなかったがゆえに、『エミール』はもっぱら幼児教育の書として捉えられた。

4　ルソーへの懐疑

ルソー『エミール』を幼児教育の書として読んだとして、それは松田『育児の百科』にどれほどの影響を与えるものだったのか。『エミール』が「子ども」を発見した教育学の原点たる書であったとはいえ、もちろんそれを手放しで賞賛することはできない。

松田は、たとえばクロッカー『ルソーの社会契約論』（一九六八年）〔Crocker, 1968〕によって、ルソーが「作為的な全体主義者」であるという見解を知っている。

『エミール』の中心部分にあるエミールの少年時代の教育においては、ルソーは、さまざまなトリックをつかっている。一つだけ例を挙げよう。街中の市にエミールと家庭教師が出かけると、そこで奇術師が、たらいの水に浮かんでいる蠟でできたアヒルをパンで引き寄せている。家に帰ると家庭教師は、磁化された針がアヒルのなかに仕込まれていて、パンのなかには鉄屑が入っているという種明かしをしてみせる。その日の夕方、エミールは勇躍、奇術師に挑戦しに行き、喝采を浴びる。ところが、翌日には別の仕掛けがしてあって、英雄気取りだったエミールは恥をかく。明くる朝、奇術師がエミールの家にやってきて、なぜ自分の生活手段を奪うようなことをするのか、と苦情を言う。そして、家庭教師に対して、年長者として少年に忠告しなければならなかったはずだと諌める(ルソー、二〇〇七、上、三八九—三九四頁)。

このエピソードには裏があって、「この辱しめ、失敗は、だからわたしがあたえたのであって、手品師があたえたのではない」(同、上、五〇九頁)という註記から、家庭教師である「わたし」と手品師の間には最初から話が通じていて、「わたし」がこの筋書きを書いていたことが明かされる。エミール少年は、自分の意思で手品師に挑戦し、恥をかいたように見えるが、それはすべて「わたし」の描いたシナリオどおりだったことになる。

これに対しては、日本の教育学界のなかでも大きな疑問がすでに投げかけられていた。梅根悟は、『国民教育の改革——子どものための教育をめざして』(誠文堂新光社、一九六三年)のなかで、『エミール』における「教育的虚偽」について、「教師は明かにうそを言い、うそを仕組んでいる。子どもはだまされている。こうして自然な教育を説いたルソーは実は最も不自然な教育、虚偽による教育を説いていたのではないのか」(梅根、一九六三、一六七頁)と疑問を呈している。梅根は、教育的配慮に基づく虚偽が広く行なわれていることを認めたうえで、戦後の模索期のなかで志すべき教育の方向に「教育的虚偽」はそぐわないと考えた。「子どもを支配することが新しい教育であり、計画的教育であるなら、われわれはむしろそのようなものを元祖のルソーに返上すべきではなかろうか」(同、一七七頁)。*

*梅根は、『ルソー「エミール」入門』(明治図書出版、一九七一年)では、この「教育的虚偽」の問題に深入りせず、

あっさりと処理している〔梅根、一九七一、一二〇頁〕。なお、研究史において、「「術策」に訴えてまで子供を管理・統治しようとするルソーの「方法」の専制的側面を強調しようとする批判的解釈と、「術策」なるものは歴史的文脈において理解するならばそれは決してルソー固有の「方法」とはいえず、そこに過剰な権力行使や強制などは見出せないとする解釈の対立が今なお続いている」〔桑瀬、二〇一五、一七九頁〕と言われている。

さて、松田は、クロッカーの見解をまとめて、「教師はトリックをつかってでも、子どもがまったく自由にふるまいながら、教師の欲する人間になるようにしなければならぬ」、「ルソーのいう自由は、巧妙に仕かけられた、条件反射的な自由」〔松田、一九七〇b、九一－九二頁〕と説明している。

クロッカーの著作を繙いてみると、『エミール』の次の箇所が問題になっている。

「生徒がいつも自分は主人だと思っていながら、いつもあなたが主人であるようにするがいい。見かけはあくまで自由に見える隷属状態ほど完全な隷属状態はない。こうすれば意志そのものさえとりこにすることができる。なんにも知らず、なんにもできず、なんにも見わけられないあわれな子どもは、あなたの意のままになるのではないか。……仕事も遊びも楽しみも苦しみも、すべてあなたの手に握られていながら、かれはそれに気がつかないでいるのではないか。もちろん、かれは自分が望むことしかしないだろう。しかし、あなたがさせたいと思っていることしか望まないだろう。」〔ルソー、二〇〇七、上、二四八頁／Crocker, 1968, p. 24〕

クロッカーは、『エミール』において、家庭教師が意のままにエミールを操っているにもかかわらず、エミールは「自由」とされ、また、家庭教師は「子どもの主人」とされるにもかかわらず、子どもは「自分の意志の主人」とされていることに着目する。このような矛盾的な表現は、「指導は人民を自由かつ従順にする」という、ルソーの逆説的な命題の応用であると考える。「エミールは、低次の性向から、社会の圧力と「意見」から解放されたがゆえに自由である。しかし、その解放は、全面的な屈従、いやむしろ自己の没収という代償を払って達成される」〔Crocker, 1968, p. 40〕。まさにマカレンコの言う「自発的・積極的な従順」と同じ構図を示している。子どもは、命令にしたがって服従し、従順に振る舞うのではなく、自ら進んで予め決められた意図に沿った行動をとることが推奨されている。マカレンコの場合には、それはソビエト社会に相応しい人間をつくることが目的であったために理解しやすいが、なぜ「人間の教育」を語ったルソーが、マカレンコと同様の結論に行き着いてしまうのか。ともかくルソーがこの「自発的・積極的な従順」をもって教育の成果と考えたのであれば、松田のなかで対極の位置にあるはずだったマカレンコとルソーが実は同質の思想に見えてくる。

松田は、さらにコバン『文明の危機』〔一九四一年〕〔Cobban, 1941〕やシュクラール『ユートピア以後』〔一九五七年〕を参照して、『社会契約論』を含めて、ルソーの全体主義的傾向に言及している。

シュクラールは、タルモン『全体主義的民主主義の勃興〔邦題：フランス革命と左翼全体主義の源流〕』〔一九五二年〕〔Talmon, 1952〕を援用して、ルソーの「一般意志」が「何人も合法的に反対を許されないような、純粋理性によって構成された社会的命法」〔シュクラール、一九六七、二四六頁〕であり、その民主主義は、さまざまな意見をもつ全構成員が積極的に参加することを通して、自ら単一の価値体系をもつためのシステムであるという意味において全体主義的であると説明している。コバン『文明の危機』もまた、「独裁は、一般意志の理論の論理的ならびに歴史的な帰結である。……民主主義は、その上に人民主権論というものが押しつけられた形態をとる場合、その論理的コロラリーとして、一般意志の存在を要求する。一般意志として抽象理念を実践に移そうとする試みが独裁を生み出す」〔Cobban, 1941, p. 67〕と同様の見解を示している。こうしたルソー解釈を受けて、松田はこれを現代の問題に引きつけて考える。「デモクラシーというのは、かくされた手であやつられた独裁であるということだ。この独裁のなかで、自己をまったく自由とかんがえている人間が、大量につくりあげられてしまったのだ」〔松田、一九七〇b、九二頁〕。

ルソーを全体主義的に解釈することは、ルソー研究史のうえでつねに現われてくる問題である。ルソーは、『社会契約論』第一編第六章「社会契約について」で、「構成員についていえば、集合的には人民 Peuple という名をもつが、個々には、主権に参加するものとしては市民 Citoyens、国家の法律に服従するものとしては臣民 Sujets とよばれる」〔ルソー、一九五四、三一頁〕とした。ホッブズの社会契約が、結合契約をする人民の外に「主権者」を想定し、主権者に対する人民の服従契約を含む二重契約という構造をもっていたと措定されるのに対して、ルソーの社会契約は外部に第三者を必要としない閉じられた構造になっている。だから、人民の一人一人は、「主権者」であると同時に「臣民」であるという二重性を帯びることになる。この「自己統治」の理論が、人民主権の基礎を築いた。ところが、第二編になると、「目のみえぬ大衆は、何が自分たちのためになるのかを知ることがまれだから、自分が欲することを知らないことがよくある。そうした大衆が、どういうふうに、立法組織というような、あのように困難な大事業を、自ら実行しうるのだろうか？」〔同、六〇頁〕という、第一編の論理からはありえない問題を設定し、神のごとき卓越した「立法者」を想定する。これを字義どおり捉えれば、エミールと家庭教師の関係がそのまま人民と立法者との関係となって現われるということなるだろう。

「立法者」の存在を前提とせずとも、第二編第三章「一般意志は誤ることができるか」という表題の問題設定自体が「全体主義」への志向を表現しているとも考えられる。ルソーは、情報が均等に行き渡り、共同体内に「部分的結社 associations partielles」が存在せずに個人の独立的判断が保証されれば、一般意志は誤ることはないと言う。しかし、法の形態をとって現われる「一般意志」の創出に、「無謬性」の概念をもちだすことが適切だろうか。

たとえば、ハーバーマス『公共性の構造転換』(一九六二年)においては、ルソーが主張したのは「公共的討論のない民主主義」(ハーバーマス、一九七三、一二九頁)であったと指摘されている。意見の相違と対立を前提にして討論による意見の変容と妥協を目指す「討議的民主主義」を主張する人々にとって、ルソーの「民主主義」は、個別的利害と一般的利害の対立だけが焦点になっている。そこには、討議による意見の変容・創造過程が存在せず、投票行為のみが問題になるような構造になっている。

アレントもまた、『革命について』(一九六三年)のなかで次のように批判する。「ルソーの論理構造では、国民が「ひとりの人間のように」立ちあがって神聖同盟を結成するためには、外敵が国境に攻めてくるのを待つ必要はなかった。それぞれの市民が共通の敵とそれがもたらす一般利害を自分の内部にもっているかぎり、国民の一致は保証されているのだから。そしてこのばあい、共通の敵とは各人の特殊利害であり特殊意志なのである。特殊な人がそれぞれその特殊性において自分自身と対立しさえするなら、彼は自分自身の敵対者——一般意志——を自分の内部につくりあげることができ、結局、彼は国民的政治体の真の市民となるだろう。……こうして国民の政治体に参加するためには、国民一人一人が自分自身にたいして絶えず反乱を起していなければならない」(アレント、一九九五、一一七―一一八頁)。

ハーバーマスもアレントも、ルソーの一般意志導出の過程には実質上複数性・多様性が閑却されていることを指摘している。「公共的討論」もなくあたかも「ひとりの人間」の行為のように一般意志が創出されるのだとしたら、それは「人民主権」という新しい原理が要請する論理にはなっていない。ルソーは、「君主主権」の古い思考的枠組みのなかで、「君主」に擬せられた「人民」の行為を語っているに過ぎない。だからこそ、そこには「君主主権」に求められていた「無謬性」が求められることになる。* そして、ルソーは「一般意志は誤ることがない」とその「無謬性」を宣言してしまった段階で、もはや神のごとき「立法者」を登場させるほかはなかった、ということになるだろう。

＊バーリンは、保守主義者ジョゼフ・ド・メストルの政治理論の核心を、「主権は無謬性なしに、無謬性は神なしにあり得ない」(バーリン、一九八三―九二、四巻、一四〇頁)と捉えている。

5　ルソーと社会主義

ルソーの理論は、革命の理論と容易に結びつき、「ロベスピエールからレーニンやスターリンにいたるまで」(アレント、一九九五、一一八頁)影響を与えていることをアレントは指摘しているが、ルソーと社会主義との親縁性もまた古くから問題にされているところである。たとえば、共産主義を政治革命と結びつけたバブーフがルソーから一定の思想的影響を受けていたことは明らかであり(柴田、一九

六八、一二三七頁〕、「果実は万人のものであり、土地はだれのものでもない」〔ルソー、一九六六、一五二頁〕というルソー『人間不平等起原論』の有名な一節は、バブーフの革命期の論説のなかにも登場する〔バブーフ、一九八九、五九六頁〕。後世の思想家にルソーが社会主義的なインスピレーションを与えたことは間違いないだろう。

ルイ・ブランは、「彼〔ルソー〕は、近代社会主義の先駆者となるはずだった。それは不幸でもあり栄光でもあった」〔Blanc, 1847, p. 399〕という微妙な表現をしている。ルイ・ブランにとって、ルソーは一八世紀哲学の「個人主義」に抗して、「友愛」という新しい思想の側に立つ先行者だったが、しかし、彼はいっぽうにおいて、『人間不平等起原論』で未開生活の徳やすばらしさを語り、『エミール』では、社会的関係を断ったところで教育を行なっている。このようにさまざまな要素が輻輳する思想家が「近代社会主義の先駆者」となることはありえなかった〔高草木、二〇〇九a〕。実際、所有権の問題一つをとっても、『人間不平等起原論』では私的所有の発生を指弾しながら、『社会契約論』や『エミール』では私的所有を前提にして議論が展開されていると考えられる。ルソーほど多義的な解釈を許す思想家もいないのではないかと思われる。

リシュタンベルジェは、大著『十八世紀社会主義』〔一八九五年〕のなかでルソーにかかわる一九世紀の論争史を精査したうえで、その社会主義的要素についてルソーの全作品を通して総合的に考察し、ルソーは「自己の理論に実践的な射程をあまり与えていなかった」〔リシュタンベルジェ、一九八一、一五四頁〕という結論を下している。つまり、ルソーの大胆な攻撃的言説は、既存の制度を全否定しているように見えるが、現実的な改革案のレベルではその舌鋒は弱められ、妥協的なものに落ち着いてしまっている。ルソーの主張の一部を全体から切り離せば、社会主義国家の理論にもなりうるが、それはルソーの意図したことではない、ということである〔同、一五六頁〕。

もともと「社会主義」の概念は明確ではない。マルクス主義を基準にして、「労働者階級による政治権力の奪取」と「私的所有に代わる集団的所有〔国家所有〕」を指標に考えるとしたら、サン＝シモンやフーリエは、少なくとも前者の条件は満たしていない。サン＝シモンの場合は、後者の条件も満たしていないだろう〔高草木、二〇〇五〕。ピエール・ルルーも一八四〇年代・五〇年代の状況のなかでは、「社会変革に専心するすべての思想家」、「個人主義を批判し、非難するすべての思想家」〔Leroux, 1850, I, p. 376〕が「社会主義者」と呼ばれるようになったと指摘している。

松田がルソーに惹かれるのも、その「あわれみの情」の概念においてであり、おそらくはナロードニキの心情に対するのと同じような共感を抱いたのではないか、と思われる。「社会主義」全般が特徴的にもっている、弱者の救済や平等の正義といった心情は、全体への献身と裏腹でもあり、つねに全体主義的な罠にはまり込んでしまう危険性を抱えている。自発的な「あわれみの情」が制度的な「献身」にすりかえられれば、それは個人的自由への桎梏と化す可能性を否定できない〔Iggers, 1958〕。

一八四八年に発表されたマルクス／エンゲルス『共産党宣言』においても、「アソシエーション」は新しい人間関係を示すものとして現われたことはすでに述べた。「アソシエーション／アソシアシオン」は当時全ヨーロッパに波及する時代の言葉だったが〔社会思想史の窓刊行会、一九八九年／Takakusagi, 2006〕、とりわけその発生源である一八四〇年代のフランスでは、この言葉は呪術的な響きさえもっていた。「七月王政下、「アソシアシオン」という語は、ラディカルであろうと社会主義的であろうと、すべての左翼的集団を引きつけ、メシア的公式になった」〔Loubère, 1961, p. 18〕と一般に言われるが、「左翼的集団」に限らずトクヴィルらを含めて広範に、新しい社会の理念としてそれぞれの「アソシアシオン」が語られたのである。それは、フランス革命によって特権的な中間団体が根絶された後の歴史的課題として、国家と個人の間に非特権的な中間集団をつくりだし、社会を再組織化する試みだったと捉えることができる。

そうした潮流の一つの契機となったのが、サン゠シモン主義者のビュシェが一八三一年に発表した「労働者アソシアシオン〔生産協同組織〕」の構想だった〔ビュシェ、一九七九a、八八―九五頁〕。これは現行の商法・民法を前提にして労働者から共同オーナーへの道を探ったものであり、一八四〇年に創刊された労働者による労働者のための新聞『アトリエ』がこの構想を受け入れたことによって、「労働者アソシアシオン」は一つの大きな時代のうねりとなった。こうした労働者の自律的な運動を、ルイ・ブランやプルードンをはじめとする一群の思想家たちが自己の体系の内に取り入れながらさまざまな社会変革構想を発表していったのである。一八四八年二月革命によって共和政が樹立されると、立憲議会議員、同副議長に選出された『アトリエ』の主幹コルボンらが中心になって、「労働者アソシアシオン助成法〔七月五日法〕」が成立する。これは、労働運動の勝利や問題の解決を意味したわけではなく、むしろ新たな災禍の始まりであったのだが〔高草木、一九九八、九一―九二頁〕、ともかくも自律的な運動のなかから社会変革への展望が語られたことは、社会主義の新たな可能性を示すものとして後年の研究対象にもなっている。

ここで、そうした自律的な「労働者アソシアシオン」運動を基礎づけたビュシェの思想を見てみると、そこにはやはり「献身」や「全体への奉仕」といった概念がはっきりと現われている。
「われわれが自由にできるのは、つぎの二つの立場のうちどちらかを選ぶことでしかない。すなわち、善や献身の立場――そこでは災いは自ら進んで受け入れられる――か、もしくはエゴイズムの立場――そこではわれわれは幸福を追求することによって災いに陥る――である。」〔ビュシェ、一九七九b、一〇一頁〕
「労働におけるアソシアシオンは、各人がエゴイズムを放棄し、他人のことを考えるために自分のことを忘れるのでなければ、実現不可能なものである。」〔同、一〇四頁〕
およそすべての社会主義的思想は、他者への「あわれみの情」を起点としているがゆえに、全体主義への危険性を孕んでいる。ルソーに対しても、おそらくマルクスに対してと同じく、松田は反発しつつ、惹きつけられた。

松田のルソーに対するさまざまな言及は、一九六〇年代後半から七〇年に集中している。一九六八年のべ平連国際会議において、ボリシェヴィキ、レーニンの思想を念頭に置いて、「人民というものは、愚かなものである、これは一、二のリーダーが指導していくよりほかはしかたがないという考え方」〔小田・鶴見、一九六八、二四三―二四四頁〕であることを主張し、これとは異なるマルクス主義の可能性に言及していたことを改めて想起してみよう。これが「前衛党」の理念を批判したものであることは言うまでもない。「党を神聖視するかんがえ方は、ロシアのマルクス主義者から発しています」〔松田、一九七九―八一、一三巻、九二頁〕とも述べている。前衛党は大衆を指導するのだから、そこに誤りがあってはならず、党には事実上「無謬性」が付与されていた。この一九六八年の時点で、「議会制民主主義という形で、独裁制とたいしてかわらないことがおこなわれる」〔松田、一九七〇b、一一一一二頁〕とも発言していた松田は、すでにルソーと全体主義の親縁性についての認識はもっていたのではないかと思われる。既述のとおり、クロッカーやコバンの著作を引用して、ルソーのこうした側面を指摘したのは一九六九年のことである。

いっぽう、中野光『大正自由教育の研究』〔一九六八年〕に端を発して、大正自由教育の底流としてのルソーを求めて「日本の幼児教育とルソー」を書いたのが一九七〇年である。ルソーをマカレンコと対立的なものとして描いたときには、すでにルソーのなかにある「自発的・積極的な従順」というマカレンコ的要素に気づいていたはずである。にもかかわらず、松田がマルクスよりもルソーへの愛着を語り、一種の信奉を捨てなかったのはなぜか。

「わたしは、人間の自由というものはその欲するところを行なうことにあるなどと考えたことは決してない。それは欲しないことは決して行なわないことにあると考えていたし、それこそ私が求めてやまなかった自由、しばしば守りとおした自由なのであり、また何よりもそのために同時代人を憤慨させることになったのだ。」〔ルソー、一九六〇、一〇六頁〕

松田は、『孤独な散歩者の夢想』のなかのこの一節にルソーの真価を見いだす。このような「基本的人権の壁によって守られた内側の自由」〔松田、一九七〇b、五一頁〕の重要性を語ったのはルソーが最初であるとして、最大限の評価を与えている。*

＊二〇一二年に刊行を開始した新しいスラトキン版『ルソー全集』では、この箇所に編者註がついていて、「ヴォルテール『哲学辞典』の「自由」の項目に対する言及か？」〔Rousseau, 2012, III, p. 542〕とある。ヴォルテール

『哲学辞典』(一七六四年)の「自由」の項は、次の言葉によって結ばれている。「無関心の自由というものはありません。それはそんな自由をまったくもったことがない人びとによって考えだされた無意味な言葉なのです」(ヴォルテール、一九八八、二六九頁)。ルソーとヴォルテールとの確執は研究史上の一大テーマだが、松田の意図はもっとシンプルなものだろう。

矛盾せる思想家ルソーに対して、松田自身の評価もアンビヴァレントではあるが、ルソーがマカレンコとどんなに近似したとしても、しかし最終的に決してマカレンコと同一化することがないのは、まさにこのような「内側の自由」の発想がルソーの根底にあると考えるからだろう。

松田の言う「内側の自由」は、つまるところ「意に反することを言わない、行なわない自由」である。「言いたいことを言えない」、「やりたいことをやれない」という事態は、自由への抑圧と考えられるが、それは多かれ少なかれいつの時代にもどんな社会にもありうることだろう。しかし、「言いたくないことを言わされる」、「やりたくないことをやらされる」のは、まさにその人の内側の自由の蹂躙に他ならない。自分が自分でなくなってしまうこと、体制や他者に全面的に屈伏、従属することを意味する。松田は、ルソーの言葉のなかに、反従属の決定的な意思表明を見た。それさえ確保されていれば、ルソーの思想が全体主義に陥ることはないと松田は判断したのだと思われる。

翻って考えれば、松田の育児や幼児教育にとって何よりも重要だったのがこの「内側の自由」だったのだろう。育児においては、権威的な外的基準を押しつけられることに対して母親が毅然とした態度をとることが最も重要であり、標準からのズレを「個性」として発見することに育児の価値が求められた。幼児教育においては、教師という権威者の意に従うのではなく、幼児が「自分の主人」として、怠惰をむさぼることも含めて、自由を享受し、そのなかで新たな関係性を構築するための芽を育むことが期待されていた。

全体主義への防波堤としての「内側の自由」が保証されるかぎりにおいて、松田は社会主義を自らの思想として受け入れることを拒否しないだろう。ルソーを通して、松田は、社会主義と「内側の自由」の両立こそが自らの思想的葛藤の核であったことを見いだしたものと考えられる。

しかし、松田の問題はそこで終わらない。「内側の自由」が「全体主義」に対抗する一方の極であり、「内側の自由」こそが死守すべき価値であると単純に考えれば、直ちに陥穽にはまってしまう。「内側の自由」の論理それ自体が「全体主義」をもたらすというパラドックス、あるいは「全体主義」が「内側の自由」を隠れ蓑にしてしまうというパラドックスが、生命倫理の分野には存在する。「死を選択する権利」という問題であり、松田は、とくに晩年において、その問題に苦吟することになる。

第 III 部

社会主義と「いのち」

第七章　安楽死と社会主義

1　松田道雄の晩節

京都大学名誉教授の飯沼二郎は、松田道雄への追悼文の末尾に、「基本的人権の実現を求める松田さんの働きは、活発な言論活動のみならず、種々の市民運動の参加にまで及んだこと、また生涯の最後に、彼の職域である医者と患者の関係にまで到達したことを高く評価したい」（飯沼、一九九八、一三一頁）と述べている。飯沼は、京都べ平連の代表的存在であったから（飯沼、一九九四ａ／一九九四ｂ、四巻）、一九六〇年代から松田と親交をもっていたはずである。市民運動に言及するのは当然のこととして、最晩年に医師－患者関係の革新を行なったという評価には、おそらく首をかしげたくなる人が多いのではないだろうか。

松田は、生前最後の著作『安楽に死にたい』（岩波書店、一九九七年）のなかで、単に「安楽に死にたい」という希望を表明しただけでなく、安楽死法制化の実現を提唱している。松田の「安楽死」に関する見方は、ブレが大きく、一九七八年には「安楽死法制化を阻止する会」の発起人に名を連ねて、法制化反対の先頭に立っていた。この生前最後の著作は、従来の主張との首尾一貫性の点からも、また内容そのものについても、批判の対象になることはあっても、評価の対象になることはほとんどなかったと言ってよい。

たとえば、大谷いづみは松田道雄論のなかで、「最晩年に『安楽に死にたい』と題した著書で自殺幇助のための致死薬投与を含む安楽死の合法化を訴え、周囲を困惑させたまま亡くなった」〔大谷、二〇〇六、一〇二頁〕と評している。「安楽死法制化を阻止する会」の事務局を務めた八木晃介は、松田に対する不信の念を隠さない。「「安楽死法制化を阻止する会」はなるほどながく開店休業状態であり、私自身ももう運動として再開する気持ちはないけれども、閉店したわけでもなければ解散したわけでもない。松田さんから発起人をやめたいという意思表明があったわけでもないし、脱会通告があったわけでもない。松田さんは依然として「安楽死法制化を阻止する会」の発起人なのである」〔八木、一九九七、一〇七―一〇八頁〕。最晩年になって松田に「錯乱」が訪れたともとれる厳しい評価である。

飯沼が、松田の生前からあった「安楽死」問題をめぐるそうした批判を知らなかったとは考えにくい。とすれば、飯沼は、松田が「安楽死」論議のなかに「安楽死」問題を超えた思考の到達点を見ようとしていたのだろうか。この点については最終的に触れることにして、まずは安楽死に関する松田の発言の錯綜を追ってみることにしよう。

2　安楽死をめぐる錯綜

戦後日本の安楽死問題を考えるうえで、松田道雄は扱いに困る人物である。高名な医師であり、文化人であるから、この問題に関して強い発信力をもってはいたものの、その発言にブレがあり、そのブレを矛盾なく説明することが難しいからである。

戦後の日本において安楽死問題を嚮導した最大の人物が、医師の太田典礼であることに異論の余地はない。一九七六年一月に安楽死協会を発足、同年六月日本安楽死協会と改称してその理事長に就き、同年八月には東京で第一回世界安楽死会議を開催している。この協会は、太田理事長下で一九八三年に日本尊厳死協会と改称し、現在も尊厳死法制化に向けて強力に運動している。その太田が最初に安楽死を提起した編著書『安楽死』(クリエイト社、一九七二年)に、「推せん」文を寄せているのが他ならぬ松田道雄である。

「かつて医師と法学者との問題であった安楽死は、いま一般市民の切実な問題となった。／誰でもが死に近づくと病院に運ばれ、密室的状況のなかで、病院の経営のペースで生命をのばされる。ガンが全身をおかし、生が疼痛しか意味しないときになっても「生命の尊重」ということで生かされる。この非業の死からのがれる唯一の道は安楽死の権利を基本的人権として回復することである。本書は安楽死とは何かを知る恰好の案内書である。」(松田、一九七二：i)

太田と松田は、太田のほうが八歳年上であるが、旧制第三高等学校の同窓でもあり、医師同士としてつきあいがあった。太田が一九六八年に「葬式を改革する会」を結成したときにも、松田は発起人になることを依頼され、断ったという経緯がある(稲田・太田、一九六八、一三一一五頁／松田、一九七九—八一、一二巻、一五八—一六〇頁)。この『安楽死』に寄せられた「推せん」文を読むと、「安楽死の権利を基本的人権として回復すること」を主張しているのだから、安楽死法制化に賛成しているようにも見える。

　松田の安楽死問題に関するそれ以前の発言を見てみると、ここに至るまでの間にも曲折のあったことがわかる。松田は、早い段階からこの問題に関心を寄せ、一九五三年、『芝蘭』六一号に「安楽死について」（後に「安楽死と社会」に改題）という論考を寄せている。ここでは、「安楽死」に関する二つのケース、つまり「瀕死」と「難治」を区別して考察している。「瀕死」については、苦痛緩和の技術は開発途上であること、新しい治療法はつねに開発されていること、また死期の正確な判断は困難であることから、「安楽死」は否定される。また、「難治」の病人については、「疾病にたいする社会保険、老人や廃疾者にたいする保護施設が不十分であるという貧乏な社会」が問題であり、医療や社会制度の充実が先決である、と考える。この時点では、安楽死に関心を寄せつつも、明確な安楽死反対論を展開していた（松田、一九七九—八一、七巻、二二六—二三五頁）。

　それが、一九七〇年代に入ると、様相が異なってくる。『暮しの手帖』一〇号（一九七一年二月）に掲載された「晩年について」では、条件付きで「安楽死」を容認する考えを示している。「安楽死は、市民の基本的人権としてだけゆるされるものであると思う。かつて私が安楽死に反対したのは、それが市民の側からでなく、医者の側からもちだされたからである」（松田、一九七一b、二四八—二四九頁）と、その転換を説明する。つまり、医療現場で権力をもっている医師に「安楽死」判断の権限を容易に与えれば、生殺与奪の権利を預けてしまうことになるが、「市民」の側からの提案であれば、自らの生命を処理する権利として認めなければならない、という。「死以外に救いがないような状態にある病人が、自分の意志で楽に死にたいという意志を他人が無視することは、自由の侵害だと思う」（同、二四九頁〕。松田は、「自己決定権」としての「安楽死」を容認すべきだと考え、そのためには「リビング・ウィル living will」の導入も必要だと説く。「安楽死の遺言は、場合によっては健康な老人にも必要だろう。たとえば、重症の脳卒中になって、頭もぼけ、からだも動かぬという状態が固定してしまった場合、もはや自分の悲劇を判断する知力さえ失われてしまうことがある。植物みたいになって、むごく扱われることにさえ抵抗しなくなって、よごれた寝具のなかにからだを横たえるのは、美的にたえられないという人は、これこれの状態になったら安楽死をさせてほしいという遺言を、予防的にしておくべきだ」〔同、二五〇頁〕。

ただし、留保は、二つ付いている。一つは、安楽死が適用されるのは、「からだの自由を失った、回復の見込のない、身心の苦痛になやむ老人」〔同、二五〇頁〕に限られるという点である。精神病や認識不足による若者の自殺とは峻別されるべきとの考えだが、「老人」の範囲は明示されていない。もう一点は、安楽死が所詮は弥縫策《びほうさく》でしかなく、社会システムの改善によって安楽死そのものが不要になることも展望されている。「安楽死は悲劇的な終末にたいする応急の措置であって、晩年の問題の解決でない」〔同、二五一頁〕。晩年の問題は、「老後の愉しみ」を社会的に醸成することも必要だし、患者が「自分の死の美学」をもてるように、医師－患者関係の改善が必要であると松田は考える。

松田が、この論考の翌年三月に出された太田典礼編『安楽死』に「推せん」文を寄せたのは、「安楽死」をともかく議論の俎上に載せようとしたためであると言えるだろうか。

ところが、一九七二年四月の『暮しの手帖』一七号に載った「安楽死について」では、一年二カ月前の「晩年について」のために、自分が安楽死肯定論者と見なされたことに困惑している。日本医事法学会に参加して、安楽死肯定論者は「殺人奨励論者」になりかねないという容易ならざる事態を知ったという。自分が安楽死を提案したのは、「病院のなかの知人の末期の状態をみすぎたから」〔松田、一九七九―八一、七巻、八六頁〕であり、「安楽死ということばが不正確だったのです。安楽死は自然死でないのですから、自殺か他殺かどちらかです。楽に生命をたとうとすれば安楽自殺か安楽他殺しかないわけです」〔同、九三頁〕と反省の弁を述べている。そして、「麻酔学がどんなに発達しても医者は他殺の依頼に応じられない職業」〔同、九三頁〕とすると、残るは安楽自殺だけとなり、もはや「安楽死」の問題でも「安楽死法制化」の問題でもなくなってしまう。

ここで、松田は「障害者」の問題を取り上げている。医者は、「生活不可能の重症奇形」の新生児でも、「生かせるだけ生かして医者としての最善をつくすこと」〔同、八七頁〕が求められる職業であり、自殺を試みた者を、「この人は死んだほうがらくだろう、まわりの人もたすかるだろうと思っても……たすけなければならない」〔同、九二頁〕職業であると言う。どんな場合でも、すべての人の生命を守ることが医師の職業的倫理であることを確認して、松田は、はっきりと「安楽死」を否定する。

その半年後、言わば舌の根も乾かぬうちに、一九七二年九月九日の『毎日新聞』「あなたの老後〈1〉」では、松田は「人間には安楽死の権利がある」として、次のように述べている。「本人の意思、希望があり、日常生活の連続の中で、死ねる方法、手段を見つけるべきではないか。その方法として例えば、寝たきりのおばあさんに、この薬は一錠飲んでも身体に影響はないが、四錠一度に飲んだら死にますよ。それを飲む飲まないはあなたの自由ですよ、といっておく。こうすれば、このおばあさんは自分の死にたいときに自分で死ぬことも可能になる、ということがあってもいいと思う」。

これは、近年スイス等で合法化されて話題になっている「医師幇助自殺PAS：physician-assisted suicide」に近いものと考えられるが、安楽死法制化を前提にしないと、医師に自殺幇助の罪が問われてしまう。松田は、再び安楽死法制化に向けて舵を切ったことになる。

一九七二年一二月、障害者同人誌『しののめ』七五号に掲載された「安楽死で問題になる点」では、医者はどんな人間であっても殺すことはできない点を確認したうえで、自殺としての安楽死は許されると考える。すると、「自力で自殺できない人の自殺の権利と委託殺人の犯罪性をどうやって調和できるかが、安楽死の最大の問題であろう」（松田、一九七二j、一六頁）と結んでいる。医師による自殺幇助を法的に認めるかどうかが問題であると提起し、それに対する結論は控えている。

翌一九七三年一二月『人生というもの』（潮出版社）に掲載された「死について」では、現代の病院システムのなかでは、患者は自己決定権を奪われて「延命」を強いられる存在になっていることを指摘する。医者のなかに安楽死を容認する者が多いのは、「医者が病人にあたえる「生への希望」の欺瞞」を、そして、一定量の麻薬の投与で「苦痛なしに死ねる」（松田、一九七五a、一五六頁）ことをよく知っていることによると言う。しかし、この医者の立場からの安楽死法制化は、「「安楽死」のなかに、「無用な人間」の殺害をふくませる」（同、一五七頁）点に問題がある。安楽に自殺する権利は認めるが、薬を与える等の合法化は困難であるとする。一年前の『毎日新聞』の論考に比べると、安楽死合法化に対して抑制がかかっている。

また一年後の一九七四年一二月、『潮』に掲載された「安楽死と弱者の論理」では、まず太田典礼『安楽死のすすめ』（三一新書、一九七三年）のなかで松田の安楽死に対する態度が「部分的肯定の否定論」として捉えられていること〔太田、一九七三、一〇〇頁〕に同意する。「安楽死をすすめる人たちの話には、おおくの肯定すべきところはあるけれども、いま安楽死を法律によってきめることには反対であるという意味」〔松田、一九七五a、一三〇頁〕である。

ここで、はっきりと、障害者の問題が現われてくる。安楽死の問題を医者‐患者関係のみで考えることに疑問をもった、というのである。安楽死問題に対する障害者からの激しい抵抗の意味を考えなければならない。太田典礼が、障害者から大悪人であるように言われるのはなぜか。松田は、「太田さんは、重症の心身障害者を積極的安楽死の対象からはずしているだけでない、消極的安楽死の対象にもなりにくいといっている」と一応の弁護をしつつ、しかしそれでも太田が批判されるのは、「『弱者の論理』によってつらぬかれていないせいだ」〔同、一三八頁〕と考える。太田の著書『安楽死のすすめ』には、「地球は満員」、「量より質」、「健康人間、健康社会」といった「強者の論理」が顔を出すことを指摘する。逆に、「安楽死の問題はどこまでも弱者の立場をまもるものとして、あつかわれねばならない」〔同、一四〇頁〕。無益な延命治療などの問題は、医師と患者の関係の非人間化と治療の非人間化に起因すると考えれば、医師‐患者関係の改善が必要なことは言うまでもない。

一九七八年一一月、松田は、物理学者の武谷三男、社会学者の那須宗一、作家の野間宏、水上勉とともに五人で発起人となって「安楽死法制化を阻止する会」を結成し、次のような声明文を公表している。

「最近、日本安楽死協会〔太田典礼理事長〕を中心に、安楽死を肯定し、肯定するばかりではなく、これを法制化しようとする動きが表面化している。／しかし、このような動きは明らかに医療現場で治療や看護の意欲を阻害し、患者やその家族の闘病の気力を奪うばかりか、生命を絶対的に尊重しようとする広汎な人々の思いを減退させている。こうした現実をみるにつけ、我々は少なくとも、安楽死法制化の動きをこれ以上黙視し放置することは許されないと、社会的な責任から考えざるを得なくなった。／現在、安楽死肯定論者が主張する「安楽死」には、疑問が多すぎるのである。／真に逝く人のためを考えて、というよりも、生きのこる周囲のための「安楽死」である場合が多いのではないか。強い立場の人々の満足のために、弱い立場の人たちの生命が奪われているのではないか。生きたい、という人間の意志と願いを、気がねなく全うできる社会体制が不備のまま「安楽死」を肯定することは、実際上、病人や老人に「死ね」と圧力を加えることにならないか。現代の医学では、患者の死を確実に予想できるとはいえないのではないか……。

これらの疑問を措いて、安楽死を即座に承認することは、我々には到底できない。実態を学びつつ考え、討論し、正しい方向を追究するために、我々は「安楽死法制化を阻止する会」を組織し、真に生命を尊重する社会の建設をめざそうとするものである。」〔猪瀬、一九八七、一五三頁〕

太田編『安楽死』への「推せん」文とこの「声明文」とのあいだの著しい落差を、どう説明すればよいのだろうか。松田自身は、「だれのための安楽死法か――阻止に立ち上がったわけ」という論考で、安楽死法ができて困る人は、「病院で重症者の看護に身をすりへらしている医療従事者」、「重症身障者や特別養護老人ホームに入所している人たち」〔松田、一九七九―八一、七巻、一一九頁〕だと言う。まじめに働いている医療従事者たちが「殺人者」のような目で見られ、身障者や高齢者は、「生きていても役にたたないものは殺してかまわない」という視線に晒されることになる。一言で言えば医療の崩壊を招く、ということだろう。また、後年次のように説明している。「安楽死法制化を阻止する会を私たちがつくったのは、安楽死をしたいと願う人たちが、安楽死協会に入会しさえすれば安楽死できると考えて、医師にいまよりも大きい権限をあたえる法律をつくる運動に参加するのをふせぐためであった」(松田、一九八八b、六一頁)。つまり、「安楽死」そのものについて反対ではないが、「安楽死法制化」によって医師の権限が強大化すれば、市民の権利としての「安楽死」という方向性が損なわれる可能性がある、ということだろう。

しかし、では、一九七二年の太田編『安楽死』は、市民の側からの問題提起だったのだろうか。太田は、すでに一九六三年に、日本における安楽死法制化の最初の提案を行なっている。『思想の科学』一九六三年八月号に掲載された「安楽死の新しい解釈とその合法化」である。ここでは、「苦痛を和げることを主目的とする」(太田、一九六三、七八頁)とある。患者の死を直接の目的として薬物等を投与することを「積極的安楽死」、治療の不開始ないし中止によって患者を死に至らしめることを「消極的安楽死」と一応定義しておくと、ここで問題になっているのは、そのどちらでもない。苦痛を和らげることを目的とした薬物等の投与が「その結果死を早めることがあっても止むをえない、とするもので、必ずしも致死を予想するのではない」(同、七六頁)とあり、いわゆる「間接的安楽死」の法制化による医師の免責を目的としている。*

*ここで、「安楽死」概念について説明しておこう。松田は、ほぼ一貫して「安楽死」という語を用い、「安楽に死にたい」という最後の著作のタイトルに端的に表われているように、文字どおり、苦しむことなく安らかに死ぬことを問題にしている。しかし、一九六二年一二月一二日の名古屋高裁判決が示した安楽死の違法性阻却六要件

の一つ「甚だしい身体的苦痛」(「いわゆる安楽死を認めるための要件」、『判例時報』三二四号、一九六三、一三頁)だけではなく、精神的苦痛を含めた広義の「苦痛」が念頭にあったと思われる。その意味では、「尊厳」ともかかわってくる。

日本では、前述したように、日本安楽死協会が日本尊厳死協会に名称変更したことにも影響されて、薬物投与等による「積極的安楽死」と延命治療の不開始ないし中止の「消極的安楽死」のうち、後者を「尊厳死」と呼ぶことが多い。現在、日本で法制化が問題となっているのは、この「消極的安楽死」=「尊厳死」のほうである。焦点は、もはや「苦痛」ではなく、無駄な延命を拒否する「尊厳」に移行している。ところが、英語圏においては、「尊厳死 death with dignity」のなかに、医師幇助自殺を含めることが多く、「安楽死」と「尊厳死」のあいだの境界は必ずしも明確ではない。

本書では原則として、松田の思想が問題となる場合には「安楽死」の語を、現代の一般的問題を扱う場合には「安楽死・尊厳死」の語を用いる。

ところが、『思想の科学』一九六九年三月号に掲載された「老人の孤独」では、太田はまったく異なる視点を導入している。「もはや社会的に活動もできず、何の役にも立たなくなって生きているのは、社会的罪悪であり、その報いが、孤独である」(太田、一九六九、四六頁)、「老人孤独の最高の解決策として自殺をすすめたい」(同、四七頁)と、弱者切り捨ての管理的・統制的視点からの発言を行なっている。一九七二年の編著『安楽死』は、太田の単独執筆部分はなく、概説書の体裁をとってはいるが、太田が「市民の側」から安楽死を提案したとは考えにくい。

松田が一九八三年に岩波ブックレットとして出した『安楽死』は、実は、必ずしも安楽死を主題とした本とは言えない。岡村昭彦は、本書について、「『日本の医療とは』というような題をつけ、チャレンジするのが正しいのかと思います」〔木村・岡村、一九八四、二八頁〕と言って紹介している。この著作では、松田は、「安楽死」も「安楽死法制化」も推進する側には立っていない。「安楽死」を願う人が出てくるのは、病院というシステムのなかでは患者の意思が尊重されないことに最大の原因があるとする。戦後まもなくの時代の町医者は往診をいとわず、人は自宅で家族に看取られて死んでいくのが普通のことだった。そこには、医師－患者の人間的関係のなかで、死の合意が形成されていた。ところが、病院化時代においては、画一的な延命措置がとられるだけである。アメリカで「自然死法」や「死ぬ権利の法」がつくられても、「患者の治療においての自己決定をみとめる英国で、「自然死法」がつくられないのはなぜか」と言えば、「医者が患者のなっとくをえて治療しているところでは、生命維持装置のつかい方についての特別な法律はいらない」〔松田、一九八三b、四四－四五頁〕からであると考えている。岡村の言うとおり、松田の意図は、「安楽死」そのものよりも、医師－患者関係の改善の必要を訴えることにあった〔高草木、二〇一六、一三六－一三七頁〕。

ところが、先述したように、死の直前の一九九七年には『安楽に死にたい』〔岩波書店〕を刊行し、また、安楽死法制化に賛成へと転じている。「日本でも尊厳死をいう声が高まっているが、終末期に治療をしないだけでなく、医者が高齢者の意志にしたがって、楽に死ぬことを幇助するところまで進むべきだ」〔松田、一九九七a、五七頁〕とまで言っている。現在日本で問題になっている、延命治療の不開始ないし中止を意味する「尊厳死」だけではなく、医師幇助自殺を含めた積極的安楽死をも法制化しようという主張である。

松田の「安楽死」に関する発言は、最晩年になって突如「錯乱」したわけではなく、ずっと錯綜・

迷走をつづけていたとも言える〔大谷、二〇〇六、一〇三頁〕。では、このような松田の思考の跡を追い、それを整理することにどんな意味があるのだろうか。

3　脳死と安楽死のあいだ

松田が安楽死に関して最初に発言した一九五三年と最後の発言となった一九九七年の約四〇年のあいだに、安楽死をめぐる状況は大きく変化している。一つには、「脳死」という概念の導入・普及によって、「死」の概念そのものが世界的に大きく変容していることが挙げられる。もう一つは、患者の権利運動が、反転して「死ぬ権利」の選択として世界的な潮流となっていることである。この劇的な変化を背景にして、松田が安楽死をめぐる錯綜のなかで、「脳死」と「安楽死」という異なる出自の「死」を構造的に捉えようとしていた点に着目したい。松田は、「脳死・臓器移植」についても、一九六八年の札幌医科大学の心臓移植手術「事件」以来関心をもちつづけ、とくに「脳死」議論が盛んになった一九八〇年代には、医事法学が専門の東京都立大学（現在の首都大学東京）教授、唄《ばい》孝一を指南役にして、この問題をめぐる多様な論点について学んでいる〔松田・唄、一九八四／唄・松田、一九八六〕。唄との学問的交流については、熊本学園大学松田道雄文庫所蔵の書簡類によっても確認される。

「脳死」については、一九六八年が起点である。南アフリカ共和国で最初の心臓移植手術が行なわれた一九六七年の翌年、ハーヴァード大学の研究班は、それまで「不可逆的昏睡」や「超昏睡」と呼ばれていた、人工呼吸器使用に伴う心肺機能の継続下での脳機能不全という現象を「脳死」として、その基準を発表した〔Ad Hoc Committee of the Harvard Medical School, 1968〕。いわゆる「ハーヴァード基準」と呼ばれるものである。この基準作成は、心臓移植とは無関係なものとされたが、近年の研究では、そうした外的条件が本質的にかかわっていたことが明らかにされている〔ロスマン、二〇〇〇、二二五頁／香川、二〇〇五、一〇―一二頁〕。つまり、臓器移植のための新鮮な臓器の確保にあたって、「脳死」という新しい死の概念はぜひとも必要なものとなったのである。

「脳死」という新しい概念は世界的に受け入れられていった。日本では、一九八三年九月、厚生省内に杏林大学医学部教授・竹内一夫を班長とする「脳死に関する研究班」が発足し、約二年の検討を経て、一九八五年一二月、日本で最初の脳死判定基準、いわゆる「竹内基準」が発表されている。また、日本医師会が厚生省の提案を受けて、「脳死は人の死」とする報告書を発表したのは、一九八八年一月である。その後、一九九〇年三月には、海部俊樹首相が、首相の諮問機関として「臨時脳死及び臓器移植調査会」(脳死臨調)を組織し、哲学者の梅原猛ら多様な人材が集められて、国論を二分する議論について考えをまとめることになった。一九九二年一月、その答申案は、次の宮澤喜一首相に手渡されたが、「脳死は人の死」であるとする多数意見とともに、反対する少数意見が併記されている。そして、脳死問題の実質的な目的である「臓器移植法」が成立したのは、一九九七年七月、施行は同年一〇月である。松田の最後の著作は、ちょうどこの臓器移植法が成立した年に刊行されたことになる。

いっぽう、一九六〇年代から七〇年代のアメリカで、黒人、インディアン、ゲイなど多様なマイノリティの権利獲得運動が大きな潮流となったが、そのなかに「患者の権利」運動も含めることができる。「患者の権利」は、具体的には患者の自己決定権に基づく「インフォームド・コンセント」の要求として表われた〔木村、二〇一二〕。これは、それまで医師の倫理として連綿として伝えられてきた「ヒポクラテスの誓い」の精神を根底から覆すものだった。この「誓い」がヒポクラテス自身、あるいは彼の属するコス派の医師集団に由来するものであるかどうかはともかくとして〔ヒポクラテス、一九九七、一巻、五七九頁〕、それが現代に至るまで世界的に受容されていることは間違いない。

「誓い」は、一言で言えば、パターナリズム（強者の弱者に対する一方的な温情主義）に基づく医療倫理を謳ったものである。「能力と判断の及ぶかぎり患者の利益になることを考え、危害を加えたり不正を行なう目的で治療することはいたしません」〔同、一巻、五八一頁〕。ここでは、医師の良心のみが強調され、患者の側の選択権、あるいは患者への説明の義務は語られていない。知識と経験を有する医師が、無知蒙昧なる患者に代わって、患者にとって最善と思われる治療を行なう。それで充分だというパターナリズムの発想である。

ところが、「医師の良心にしたがった治療」には、根源的な矛盾が横たわっている。目の前の患者を治療することと、その患者の治療を通して病気や身体のメカニズムを解明することのあいだには、しばしば軋轢が生じる。クロード・ベルナールがすでに『実験医学序説』（一八六五年）で指摘しているように、「内科医は病人について毎日治療的実験を行ない、外科医もまた被手術者について毎日生体解剖を実行している」〔ベルナール、一九七〇、一六七頁〕。バランスを失えば、治療は「人体実験」となり、目の前の患者の生命よりも、データの取得のほうが重要視されるようになる。その極端な例が、ナチスの医学犯罪であり、日本では七三一部隊による人体実験だろう。

「インフォームド・コンセント」の最初の概念化は、一九四七年のニュルンベルク綱領に現われたと考えるのが一般的である。ナチスの医学犯罪への反省のうえに立って、「被験者の自発的な同意が絶対的に必要である」(第一条)に始まり、医療実験における倫理原則が一〇項目にわたって謳われている。これは、一九六四年の第一八回世界医師会におけるヘルシンキ宣言にもつながっている。

しかし、その後、「インフォームド・コンセント」は、臨床実験のルール化というコンテクストよりも、患者の権利運動の成果としてアメリカで定着していく。一九七二年のアメリカ病院協会の「患者の権利章典 Patient's Bill of Rights」は、その意味では、ニュルンベルク綱領やヘルシンキ宣言とは異なる価値をもっている。ヘルシンキ宣言の正式タイトルは「ヒトを対象とする医学研究の倫理的原則 Ethical Principles for Medical Research Involving Human Subjects」であり、ここでは医学者・医師の職業倫理として「インフォームド・コンセント」が説かれていた。ところが、「患者の権利章典」は、「患者には、配慮と敬意ある治療を受ける権利がある」、「患者には、診断、治療、予後に関して、最新で理解可能な情報を得る権利がある」、「患者には、治療について自ら決定したり拒否したりする権利がある」等、一二項目からなり、患者の側からの権利要求として表現されている。その後、この権利章典を受けて、「患者の権利」は連邦法および州法で法制化された。連邦法としては、「患者の自己決定権法 Patient Self-Determination Act of 1990」が一九九〇年に成立している〔大野、二〇一二〕。

このような「患者の権利」という新しい潮流のなかで、「安楽死」は「患者の権利」として主張されるようになった。もちろん、「安楽死」は古くからある問題である。ルネッサンス期、トマス・モア『ユートピア』（一五一六年）のなかに安楽死に関する記述が出てくることはよく知られている。しかし、そこに決定的な変化が訪れたのが、一九七六年のカレン・クィンラン事件であると言われている。脳に回復不能の損傷を負ったとされ、いわゆる「植物状態」にあったカレンに対して、人工呼吸器の取り外しをするよう、両親が医師に依頼したが、医師団がこれを拒否したため、裁判所で争われる結果になった（香川、二〇〇六）。結果として、人工呼吸器は取り外されることにはなったが、カレンは以後自発呼吸をつづけて一〇年以上を生きた。この裁判所の決定が下された半年後には、カリフォルニア州は「自然死法 Natural Death Act」を制定し、「植物状態に陥った終末期には、生命維持装置を使用しないか、取り外して欲しいと医師に要請する文書（いわゆるリビング・ウイル）を、まだ知的精神的判断能力があるときに証人を立てて作成しておく権利を同州の住民に保証する」（星野、一九九四、五六頁）とした。これが「リビング・ウィル」を世界で最初に認めた法律となった。一九七九年には、ワシントン州でも「自然死法」が制定されている。「安楽死・尊厳死」は、患者本人ないし患者家族の「権利」として主張されるようになった。

また、一九八一年、第三四回世界医師会総会で採択された「患者の権利に関するリスボン宣言」を見ると、第一〇項目「尊厳に対する権利 right to dignity」として、「患者は、人間的な終末期ケアを受ける権利を有し、またできる限り尊厳を保ち、かつ安楽に死を迎えるためのあらゆる可能な助力を与えられる権利を有する」とあり、穏やかな表現ながら、「患者の権利」として「死を選択する権利」、つまり「安楽死・尊厳死」が盛り込まれていると見ることができる。リスボン宣言の前身とも言うべき一九六四年の「ヘルシンキ宣言」には見られない文言である。「脳死」の問題ともリンクする「安ない。

楽死・尊厳死」の問題が、先進的な「患者の権利」として掲げられていることに注意しなければならない。

さて、新しい概念として現われた「脳死」と「患者の権利」として新たに捉えなおされた「安楽死・尊厳死」のあいだに、緊密な関係を認めることができるだろうか。日本で二つの推進に同時にかかわった人物としては、脳死臨調の委員として「脳死は人の死」を妥当とする多数意見に名を連ね、かつ日本尊厳死協会理事長、名誉会長の職にあった井形昭弘の名を挙げることはできるが、二つの新しい死の双方に積極的に関与した人物がそれほど多いわけではない〔高草木、二〇一〇、六九頁〕。

しかし、二つの「死」は、構造的に見れば、きわめて類似している。両者とも、「自己決定権」「リビング・ウィル」として表われる「個人の自由」という近代の中核的原理を梃子にしている。「安楽死・尊厳死」の場合は、「自己決定権」の直接的な行使である。終末期においてもはや自己のアイデンティティを保持しえないと思った者が、自己の意思によって、自己の自由の実現の一環として、死を選びとることが基本的理念だろう。一般的・抽象的に考えれば、誰もが元気な生を謳歌した後で、長く患うことなく「安楽」に、「尊厳」をもって死にたいと思うことだろう。また、そう思うことを誰も否定することはできない。

いっぽう、一九九七年の臓器移植法に至る、脳死・臓器移植肯定の論理は、もっぱら「自己決定権」によっていた。他者から臓器の提供を受けなければこれ以上生きることのできない者がいる。つまり、他者による臓器の提供を切望している者がいる。他方で、「脳死」を自己の死として受け入れて、脳死下の臓器提供に同意する者がいる。つまり、自らの意思で臓器を提供してもよいという者がいる。そして、この両者の意思を媒介する臓器移植という医療技術が存在する。このレシピエント、ドナー、医師の自由意思によって成り立つ関係に対して、無関係な他者が容喙することは、自由社会の原則を侵すことになる。このような論理が一般的だった。*

*だからこそ、臓器移植法改正論議で、臓器移植の意思表示をした者のみがドナーとなることができるとする一九九七年法を、反対の意思表示をしていない者は家族の同意によってドナーとなることができると改定するに際して、以下のような「自己決定権」のすり替えという論理操作が提示されることになる。「もちろん、反対の意思を表示することによって、自分は自分の身体をそのようなものとは考えないとしていたときには、その意思は尊重されなければならない。しかしそのような反対の意思が表示されていない以上、臓器を摘出することは本人の自己決定に沿うものである。いいかえるならば、我々は、死後の臓器提供へと自己決定している存在なのである」〔町野・長井・山本編、二〇〇四、二九頁〕。

一九九七年の臓器移植法では、「脳死」は一般に「人の死」であるとは認められていない。同法案の参議院修正においてこの点が確認される。臓器移植のためのドナーのみが「脳死」をもって死とされるという限定的な解釈が行なわれていた。そして、臓器提供は、もっぱら「本人の意思」によってのみ行なわれるという方式がとられていたのだから、「脳死」は事実上「本人の意思」によって選びとられるものだった。臓器提供を意思表示し、自ら「脳死」をもって「自己の死」であるとした者だけが、「脳死」基準によって死亡とされたのである〔高草木、二〇〇九b〕。

この二つの死は、概念的な類似性をもつだけではなく、「安楽死・尊厳死」の先進国ではすでに現実的なつながりを見せはじめている。ライターの児玉真美は、二〇一〇年にオックスフォード大学の生命倫理学者たちによって「臓器提供安楽死」が提起され〔Wilkinson/Savulescu, 2012, pp. 32–48〕、それに対してＡＬＳ（筋萎縮性側索硬化症）の患者が受け入れを表明したという事例（不実施）を紹介している〔児玉、二〇一三、一三一―一三五頁〕。「安楽死」もまた、「脳死」と同じように、臓器移植という当事者本人以外の利害と直接的に結びつく可能性がここに示唆されている。その後、ベルギーとオランダでは、安楽死後の臓器提供が四〇例を越えるとも報告されている〔Bollen, et al., 2016, pp. 486-489〕。

二つの死の概念に同じように張りついているのは、「自己決定権」の裏返しとしての「無用の生」の廃棄という発想だろう。ハンス・ヨナスは、「脳死」において、生と死の境界線が明確でない以上、つまり「完全に死んではいないのではないかと疑う理由」がある以上は、「われわれが採用すべき方針は、生きている可能性の側にできるだけ加担すること」ではないか、と根本的な疑問を投げかけている〔ヨナス、一九八八、二三三頁〕。「脳死」患者とは本来無関係な臓器移植という外的な要因によって、生が打ち切られ、死が前倒しされることへの重大な警告がここに発せられている。「安楽死・尊厳死」においても、「自己決定権」と「社会的圧力」のあいだを明確に区別することは難しい。モア『ユートピア』のなかで、司祭と役人が不治の病で苦痛に苛まれている者に安楽死を勧告するシーンはこうである。「あなたは人生のすべての義務に応じることができず、他人にたいして負担、自分自身にも重荷になっており、すでに死すべき時をこえて生きているのだから、これ以上、疫病や、伝染病を培養し続けようとは考えずに、生命が自分にとって苦悩になったいま、死ぬことをためらわず、よい希望をもって、ちょうど牢獄や拷問の責めからのがれるように、自分で自分をこの苦しい生から解放するか、または自発的に他人に頼んで解放してもらうかするのがよくはないか」〔モア、一九九三、一八九―一九〇頁〕。

では、二つの「死」の概念の構造的連関性について、二つの問題にコミットしてきた人たちはどのような認識をもっていたのだろうか。ここで、「患者の権利」の観点から脳死・臓器移植に厳しく対峙してきた東大ＰＲＣ企画委員会の足跡を辿ってみることにしよう〔大林、二〇一四、二二〇頁〕。

一九九七年に「臓器移植法」が成立するまでのあいだ、つまり「脳死」が法的に規定されていない段階でも「脳死下の臓器移植」は事実上行なわれていた。一九六八年の札幌医科大学の心臓移植手術に対して疑惑の目が向けられたことにより、日本における臓器移植は控えられていたが、一九八〇年代においては、画期的な免疫抑制剤シクロスポリン等が開発され、諸外国において臓器移植の成功例が増えはじめたことを契機に、臓器移植手術が国内の各病院において実施されるようになった。そうした事例に対して、公開質問状を送りつけ、さらには手術医を「殺人罪」で告発することを行なったのが、東大ＰＲＣ企画委員会である〔本田、一九九六〕。脳死・臓器移植に対してはさまざまな反対があったが、東大ＰＲＣ企画委員会は東大病院の内科医師である本田勝紀を中心とする集団であり、医療現場からの告発という点で、最も先鋭的な反対運動だったと言える〔フェルドマン、二〇〇三、一二九頁〕。

東大ＰＲＣ企画委員会は、一九八三年四月に第一回ＰＲＣ（Patient Rights Conference：患者の権利検討会）を開催している。東大病院各科の医師を中心に市民を交えての公開の検討会である。また、本田は、東大病院の外来患者四〇〇〇名と入院患者五三〇名にアンケートを実施し、「患者の権利」意識を調査した。一般的な「入院誓約書」の書式には「診療については、異議を申しません」、「手術承諾書」には、「右者、今般手術を御願いしました上は手術中は勿論、其の後に至りどのような事ができましても異議は申しません」との文言があることなどから〔本田、一九八五b、一二一頁〕、「日本の病院が「患者の権利」以前の現状にある」〔本田、一九八五a、一〇四頁〕と結論づけている。

では、アメリカ病院協会の「患者の権利章典」や世界医師会の「患者の権利に関するリスボン宣言」の先進性に比較して、日本の後進的な現状を嘆いているのか、と言えば、問題はもっと複雑である。先進的であるはずのアメリカで、逆に「患者の権利」が奪われるような事態が生じていて、しかも日本が、この点ではいち早く追随する動きを見せていることを本田は警戒している。

一九八二年一〇月二八日から三〇日にアメリカ・ボストンで開催された「死ぬ権利協会 Society for the Right to Die」後援の討論集会の結果をまとめた論文「回復の見込みのない患者に対する医師の責任」に、本田は注目する。この論文の結論部分には次のように書かれている。

「医学的基準に従って、脳の機能がすべて停止したと判断された患者は、医学的および法的に死んだと見なされ治療は必要ではない。」

「植物状態では、ある程度の脳幹機能は維持されているが新皮質が大量に破壊されていて回復の望みはない。このことが、かなり高い確率で医学的に証明され、文書に明確に記述されれば、抗生物質の投与、栄養や水分の補給といった生命維持治療を取りやめて患者を死なせることは、道徳的に正当と見なされる。」

「回復の望みのない重度の痴呆症状の患者は、気分を楽にすることを目的とした看護のみを必要としている。このような状態の患者が、口から食物や水をとるのを拒否した場合、点滴や胃チューブによる人工的な栄養や水分の補給も中止するのは、倫理的に許されることである。」〔Wanzer, et al., 1984, pp. 958-959／訳、続、一一六頁〕

本田は、ここに「〝判断能力のない〟人の排除という思想がひそんでいないか」〔本田、一九八五ｂ、一二三頁〕と問題を投げかける。この当時、本田らは「患者の権利」の観点から、「脳死」問題を注視していた。本田が脳死・臓器移植に反対をつづける最大の理由は、「脳死」概念の曖昧さ、あるいは欺瞞性にある。「脳死」と呼ばれるのは、「脳機能がない」、「脳不全」という状態であり、「脳死」という言葉自体が、あたかも「死」そのものを意味するかのような印象を与える点で詐欺的で差別的な用語である、と本田は主張する〔本田、一九九一〕。そのうえで、一九八四年九月の筑波大学附属病院の膵腎同時移植では、「自発呼吸が止まっただけで担当医は脳死と判断し、必要な治療を放棄した」〔本田、一九八六、一七頁〕こと等を厳しく追及した〔東大ＰＲＣ企画委員会、一九八五ａ／一九八五ｂ／一九八五ｃ／一九八五ｄ〕。このように「脳死」問題を糾弾していた本田は、「死ぬ権利」の名のもとに、「脳死」患者だけではない、広く「判断能力のない人」の治療が打ち切られる可能性を見いだし、「脳死」と「安楽死・尊厳死」の間の緊密な関係を確認していく。

いっぽうの松田は、「安楽死」問題だけにこだわっていたわけではなく、「脳死・臓器移植」問題にも折に触れて言及している。一九六八年に日本初の心臓移植手術が行なわれた直後から、臓器移植におけるドナーの問題を取り上げ、欺瞞的「美談」に警鐘を鳴らしていることは注目に値する。

「生命は何よりも大事ですからというのが、臓器移植をやる医者のキャッチフレーズになっているが、生命はそれぞれに一人の所有者があるので、二つの生命から一つの生命をつくり出すという考えは、つねに一人の生命を犠牲にしているのだ。」〔松田、一九七九―八一、七巻、四四頁〕

「人は何ものかのために生きねばならぬという思想を、私は信用しない。個人の死の自由をみとめない人生論は何らかの意味で「殺人論」になる。」(同、七巻、五一頁)

個人を最大限に尊重する「市民」派の面目躍如たる洞察である。ドナーの臓器とともにその魂までもがレシピエントのなかで生きつづけるかのような非科学的言説が、改正臓器移植法以降、『朝日新聞』の「天声人語」(二〇一二年六月二〇日)をはじめマスコミに垂れ流されていることに、医師の山口研一郎は憤りを隠さない(高草木編、二〇一三、三五五―三五六頁)。小児ドナーの家族が「息子の死は無駄じゃない。立派な仕事をしたんだよって誇りに思える」(『朝日新聞』二〇一一年四月二四日)と発言する裏には、「グリーフ・ケア」を名目とした医療者側からの誘導が疑われる*(朝居、二〇一二、八九―九〇頁)。松田の正論は、こうした風潮に楔を打ち込む力をもっている。

*移植コーディネーターは、「家族の意思を尊重し、臓器提供の強制や説得は決して行ってはならない」(日本組織移植学会監修、二〇〇四、五三頁)とされている。

そして、松田は「安楽死にしても、心臓移植にしても、それが、死んでいく本人、心臓をやろうという本人の自由意志でなければならぬ」(松田、一九七九―八一、七巻、五五頁)と言う。「自己決定権」が「脳死・臓器移植」と「安楽死」を共通に支えているという構造を、はっきりと見据えたうえで、その「自己決定権」が医療の現場では諸刃《もろは》の剣とならざるをえないことを問題にする。

「いまの医療をやっている医師のなかに、患者をころす権利をもたせては危険な人もあると思うので、法制化に賛成しない。/いまの医者のなかには、患者の自己決定権を全然みとめない人がいる。/いくつかある治療のなかで、患者にとってどれがいいかを患者の身になって考える医者が少ない。／保険点数をあげるために不必要な「治療」をし、研究のために治療と無関係な「検査」をする医者が絶えない。／こういう医者に、重症の患者の死期をきめさせ、医者の欲するときに生命を絶たせることに、私は危惧を感じる。それは患者の自己決定権という名で、医者が臓器移植に都合のいい時期に重症者をころす決定権を行使させることになる。」〔同、七巻、一二五頁〕

患者の「自己決定権」は、医療の現場では事実上医師の裁量・免責の手段に化してしまう可能性がある。患者の「自己決定権」がその対極にある医師の決定権にすり替わってしまうというパラドックスである。それゆえに、松田は安楽死法制化を阻止しようとした。逆に、安楽死に賛成し、法制化推進の側にまわるときには、つねに患者の市民的自由としての「自己決定権」が論拠とされていたことを考えれば、松田が安楽死問題をめぐって右往左往し、ある意味では醜態を晒したのは、まさにこの「自己決定権」の二重性にあったと言える。「市民の側からもちだされたか、医師の側からもちだされたか」という分かりにくい二分法は、事実上この二重性を指摘していたことになる。

一九八三年の『安楽死』でも、「安楽死」と「脳死・臓器移植」をリンクさせて、「自己決定権」の陥穽が指摘されている。

「ところがおかしなことに、患者の意思をみとめることのない日本の医者に、「安楽死法」の制定にねっしんな人がいる。彼らは、「安楽死法」ができれば、医者が「のぞみのない状態」と判定し、「生命維持装置をはずしても罪にならない」機会がくるとおもっている。合法的に「生きのいい心臓」をとって移植のできるチャンスをねらっているのだ。もし、ある青年が、「絶望的状態になったら延命措置はしないでほしい」という「生者の意志」のカードをポケットにいれたまま交通事故にあって、ひどい頭のけがをして救急病院にはこばれてきたら、そういう医者は、よろこんで患者の意志を「尊重」するだろう。」（松田、一九八三b、四五―四六頁）

松田は、一九七〇年の『ロシアの革命』刊行まで、平等と公正を謳う「社会主義」の理念と「内側の自由」に基づく市民的独立とのあいだで葛藤してきた。一九七〇年において、一応の思想的決着をつけた松田は、しかし今度は、「安楽死」という医療の分野において、ふたたび葛藤に苛まれることになる。今度は「市民的自由」としての「自己決定権」が孕むアンビヴァレンスが松田を悩ませる。安楽死問題について、以後、揺らぎに揺らいでいくのは、医療という領域が、松田にとって最終的に自己を賭けた思考の現場であったからに他ならない。

4　無謬性からの解放

晩年の松田は、歴史や思想に関する重厚な論考を書くことは少なくなり、折々の社会的出来事や日常生活について、軽いタッチのエッセイを書くことが多くなった。しかし、だからと言って、松田がロシア革命や社会主義に興味を失ったことはなく、むしろ逆に、晩年の最大のテーマである安楽死問題を通して、自己の思想体系全体をまとめ上げようとしていたのではないか、とも思われる。

松田の晩年の著作『わが生活　わが思想』（岩波書店、一九八八年）のなかに「患者の自己決定権はなぜ必要か」という論説が収録されている。松田は、インフォームド・コンセントの本質をパターナリズムからの脱却と捉えた。単なる医師―患者関係の平等性が問題なのではなく、歴史的に見た民主主義や社会主義のなかのパターナリズム的要素の徹底的な改変こそが時代の潮流であると考えたのである。それは、まさに、松田のロシア革命研究をはじめとする歴史研究の成果であると言ってもいい。

「フランス革命もロシアの十月革命も大きな社会的変革ではあった。だが、革命をひきいたジャコバンやボリシェヴィキの政治的原理の奥底には、人民のベスト・インタレストは自分たちがいちばんよく知っている。それを上から権力によって配給することが人民の幸福だという考えがあったと思います。しかしソ連の「誤ることのない党」の独裁は西側の自由な市民にパターナリズムの破産をおしえました。」（松田、一九八八a、七六頁）

ここに、『ロシアの革命』の著者として、厳しくロシア・マルクス主義における「無謬性」の信仰を告発してきた松田の真骨頂を見ることができる。遠くは、一九五七年に丸山眞男の「「スターリン批判」における政治の論理」に刺激を受けて、マルクス主義における科学と価値判断の癒着の問題を考えはじめて以来の思考の到達点であると言える。幼児教育をめぐるルソーとマカレンコという特殊な問題についても、この時点ではっきりとした結論を得ることができていたはずである。

松田は、アメリカのパターナリズムの破綻をもたらしたものが、対外的にはベトナム戦争であり、同時に国内においてはさまざまなマイノリティの運動であったことを正確に見抜いている。「黒人の運動、ウーマンリブ、障害者の権利運動、アメリカンインディアンの復権の運動」、「消費者運動、それから精神病院の患者の権利の復活要求」というマイノリティの運動があり、「そういうものの一環として患者の自己決定権を尊重するインフォームド・コンセント（医者が患者の治療の内容を説明し、納得させたうえで承諾をえること）の主張が起こり、医者を強者とし、患者を弱者とするという考えが起こってきたのだと私は思います」〔同、七六―七七頁〕と語っている。このような「反パターナリズム」という歴史的な視点から、市民的自由としての「安楽死」を捉えなおしたうえで、「無謬性への対抗」、「無謬性からの解放」を自己の思想の総決算として提示する。

「強者が弱者にインタレストを配給するのでなくて、弱者が個人として自分のベスト・インタレストを選ぶべきだ。その選択は誤るかもしれないが、たとえ誤っても強者のパターナリズムが押しつけてくるものは拒否するという思想が起こってきた」〔同、七六頁〕。

「患者は、自分にくわえられる治療をなっとくするのに全知全能であることを要求されない。おろかなものも、おろかなりになっとくできる治療をもとめるのが、自己決定権である。」〔松田、一九八三b、四七頁〕

この「無謬性からの解放」という論理は、市民運動が既成の政党の論理を乗り越える論理でもあった。小田実が、日本共産党と対立したときに、市民運動の論理として掲げたのが「無謬性」からの解放だった。べ平連が解散した後、小田は、色川大吉とともに「日本はこれでいいのか！ 市民連合」〔日市連〕の共同代表に就くが、一九八三年の東京都知事選で日本共産党と決定的に対立してしまう。『赤旗』には五月二八日から三日間にわたって、小田を名指しで批判する論説が掲載された〔河邑、一九八三〕。これに対して、小田は、市民運動の論理は政党の論理とは違うのだと述べる。

「誰が自分で「前衛」だと言えるのか、その根拠がさっぱりわからない。……私は重大な人間認識に到達するわけです。非常に簡単なことです。人間は神さまでもなければ獣でもないということです。……われわれは、われわれなりに一所懸命にやっている。神でも獣でもないやつが集まってきているのが人間社会じゃないかと思う。そこの所で、「前衛」なんかになるんじゃなく、居抜きのままで社会改革に立ち向かってゆくことが、われわれに要求されているんじゃないかな。」（小田、一九八四、一四六―一五一頁）

「前衛」概念は、党が絶対的な正しさをもち無謬性の高みにいることを示しているが、市民運動は、つねに誤りを犯しうる「人間」の行為であることが強調されている。この「無謬性」からの解放という論理は、思想史上では一般にJ・S・ミルが『自由論』（一八五九年）で展開した「愚行権」に依拠していると言える。松田も、充分にミルの愚行権を意識した発言をしている（唄・松田、一九八六、二一三頁）。ミルは、この著において、「自由の名に値する唯一の自由は、われわれが他人の幸福を奪い取ろうとせず、また幸福を得ようとする他人の努力を阻害しようとしないかぎり、われわれは自分自身の幸福を自分自身の方法において追求する自由である」（ミル、一九七一、三〇頁）として、「共同体の意思決定への参加」を意味する「古代的自由」とは明確に区別される「近代的自由」を定式化した。他人に危害を加えないかぎりにおいて、自分の事柄に関しては自分自身が最終的な決定者であり、パターナリズムは批判の対象となる。「彼が、他人の注意と警告とに耳を傾けずに、犯すおそれのあるすべての過ちよりは、他人が彼の幸福と見なすものを彼に強制することを許すの実害の方が遥かに大きい」（同、一五五頁）。よって、「たとえ彼らがわれわれの行為を愚かであるとか、つむじ曲りであるとか、ないしは誤っているとか、と考えようとも、彼らから邪魔されることのない自由」（同、二九頁）として、「愚行権」が主張される。

しかし、小田の主張は、ミルを経由してはいない。古代ギリシアのデモクラシーから直接導出されたものである。小田は、ベ平連結成以前に、紀元前三九九年のソクラテス裁判を題材とした『大地と星輝く天の子』(講談社、一九六三年)を発表している。小田に特徴的なことは、焦点をソクラテスにではなく、約五〇〇人の陪審員大衆のほうに当てたことである。裁判は、有罪か無罪かを決める第一回と、有罪の場合に量刑を決める第二回とに分かれた。第一回の裁決では、二八一対二二〇の僅差で有罪が決まるが、第二回の裁決では、「死刑」(原告側要求)対「罰金刑」(被告側申し出)が三六一対一四〇と大差がついている。単純に計算すれば、第一回で「無罪」に投じた者のうち八〇人が第二回では「死刑」に投票したことになる。もちろん、第一回と第二回の間で行なわれたソクラテスの陳述が結果に影響を与えたことは否めないが、小田の筆致はむしろそのような「愚かな投票行為を行なう愚かな大衆」を肯定的に描いている。「賢人政治というのは恐いですよ。衆愚政治でいいから、人々がやるのがデモクラシーです」(鶴見・小田、二〇一一、一一一頁)と小田は言う。どんなに腐敗したデモクラシーであろうとも、意思決定の契機を大衆がもつかぎりにおいて、優れた独裁制よりはよい、という小田の基本認識がここに示されている。それがベ平連の原理となった。

「無謬性からの解放」こそがベ平連の特徴であることは、鶴見俊輔もまた力説している。一九六七年、アメリカ海軍の空母イントレピッド号から四人の米兵が横須賀で脱走し、ベ平連は彼らをスウェーデンに向けて国外脱出させた。それ以来、アメリカ脱走兵支援活動はベ平連の活動の中核になっていくが、その活動において鶴見はある意味では致命的な誤りを犯している。米軍のスパイの疑いのあった「ジョンソン」について、国外脱出の援助をすることをベ平連は決断した。そもそも「ジョンソン」を脱走兵として受け入れたのは、鶴見と深作光貞の判断だった。「ジョンソン」はやはりスパイだった。結局、米軍に脱出方法の詳細が伝わってしまい、べ平連は重要な脱出ルートを失うことになった〔吉岡、二〇一五、二八―三〇頁〕。べ平連を一つの組織として見るならば、鶴見の判断は組織の存亡にかかわる重大な過誤であったと言える。しかし、その過誤を犯した鶴見が、べ平連内部において査問されることもなければ、処分を下されることもなく、それまでと同じように振る舞えた〔鶴見、二〇〇九b〕。べ平連全体が、「無謬性からの解放」という点で思想的な一致をみていたからであり、これが、一九七〇年代に内ゲバの論理で自滅の道を進んでいった新左翼諸派と決定的に異なる点でもあった。

鶴見は、若き日の著作である『アメリカ哲学』（世界評論社、一九五〇年）のなかでパースを取り上げ、「自分ならびに他人の意見を、常に、まちがっているかも知れぬものとして把握する」〔鶴見、一九九一―二〇〇一a、一巻、二七頁〕という「まちがい主義 fallibilism」がその思想体系の礎にあると考えた。パース自身、次のように述べている。「もっとも誤りが少ない測定科学――度量衡学、測地学、測定天文学――では、まともな者で自分の結果に蓋然的誤差をつけないで発表することはない。このしきたりが他の科学でもとられていないとすれば、それは蓋然的誤差があまりに大きくて推定できないからである」〔Peirce, 1974-80, I, p. x／デイヴィス、一九九〇、一六四頁〕。まさに、「無謬性 infallibility」に対抗する発想である。鶴見は、小田実はパースを読んでいないと推測しつつ、「まちがい主義」において共通すると指摘している〔鶴見・小田、二〇一一、五四頁〕。

「脱走兵のことでは、小田も私も予測をまちがったわけだけれども、そもそもべ平連というのは、ファリブリズム、まちがい主義なんです。このファリブリズムという言葉、もともとはプラグマティズムの創始者の一人、チャールズ・パースがつくったもので、まちがいからエネルギーを得てどんどん進めていく、まちがえることによって、その都度先へ進む、それが何段階かのロケットにもなっていくわけです。……マルクス主義というのは、you are wrong でしょ。あくまでも自分たちが正しいと思っているから、まちがいがエネルギーになるということがない。」〔鶴見、二〇〇九a、一二一－一二二頁〕

このように、淵源はさまざまではあるものの、マルクス主義との対抗を念頭に置いた「無謬性からの解放」という点に、一九六〇年代の市民運動に結集した人々の共通の認識を見ることができる。

松田は、「無謬性からの解放」を医師のパターナリズムからの解放の論理として受け取り、なおかつ今度は医療における「パターナリズム」を思想史のなかに位置づけなおそうとしていた気配が窺われる。一九八八年に刊行された自著『わが生活　わが思想』を改訂したいという思いをもっていたのだろうか、そこに松田は書き込みを行ない、いくつもの付箋をつけている。先に引用したパターナリズムの箇所には、赤いボールペンで「パターナリズムの弊害についてはバーリン『ある思想史家の回想』p110をみよ」という書き込みがあった。バーリン／ジャハンベグロー『ある思想史家の回想』（みすず書房）は一九九三年の刊行だから、『わが生活　わが思想』の五年後、松田はすでに八五歳で最晩年を迎えていた。

『ある思想史家の回想』は、ジャハンベグローがバーリンにインタビューするという形式をとっている。インタビューは一九八八年から何度かに分けて行なわれ、原著は一九九一年に刊行されている。バーリンは刊行時に八〇歳を越えた老大家であり、思想史家としてのこれまでの仕事を振り返り、自己を語っている。松田が参照を求めている箇所は、『流れに抗して』（一九七九年）のなかの「反啓蒙思想」、とくにジョゼフ・ド・メストルとエドマンド・バークが取り上げられている部分である。バーリンは、このインタビューの合間に「ジョゼフ・ド・メストルとファシズムの起源」（一九九〇年）（バーリン、一九八三－九二、四巻）という長い論文も書いている。なぜ、一般には保守主義と呼ばれる人々を研究の対象とするのか、バーリンはまず自分の立場を明らかにする。

「私は基本的には自由主義的な合理主義者です。啓蒙の価値、ヴォルテールやエルヴェシユス、ドルバックやコンドルセの説いたことは、私の深い共感を呼ぶものです。おそらく彼らは、人間の経験する多様な事実についてあまりに偏狭で、間違っていることも多かったでしょうが、しかし彼らは偉大な解放者です。彼らは人々を、恐怖、蒙昧、熱狂、途方もないものの見方から解放しました。彼らは残酷さに反対し、抑圧に反対し、迷信と無知にたいして戦い、人々の生活をぶち壊す数多くのものと戦いました。したがって私は彼らの側にあります。」（バーリン／ジャハンベグロー、一九九三、一〇八頁）

このようにバーリンは、自らの思想的立場を啓蒙主義の側に置いたうえで、メストルやバークの啓蒙主義批判と取り組むことで、「啓蒙思想の誤りや分析の浅薄さ」（同、一〇八頁）が明らかとなり、「素朴な合理主義と唯物論の欠点」（同、一一一頁）が暴き出されると考える。では、バーリンにとっての啓蒙主義の問題点とは何か。それが、松田の注視した点である。

「一八世紀の偉大な自由主義者たちは、人民をまともに暮らしていけるようにする方法は教育と法律、つまり人参と鞭の方法だと信じていました。人参は誘惑し、鞭は強制します。エルヴェシユスは、報酬と罰という手段で人民が正しく行動するようにしつけることによって、つまり犬やあしかに芸を仕込むようにして社会を改造できると考えました。教育者が正しい生き方と思っているような生活習慣を人民が身につけるならば、すべてがうまくいく――幸福、調和、美徳が栄えるというのが、その考えです。……人間を子供や動物のように型にはめていくことは、論理的にオーギュスト・コント、マルクス、レーニンへと連なっていきます。何をなすべきかをいったん知ったなら、それを説得や強制の力によって人にさせていくことができる――それは基本的な人権を否定し、とりわけ選択の権利を否定しています。選択の自由がないことは、脱人間化を意味します。」〔同、一一〇頁〕

松田は、バーリンの一歳年長であり、ほぼ同時代を生きたこの思想家の「回想」に自らの思想的葛藤を投影して、いたく同感する部分があったのではないだろうか。松田にとっての「社会主義」が、ここでは「啓蒙主義」の系譜に連なるものとして把握されていて、一気に思想的な視野が広がっていく感慨を覚えたのではないだろうか。三〇歳にして『カール・マルクス〔邦題：人間マルクス〕』〔一九三九年〕〔バーリン、一九八四〕という評伝の著者となったバーリンは、その晩年においても、「マルクスは、エルヴェシユスのような思想家にはるかに近いのです。……マルクス主義者から見れば、啓蒙哲学者《フィロゾーフ》たちはほんのいくつかの経験上の過ちをしているだけで、原理的には彼らは正しかった、真の先駆者だったのです」〔バーリン／ジャハンベグロー、一九九三、一一〇―一一一頁〕と述べている。松田はこの部分に刺激されて、自分の「安楽死」に関するアンビヴァレントな思いが、これまで培ってきた「社会主義」をめぐる思想的営為と一貫したものとして総合できる、さらには、ルソーも含めた葛藤を総合し、自らの思想体系を再構成することができる、と思い至ったのではないだろうか。

啓蒙主義の側の系譜に基本的に賛同し、ルソー、マルクス、レーニンという「偉大な解放者」の思想に共鳴しつつも、そこにある「パターナリズム」を拒否しなければならないという論理を、松田はバーリンから受け取った。自分が「社会主義」をめぐって長年のあいだ葛藤してきたのは、「社会主義」を単純に否定することではなく、「社会主義」の側に身を置きつつ、「社会主義」を批判するという重厚で柔軟なスタンスを求めてのことだったと、松田はおそらく自覚した。安楽死をめぐる自己決定権の二重性の問題にしても、あれかこれかと右往左往する振り子のような思考ではなく、自己決定権に依拠しつつ、自己決定権を批判するという重層的で弾力的な思考のあり方が、ありえたはずだった。そして、その二つが総合されたときに、松田の生涯をまとめあげるような思想体系が現われたことだろう。

しかし、実際には、『わが生活　わが思想』(一九八八年)から『安楽に死にたい』(一九九七年)のあいだに、松田は自己の思想体系の再構築という仕事には取りかかれなかった。松田の意識は「安楽死」問題に収斂するかたちとなり、医師―患者関係における「パターナリズムの拒否」という方向に単線的に突き進んでいった。あれほど悩まされた「自己決定権」をめぐるパラドックスの問題は、そこではきれいに捨象されてしまう。バーリンが八〇歳を過ぎてメストルに関する長大な論文を書いたような強靭な知力は、もはや松田には残されていなかった。シンプルに、わかりやすく、「パターナリズムの拒否」を自分の思想全体に貫徹させることで、松田は自分を完結させようとした。

その「到達点」は、「安楽死」という切り口からだけ見たならば、「錯乱」であり「裏切り」であったかもしれない。しかし、これまで考察してきたように、その「到達点」が「結論」であると考えないほうが、松田の心情に即した理解の仕方だと思われる。むしろ、その到達点に至るまでの逡巡するプロセス、その運動こそが、松田の思想的信条を適切に表現している。松田は、その「愚行」的跛行全体によって、「自己決定権」の二重性に基づく「安楽死」問題の難しさを表現した。それは、「社会主義」に対するアンビヴァレンスがおそらく終生松田につきまとったのと同じ構造を示している。

5　医師と患者の関係

木村利人が一九八〇年にアメリカから「インフォームド・コンセント」の概念を導入すべく岡村昭彦とともに日本全国を講演旅行した頃、日本医師会に君臨していた武見太郎に会うと、「木村さんの言ってるインフォームド・コンセントは法律家の立場からだけれども、分からなくはありませんよ。しかしね。そりゃあやっぱりね、医学のことは私も医師会の会長を二三年やってるけど、無理ですよ、素人がいろいろ決めるの」と言下に否定されたという〔木村、二〇一四、二三四頁〕。その後、胃がんの手術を受けた武見は、退院時に「入院して初めて、患者というのはかわいそうな存在だとわかった」（『朝日新聞』一九八三年一二月二〇日夕刊）というコメントを残し、「これからは患者中心の医療であるべきだ」と豹変したという〔木村、二〇〇九、五頁〕。このエピソードが笑い話で済まされないのは、このような武見体制の下でインフォームド・コンセント等の導入が遅れざるをえなかったということだけではない〔米本、一九八八、一五九―一六〇頁〕。医師が患者と立場交換することがいかに難しいかを物語るエピソードでもある。

松田は、武見とは違って、『療養の設計』(一九五五年)以来、患者中心の医療を唱えつづけてきた人物である。しかし、生前最後の著作である『安楽に死にたい』(一九九七年)のなかで、明らかに松田自身の医師―患者関係への思いに変化が生じたことがわかる。

「高齢者の良識からすれば、もうCure(医者のやる治療)はたくさんだ、Care(親しい人の心のこもった世話)だけにしてほしいということだが、医者には理解しにくい。」(松田、一九九七a、四九―五〇頁)。

「八十七歳という高齢になって、私は特養にいる何万かの、生きているだけの人の気持がやっとわかるようになった。」(同、五二―五三頁)

「ホスピスや特養は高齢者にたいする病院治療の空しさを反省して生まれた新しい時代の産物である。ホスピスや特養の時代的な社会的意味を、国はもっと理解してほしい。」(同、五五頁)

「高齢になって、やっと医学は治療だけでないことがわかった。」(同、六一頁)

最晩年になって、松田の医学・医療観は大きく転回したことになる。「医学の使命は病気を治すことにある」という松田の原点がまず覆された。医学・医療には、「老い」を「治す」ことはできないし、医療による「死」の回避は暫時的なものでしかない、という当たり前のことを、ようやく身をもって理解したということだろう。「治らない」状態をなお「治る」ものであるかのように治療の対象にするところに、現代医学の問題点があるという指摘は、高齢者問題に限ったことではない。「治らない」患者を前にして、医師は医師としてどのように振る舞えばよいか。「キュア」ではない「ケア」

における医学、医師の役割とは何か。このように問題を普遍化していくビジョンは、晩年の松田にはなかった。しかし、医学・医療観の転回によって、松田が医師—患者関係における「パターナリズムからの解放」を徹底化しえたことは間違いないだろう。「治療」という武器を奪われた医師には、もはや「無謬性」という概念はなじまないものになっている。

もう一点、医師—患者関係の平等性の確保の条件について次のように述べている点は注目に値する。「日本の医者は、明治になって、西欧医学の権力による普及、医師会の官僚統制の中で家父長的発想を温存した。／医者は患者と平等の市民であるという自覚をもつことが第一歩である。そして医者が市民の生活に立ち入りすぎていないかの反省が必要だ。」（同、六〇—六一頁）

先述したように、性病に関して「夫の品行方正を望む」という説教は、平等な医師—患者関係にはまったく無用なことである。医師が、診察室のなかで道徳家である特権をもてば、患者は頭を下げるしかない。医療上必要な感染ルートの解明以外の目的で、医師が患者の生活に立ち入ることは、「インフォームド・コンセント」の精神に反するということを、やっと松田は理解したことになる。＊

＊松田は、医師が「道徳家」の役割を担うことの問題性を原理的には気づいていた（松田、一九七一b、一四四頁）。また、医師—患者関係の対等性を日本の伝統のなかに探る努力もしている（松田、一九七五a、三一頁）。

一九五〇年代から「患者の側に立つ」という松田の姿勢は、時代を越える先進的なものであったが、「患者の側に立つ」という発想は、実はそれ自体が「パターナリズム」の変形であるとも言える。『療養の設計』（一九五五年）においても、指導者・監督者としての「良い医師」が前提にされていたことは、丸山眞男の書評のなかにも読み取ることができる（本書第四章4）。また、『私の戦後史』（一九八〇年）では、松田は次のように言っている。「よい医者の任務は、治療における真実を、病人の心の準備状態をみきわめた上で、あるいは大量に、あるいは少量に処方することであるということに思い至った。……病人の経済状態、家庭の事情、教育の程度、気性、ものわかりのよさ、あるいは、ものわかりのわるさの程度をまず見ぬかねばならない。そればかりではない。医者自身が病人からどうみられているかを知らねばならない」〔松田、一九七九―八一、五巻、八頁〕。もちろん、このような「よい」医師はそう多くはいないだろう。しかし、医師としての立派な心掛けの裏側には、患者を見下す尊大さが張りついている。愚昧な民に代わってその真の利益を考えてやろうという「ヒポクラテスの誓い」的な意識が透けて見えるのである。

「安楽死」問題についても、松田は、最終的には医師―患者関係の改善が必要であることを説いてきた。たとえば、「晩年について」(一九七一年)では、最終的結論として、「医者が病気でなしに、人間をみてくれることを切望する。医者の「良心」は、病人の人間としての威厳をも顧慮すべきだからである」〔松田、一九七一b、二五八頁〕と述べていた。『安楽死』(一九八三年)では、安楽死法制化は、現在の医療体制への「あきらめ」に起因するとし〔松田、一九八三b、三八頁〕、戦前のようにかかりつけの医師が往診を厭わず、濃密な人間関係が存在すれば、自宅で安楽に死ぬことができるはずだと唱える。「麻薬使用をおそれない少数の開業医を知っていて、その人に往診してもらう約束をとりつけた幸運な人しか、自宅で安楽な死をむかえることはできない」〔同、五五頁〕。要するに、医師と患者との信頼関係のなかから醸し出される阿吽の呼吸によって、良心的医師が患者を安楽に死なせる、という理想が語られている。

そのような戦前の良心的医師の典型の一人は、松田のなかでは父・松田道作だったと思われる。道作は小児科医として献身的な医療を行なった、しかし権威的な医師でもあった。患者である子どもの母親に「温度表」を必ず手渡すのだが、それは「三時間ごとに体温をはかって体温の移動曲線をかきこませ、大便と小便の回数、授乳の時刻を記入させる」ものだった。当然、そんな面倒なことを生真面目にしてくる母親のほうが稀だろう。「白紙の温度表をもってくる場合が少なくなかった。／父は、そういう母親をひどく叱責した。父にしてみると大学病院とおなじ質の治療がしたかったのだろうが、母親たちにすれば、とにかく治療してもらいさえすればよかった」〔松田、一九七五a、一〇〇頁〕。

最後の著作のなかで、松田は、医師―患者関係に関する考えを根本的に変えた。郷愁のなかの理想の良心的医師はもはや消え去っている。医師には、患者を慮る洞察力は必要とされない。患者の意思をそのまま理解し、その意思を医療行為として実現させることのできる医師が求められている。しかし、それが「技術者型」なのか「パートナー型」なのか〔高草木編、二〇一三、三四〇頁〕というところまで、具体的な医師像は明らかにされていない。

最初の問いに戻ろう。これまで見てきたように、松田が「安楽死」問題発言のブレにおいて「晩節を汚した」という評価は充分な根拠をもっているものの、飯沼の「基本的人権の実現を求める松田さんの働きは、……生涯の最後に、彼の職域である医者と患者の関係にまで到達した」という見解が的を外しているわけではない。松田は、最終的に「パターナリズムの拒否」を貫徹させることによって、医師―患者関係についての見解を大きく変えた。最後の著作『安楽に死にたい』は、必ずしも松田の構想した思想の総決算ではなかったにしても、「安楽死」についての自らの見解のブレを清算するような単純な論理に収斂させることによって、古典的な「良い医師」像から訣別し、新たな医療のあり方、新たな医師―患者関係を切り拓く地平に立った。

ただし、松田は、「安楽死」という「患者の自己決定権」のなかでは特殊な分野に関して、高齢者という自らの境遇、経験から問題提起をしているだけである。思想家として、障害者やその他の弱者との連携を考えたうえで、医学のあり方や医師―患者関係の改善を提起したわけではなかった。「死の自己決定権」は、「患者の自己決定権」のなかの特殊な領域に過ぎず、そこからのみ問題を突破しようとすることには自ずから限界があるだろう。逆に言えば、思想家・松田道雄をもってしても、自らの境遇、経験によってしか、医師―患者関係の改善を考えられなかったほど、この問題の根は深いと言わなければならない。

第八章　女と「いのち」

1　廃娼運動と伊藤野枝

松田道雄は、一九六〇年代日本の市民運動を担う「市民」の源流として「明治の廃娼運動や青鞜社の女性たち」を挙げていた。久野収が、ヨーロッパにおけるギルドという職業団体や「誓約団体としての都市共同体」に「市民」の源泉を求め、小田実においてはフランス革命期の「市民《シトワイヤン》」がその原型的イメージとなっていたのに比べると、松田の発想は特異なものだった。「明治の廃娼運動や青鞜社の女性たち」は、もちろん参政権もなく、一般的には「市民」たる客観的要件を欠いていたと言えるが、松田はそこに何を見ていたのだろうか。本書を終えるにあたって、松田が「女」に寄せた思いを思想的に解明し、もって松田の思想の意義と限界を考えたい。

『女と自由と愛』（岩波新書、一九七九年）や『私は女性にしか期待しない』（岩波新書、一九九〇年）で、松田は、「すべての婦人労働者が既成の労働組合から脱退して女だけの組合をつくること」（松田、一九七九、九五頁）を促している。政党と関係をもたず、女であれば誰でも入ることのできる「女だけの組合」が、社会変革の砦になると考えていたようである。具体的には、日本教職員組合（日教組）から女性組合を分離独立することを提言していた〔松田、一九九〇a、一八六―一八七頁〕。その提言にあたって、松田の念頭にあったのが、「明治の廃娼運動」だった。「「日本の男はいばりすぎだ」と最初にいった日本の女は、キリスト教信者でした。そういう人たちは、女の人身売買に反対して、廃娼運動をはじめました」〔同、一五四頁〕。それは、やがて「男のやっている社会主義運動」のなかに呑み込まれていってしまった。いま、その精神を復活させようということである。

松田は「明治の廃娼運動」についてまとまった論考は残していない。『恋愛なんかやめておけ』〔筑摩書房、一九七〇年〕という少年少女向けの著作のなかで、明治・大正期の恋愛観、結婚観を紹介し、廃娼運動を行なった女性団体として、一八八六〔明治一九〕年、桜井女学校〔現在の女子学院の前身〕の校長代理だった矢島楫子《かじこ》らのつくった「東京婦人矯風会」〔一八九三年より「日本キリスト教婦人矯風会」〕が最も古いことは記している。また、翌年、婦人矯風会の会員が行なった演説「婦人文明の働き」についても、『東京日日新聞』〔一八八七年五月四日〕の記事を紹介している〔松田、一九七〇a、九八頁〕。

『われらいかに死すべきか』〔暮しの手帖社、一九七一年〕でも、「明治二十二年から廃娼運動というのがさかんになった」〔松田、一九七一b、一一〇頁〕と言い、キリスト教の一夫一婦制道徳の影響を受けた「当時のインテリ女性」がその担い手だったことを記している。「婦人矯風会だとか婦人白標倶楽部だとかにあつまって廃娼運動をやったのは、そういう新しい女たちであった」〔同、一一一頁〕。

『女と自由と愛』〔岩波新書、一九七九年〕では、青鞜社を「示威型」の女性解放運動、つまり「女だって男にまけない能力があることを世間にみせよう」〔松田、一九七九、四一頁〕という気概をもったエリート女性たちの運動の代表例として示し、いっぽうで「弱い女の自由を求めた」、「被害者運動型」の典型として、矯風会を挙げている。

「キリスト者を中心にした「矯風会」は一夫一婦制厳守の立場から男本位の「家」の制度に反対し、婦人の政治参加をもとめました。そのもっとも大きな社会的な動きは、「廃娼」の活動でした。公認された売春制度によって女郎屋に売られて軟禁されている娼妓に脱出をすすめ、それを保護しようとしたのでした。「矯風会」の運動はすべて男が女におしつけている差別にたいして、弱い人間の立場から抗議したものです。」（同、四二頁）

「青鞜社」も「矯風会」もエリート女性が担っていたにせよ、「矯風会」の草の根的な運動のなかに松田が「市民」の源流を求め、将来の運動のための萌芽を見いだしていることは明らかだろう。

松田の一歳年下になる村上信彦は、『明治女性史』（全四巻、理論社、一九六九―七二）（松田、一九七九―八一、一五巻、一八八―一九〇頁）のなかで、矯風会が娼妓救済の具体策として「女子授産場」を設けた活動などを評価し、廃娼運動は、矯風会、山室軍平らの救世軍、島田三郎、安部磯雄らの廓清会の三者が一致協力して行なった「明治最大の人権闘争」（村上、一九六九―七二、下、一四二頁）と位置づけている。

矯風会地方支部の運動を丹念に掘り起こした近年の研究でも、「禁酒会・婦人会の人々の公娼制度への批判意識は、「家」のために忍耐を重ねて勤倹貯蓄・親孝行を実践してきたなかで培われた自負心を底流にもっていた」（小野沢、二〇一〇、三〇〇頁）とされ、「「家」に現金収入をもたらす労働の担い手としての自己や、家事・育児の担い手としての自己への自負心・自尊心に裏打ちされた、「家」内部の身分的秩序に対する女たちの批判」（同、七五頁）がそこに読み取られている。エリート女性たちのハイブロウな運動とは異なる側面が描き出されている。「男本位の「家」の制度に反対し」、「弱い人間の立場から抗議した」運動とする松田の認識は、大枠において間違っているとは言えないだろう。

いっぽうで、松田は、近代日本の女性思想家のなかで、平塚らいてうから青鞜社を引き継いだ伊藤野枝を格別に高く評価している。「家庭をささえていくものと、女性の個人の尊厳と可能性とについて、もっともふかくかんがえたのは伊藤野枝だと思います」、「彼女ののこした「自由意志による結婚の破滅」と「自己を生かすことの幸福」は、日本の家庭論の最高の峰として、まだ誰もそれをこえられない青空にそびえています」(松田、一九七九―八一、三巻、一二四頁)と絶賛に近い表現を用いている。

『婦人公論』一九一七年九月号に掲載された「自由意志による結婚の破滅」は、伊藤自身が訳したエマ・ゴールドマン「結婚と恋愛」(一九一〇年)を下敷きにしている。「結婚と恋愛は共通な何物をも持つてはゐない」(ゴールドマン、二〇〇〇、四巻、二一頁)、「結婚は元来経済的の取り極めであり、保険の契約の如きものである」(同、二一頁)というゴールドマンの説に依拠しつつ、自らの結婚を顧みている(伊藤、二〇〇〇b、二巻、四三一―四四〇頁)。親に決められた最初の結婚が破綻したのに次いで、恋愛に基づく辻潤との結婚が、協議離婚というかたちで決着がついたのを機にして、伊藤はこの論考を書いている。松田の解説にしたがえば、「恋愛は日常性を否定したところに成立するのに、家庭は日常性との妥協なしには、ささえにくい」(松田、一九七九―八一、三巻、一二五頁)ことを伊藤は指摘したということだが、ゴールドマンと比較して、とりわけオリジナリティがあるわけではない。

むしろ松田が賞賛の対象としているのは、『女性改造』一九二三年五月号に掲載された「自己を生かすことの幸福」のほうだろう。伊藤は、辻と別れた後、大杉栄と生活し、大杉との間に五人の子どもを産んでいる。「私共の家庭の中心人物は何時、何の為めに、家庭から拉し去られるか知れないのです。そして又、再び家庭に帰されるかどうかさへも分らないやうな事すら勘定の中に入れておかねばならないのです」(伊藤、二〇〇〇c、三巻、三六〇頁)と大杉との生活を説明し、その「覚悟」について次のように語っている。松田はその全部を引用している(松田、一九七九—八一、三巻、一二五—一二六頁)。

「今の世の中の権力者を敵にする私共の生活には、ありきたりの手前勝手な幸福に酔うてはゐられないのです。私共の本当の心の平静は、その不幸を待つやうな結果を生むやうな仕事によつてしか得られないのです。私共の仕事は、到底目前の安逸では誤魔化し切れないのです。そして、その仕事に対する熱情は何物をも顧みるいとまを与へません。その仕事が失敗して、どれ程の罪科に問はれようとも、結局は無為で安逸を貪るよりは遥かに、其の心を慰めるのです。ですから、私共にしても、其の不幸に実際につきあたつてしまへば、もう其処には『覚悟』がすわつてゐます。」(伊藤、二〇〇〇c、三巻、三六六頁。傍点は原文)

伊藤の論考には、「家庭をささえる日常性が夫と妻との精神を腐敗させるというメカニズム」(松田、一九七九—八一、三巻、一二五頁)が描かれていると松田は指摘する。そして、このような「日常性の否定」としての家庭論のなかに、松田は「最高の峰」を見いだすと言う。いっぽうで、『日常を愛する』(筑摩書房、一九八三年)の著者である松田は、家庭を「管理社会の解放区」(松田、一九七九—八一、三巻、二〇五頁)と位置づけ、その家庭における「日常性を大切にする」(松田、一九七九、八一頁)ことを是としてきた。「管理社会といわれる現在、家庭は管理のとどかない唯一の場所です。全体主義国家が露骨な暴力の支配する世界であるのにひきかえて、管理社会は民主主義のルールで支配する世界です」（同、七三頁）。その松田が、なぜ伊藤の激烈な「日常性の否定」としての家庭論に惜しみのない賛辞を送るのか。

自由奔放な「新しい女」として短い一生を生き切った伊藤がこの文章を『女性改造』に発表した当日にあたる一九二三年五月一日、大杉栄は、パリ郊外のサン＝ドゥニのメーデー集会で演説して逮捕されている。前年の一二月、大杉はベルリンで開催予定の国際アナーキスト大会に出席するために日本を脱出していた。大杉は、死の危険と隣り合わせながら世界を駆けめぐる、時代から突出したアナーキストとして活動をつづけていた。ぎりぎりの緊張関係のなかで営まれる家庭生活を、同じアナーキストとしての志をもつ伊藤は、「同志」的結合と捉えた。その活動の思想的・歴史的意義を理解しないかぎり、大杉の生活を支えることは不可能だったろう。その年の九月一六日、大杉、伊藤、大杉の甥・橘宗一の三人は、陸軍憲兵大尉・甘粕正彦によって虐殺された。伊藤は享年二八歳だった。

伊藤は、ゴールドマンの言う結婚と恋愛の相違を踏まえたうえで、なお非日常的な「恋愛」に代わる情念として「同志」愛を説いた。伊藤は「恋愛」と区別した「結婚」を日常性の枠で捉えたのではなく、逆に非日常的な葛藤として位置づけなおしたのである。このような苛烈な「家庭」は、時代の最先端に生命を賭けた者だけのものだろう。圧倒的多数の市井人の家庭にとって、伊藤の言う「同志」愛など無縁のように思える。

伊藤の家庭論は、しかし自分と大杉の特殊なケースについてのみ語られたものではなかった。当然のこととはいえ、伊藤自身が「出来るだけの安逸を貪らうとして」（伊藤、二〇〇〇c、三巻、三六六頁）

いる面もあることは認めている。また、「私共のやうに、進んで危険な機会に自分を曝《さら》す人でなければ、誰でも安心してゐられるでせうか」(同、三六一頁)と問いかけるとき、どんな家庭でも「覚悟」の必要なことを暗に仄《ほの》めかしている。

おそらく松田は、伊藤の言う「安逸」と「覚悟」の二重性を参照しつつ、「家庭」を二重性を帯びた存在として捉えている。主として夫の側から見たときには、家庭は「管理社会からの解放区」であり、仕事の疲れを癒し、指揮命令系統から解き放たれて自由を享受できる安寧の場である。しかし、子育てをしている専業主婦の目から見たとき、家庭は、寛ぎの場でも、「解放」される場でもなく、生活という葛藤の場である。そこでは妻も夫も対等な「市民」として対峙せざるをえない局面をもつとすれば、家庭は「市民」性が鍛えられる場としても機能する。「市民」が生成し、鍛錬されるのは、街路であり、職場であり、地域であり、同時に「家庭」でもあることを松田は主張したかったにちがいない。大杉のような崇高な義務感や使命感はなかったとして、誰もが一人の「市民」として意見をもち、議論をし、抗議をすることができる。「職場」における「市民」の生成を政党の介入の可能性の観点から疑問視していた松田にとって、「家庭」は「市民」の意識醸成の重要な拠点であったと言えるだろう。しかし、松田は、『新しい家族像を求めて』(筑摩書房、一九七九年)等の著書がありながら、「家庭」を総合的に捉えなおすこともなく、また伊藤野枝の全体像を描くこともなかった。

「明治の廃娼運動」と「伊藤野枝」という断片的にしか現われない、しかし松田にとって重要と思われる二つのファクターが、歴史のなかで交錯した瞬間がある。一九一五(大正四)年、婦人矯風会が大正天皇の大典を期に開催した第二三回大会において「一、公開の席上に醜業婦を侍せしめざる事、其他凡《すべ》ての風俗を紊乱《びんらん》する行動の取締りを厳重にする事。二、精神的記念として、今後六年間に、公娼制度の廃止を期する事」（日本キリスト教婦人矯風会編、一九八六、三三五頁）と決議したことに反駁して、伊藤が「傲慢狭量にして不徹底なる日本婦人の公共事業に就て」という論考を『青鞜』一九一五年一二月号に発表したのである。伊藤は、「上中流階級に属する教養ある多数の婦人連に依つて組織される団体」（伊藤、二〇〇〇a、二巻、二八七頁）を全体として批判し、「彼女等の第一の自己に対する信条は貴婦人だと云ふ自負の心」（同、二巻、二八八頁）であり、「彼女等の慈善は虚栄の為めの慈善である」（同、二巻、二八九頁）と断言する。そのなかでも、「矯風会」については、「「賤業婦」と彼女等は呼んでゐる。私はそれ丈《だ》けで既に彼女等の傲慢さを、または浅薄さを充分に証拠だてる事が出来る」（同、二巻、二九二頁）と厳しい批判の矢を向ける。

「一人の女が生活難の為めに「賤業婦」におちてゆく。それを彼女たちに云はせると何時《いつ》でも考へ方が足りないとか、無智だからとか云つてゐる。成程それに相違はないが彼女たちはその可愛想な女の無智な苦悶やそこにまで考へのおちてゆくプロセスも考へず、一概にその無智を侮蔑するやうな傾きをもつてゐる。もしも彼女等が本当に「賤業婦」たちを可愛さうに思ふならば、今それを「止めろ」だなど丶云ふよりもその無智な女たちが物を正しく解することの出来るやうな方法を講じてやるがい丶、その方がどの位立派なことだかしれない。……「賤業」と云ふ言葉に無限の侮辱をこめて彼のバイブルウーメンが「一人々々の事情については可愛さうに思うが——」など丶他聞のよささうな事を云ひながらまだその「賤業」と云ふ迷信にとらはれて可愛さうな子女を人間から除外しやうとしてゐる。それ丈けでも彼女たちの身の程知らずな高慢は憎む

べきである。」（同、二巻、二九五頁）

この伊藤の激烈な論考に対して、青山（山川）菊栄が『青鞜』一九一六年一月号に「日本婦人の社会事業について伊藤野枝に与う」で反論し、同じ号に伊藤が「青山菊栄様へ」を、次の一九一六年二月号に青山が「更に論旨を明かにす」を寄せている。伊藤は一九一五年一月号から正式に『青鞜』の編集を任されていた。一九一六年二月号をもって休刊となった『青鞜』のなかで、この伊藤―青山の論争は掉尾を飾るものであり、広く知られた論争だった。

明治期の廃娼運動の底流には、上流階級の女たちの「不潔な行為を営む娼妓は社会を汚す存在だから認めるべきではない」（村上、一九六九―七二、下、六八頁）とする「排娼」論があったと村上は『明治女性史』のなかで述べている。矢島楫子の親族で矯風会を引き継ぐことになる久布《くぶ》白落実《しろおちみ》が、アメリカで自由意思で働いている日本人「醜業婦」と出会ったときの印象を、「日本の女としてこの時ほど恥ずかしい思いをしたことがなかった」（久布白、二〇〇九、六巻、六六頁）と述べているのは象徴的なことである。

近年の研究においても、与謝野晶子が「醜業婦」との連帯の可能性を示したのとは対照的に、「かつて自らの受けた「非国民」の呼称を「醜業婦」に向け、「貞操即ち人格」を所持してはじめて天皇の前に立ちうるとした廃娼運動の人々は、ともに被治者たる己れと「醜業婦」との間に自ら亀裂をもたらしてしまった」（片野、一九八四、二五一頁）という評価がある。廃娼運動が正義感と人道主義によるものであれ、それが行なったことは他方において「売買春を罪悪視しそれを行う女性にスティグマを負わせることであり、娼婦の存在を一般社会とまっとうな婦人たちから物理的にも観念的にも厳しく隔離することだった」〔牟田、一九九六、一三四頁〕とも指摘されている。

つまり、矯風会の活動が重要な人権運動の一翼を担ったものであり、女性解放に果たした役割が少なからずあったとしても、そこに「醜業婦」「賤業婦」との連帯の思想があったかと言えば、疑問をもたざるをえないこともまた確かである。「娼婦と遊廓業者を賤民として扱うようにと要求する主張は、娼婦と被差別民への賤視を相互に増幅する幾重にも抑圧的な差別思想の表出であるが、それが何ら疑問なく掲載され、誰ひとり異論を出さないのが、当時の廃娼運動の人権思想の水準であった」〔藤目、一九九七、一〇四頁〕という廃娼運動全般に対する厳しい評価もある。

伊藤の論考は、当時の矯風会の実態を考えても、誤った指摘をしているわけではない。伊藤が、矯風会を批判して主張しているのは、「同情」ではない「連帯」の可能性だろう。一つの側面だけを鋭く抉り出しているという点で、青山が諭すような粗雑さがあるとしても、重要な論点を提示していたことには間違いない。近年の動向を見ても、伊藤の思考の方向性は年月を経ても一向に衰えない輝かしさを帯びているように見える。

なぜ、松田は、矯風会についても伊藤野枝についても、『女と自由と愛』、『恋愛なんかやめておけ』、『新しい家庭像を求めて』等で度々言及しながら、伊藤の矯風会批判について触れることがなかったのだろうか。

2　主婦論争のなかで

松田が『育児の百科』や『ロシアの革命』によって文筆家として確固たる地位を築く少し前、「主婦論争」と呼ばれるものがあった。第一次は一九五五年から五七年、第二次は一九六〇年から六一年、集中的に女性解放における主婦の位置づけをめぐって議論が行なわれた。これに、一九七二年の第三次を付け加えることもある。この主婦論争は、すでに神田道子、駒野陽子、もろさわようこ、上野千鶴子らによって整理されている〔上野編、一九八二、二四八頁、二七三頁〕。論争は、一般に「職場進出論」、「家庭擁護論」、「主婦運動論」の三つに大別されている。「職場進出論」とは、大まかに言えば、女性の人格的自立のためには経済的自立が必要であり、積極的に就業機会をつくることを是とするものであり、それに対して「家庭擁護論」は、家庭は重要な社会的機能をもつ生活の場であり、主婦労働の社会的価値を認めなければならないと主張する。「主婦運動論」は、「家庭擁護論」をベースにしつつ、主婦の自由な活動によって社会の弊害や問題を解決していくことを目指す〔小谷、二〇〇七、二二一―二三〇頁〕。

上野千鶴子編『主婦論争を読む　全記録』Ⅰ・Ⅱ〔勁草書房、一九八二年〕には、その論争に参加した三三の論考が収録されている。このなかに、松田の論考は一つも入っていないが、論争の波が押し寄せたときにそこに参加していなかったというだけで、松田の議論が「主婦論争」の土俵に載らないものだったわけではない。

これまで見てきた松田の見解から考えれば、まず松田が「職場進出論」に与しないことは明らかである。松田編『新しい保育百科』〔新評論、一九六三年〕では、横田三郎のマルクス主義的な女性の「職場進出論」が語られていたが、編者の松田が同意見でなかったことはすでに述べた。「外で働くか、家庭のなかの仕事に専心するかは、当人が環境と能力と好みにしたがって、自分の意志できめること」〔松田、一九七九、三―四頁〕というスタンスはほぼ一貫している。ただし、一九七九年の段階では、はっきりとマルクス主義的「職場進出論」に対立する見解を示している。

「社会主義は心情的に有閑階級に反撥して生まれましたから、「働かざるもの食うべからず」を信条にしています。この「働く」というときの労働が生産的労働にかたよってかんがえられています。そのかたよりは労働価値説のなかで、労働者の労働力の再生産に必要な価値のなかに、労働者の妻の家事労働を十分に評価しないことに由来します。」〔同、四―五頁〕

「主婦労働」の価値についてはともかく、松田が大枠において「家庭擁護論」と「主婦運動論」の側にいたことは確かだろう。ただし、松田の「家庭擁護論」が「管理社会からの解放区」というリベラルな発想に裏づけられているように見えながら、実は結果として保守的なものに近いことを上野は指摘している。「家庭を守るべき何ものかと考える氏が、その担い手を女に割りあて、そうするように女を励まし始めた時から、氏の論調は、保守派の家庭擁護論と奇妙な符合を見せる」〔上野、一九八二、Ⅱ、二五四頁〕。外で働くか、家で働くかは当人の意思だとは言っても、「当人の「環境と能力と好み」がどのように社会的に形成されるかという視点を欠いては、「〔家庭経営のしごとは〕確率として女がうけもつことがおおい」という現状追認に陥るほかはない。氏は性別固定を巧妙な言辞で避けているにしろ、私生活をめぐる性分業の現状を、基本的には認めているのである」〔同、二五五頁〕。この点は、すでに見てきたように、「管理社会からの解放区」という表現そのものが、多分に男〔夫〕側のものであり、松田のリベラリズムが「男尊女卑」の裏返しの表現にもとれることは後で検討することにしよう。

まず、この「主婦論争」全体を通して言えることは、「階級」の問題がなかなか表に出てこないということである。論争の場が、『婦人公論』や『朝日ジャーナル』であったことを考えれば、読者層はおよそミドルクラスに限られると見てよい。第一次主婦論争の火付け役となった石垣綾子の「主婦という第二職業論」(『婦人公論』一九五五年二月号)は「妻は主婦という第二の職業で、人生に対する情熱を失い、若い時の快活さをすり減らしてしまう」(石垣、一九八二、I、一〇頁)と問題提起をしているが、この論考について小谷野敦は「どうも石垣は、夫婦とも四年制の大学卒同士のエリート夫婦のことでも念頭に置いているようなのだ」(小谷野、二〇〇二、二二頁)と率直な感想を述べている。「職場進出論」と「家庭擁護論」を対立させたところで、想定している階級や階層が異なれば、議論がかみ合うはずもない。しかし、「階級」の問題が前面に出てくれば、「女」の問題は後景に退いてしまい、論争自体の基盤が失われてしまいかねないのである。

伊藤野枝が矯風会批判を通して提起したのは、「上中流婦人」と「賤業婦」とのあいだの亀裂をつくりながら女性解放はありえないということであり、その対立を直視しながら女としての共通利害を図らなければならない、ということだった。松田にとって、伊藤の「傲慢狭量にして不徹底なる日本婦人の公共事業に就て」は、自分自身の肺腑を抉られるような鋭さをもっているがゆえに、近づきがたいものだったのではないだろうか。松田が、伊藤の資質を際立たせているこの有名な論考を知らないはずはなかった。

松田は、「女」の問題を「階級」の問題に還元されたくないために、あえて「階級」を捨象して、

「女」一般に語りかけるスタイルをとっていた。もちろん、松田が、「階級」に無頓着だったわけではない。一九六〇年代の「総中流意識」のなかでその陰に隠れてしまっていた階級対立の問題が八〇年代には顕在化してくる。松田自身、実は一九七三年の石油ショック以前の段階で階級格差の問題に言及している。

「労働者階級というが、そのなかにはっきりと格差がでてきた。うえのほうはミドル・クラスといっていいような安定した層である。底辺にいるのは浮びあがりようのない人たちで、はげしい労働からくる疲労と、生活のゆとりのなさから、自分の力で組織をつくることもできない。」〔松田、一九七一a、二一八頁〕

『女と自由と愛』を刊行した一九七九年と『私は女性にしか期待しない』を刊行した一九九〇年では、経済状況がすっかり変わってしまって、職場進出か専業主婦かという問題自体が成立しなくなってしまったことも認めている。「家のそとで仕事しつづけるか、専業主婦になるかは、夫のかせぎにもよることですが、妻がきめることだといったのでした。だが一〇年間に世の中がかわりました。妻はいやおうなしに働いて家計を足さなければならなくなりました」〔松田、一九九〇a、一四四頁〕。そこに明確な階級格差が露呈したことを充分に意識している。

にもかかわらず、というよりも、だからこそ、松田は「女」一般に語りかけ、励まし、鼓舞しようとする。松田が、一九七〇年代からずっと提唱してきたのが、先述した「女だけの組合」の結成である。

「すべての婦人労働者が既成の労働組合から脱退して女だけの組合をつくることです。それは労働組合の勢力を分散し、ひいて社会主義政党の力を弱めるという非難がでるでしょう。だがいまの男の労働組合は、一種の官僚組織で、やがて国会議員にまで出世していく幹部の踏台でしかありません。組合と社会主義政党を粛清するためには、女だけで下づみにされているものの組合を別につくるしかありません。／女だけの労働組合は、働く女を男と差別する一切の風習の廃止にむかってたたかわねばなりません。法律さえあれば差別がなくなると思うのは無邪気です。」〔松田、一九七九、九五頁〕

「女だけの労働組合は、女にたいする差別に反対するという共通の目標がありますから、容易に全国的な連合体をつくることができるでしょう。それを基盤にして女の差別をやめさせる政党をつくることも可能です。」〔同、九六頁〕。

こうした「女だけの組合」という構想には、「明治の廃娼運動」の系譜が意識されていることはすでに述べたが、直接的には、イギリスのメアリー・マッカーサーが実際につくった女性労働組合の例が引かれている。

「働く女の「婦人労働組合全国連合」をつくったメアリー・マッカーサーはいいました。／「女は安い賃金でこきつかわれている。それは組織されていないからだ。女は組織されていない。それは安い賃金でこきつかわれているからだ。」／その悪循環をたちきるのが労働組合だったわけです。」〔松田、一九九〇a、一五八頁〕

この松田の説明は基本的に間違ってはいない。マッカーサーは、確かに一九〇六年に「全国婦人労働者連合 National Federation of Women Workers」を設立している。しかし、実はこの団体は一九二一年には「全国一般労働者組合National Union of General Workers」に吸収合併されている。それは、マッカーサー自身の尽力によるものであり、女性だけの組合は、女性労働者が極端に「未組織かつ低賃金」だった時代の一時的な方策に過ぎないものと認識されていたと見るべきだろう〔大森真紀、一九七九、三四頁〕。だから、今世紀初頭のマッカーサーの言を、すでに「男女雇用機会均等法」(一九八五年制定)が施行されている段階で、「いまの日本にそのままあてはまります」〔松田、一九九〇a、一五八頁〕と言うのは、明らかに時代感覚がずれている。既存の男女の労働組合から女性だけを分離独立させるという発想も、マッカーサーの考えとは相容れないだろう。

松田にあっては、問題は女性差別の解消そのものではない。その問題を梃子にして、時代や社会の閉塞状況を打破する「主体としての女」が構想されている。一つには、主婦が既存の管理社会から束縛されていない、自由な存在であることがその根拠づけになっている。「自由思想の主婦」という表現で、新たな社会層としての主婦を松田が見いだしていた点については、すでに述べた。この発想は、「主婦論争」において現われた「主婦運動論」にも見られ、必ずしも松田に固有のものではない。

たとえば、清水慶子「主婦の時代は始まった」は、第一次主婦論争のなかで「主婦運動論」の中心となる論考である。清水は、戦前の「名流婦人」の運動とは違って、名もない主婦たちが家庭の枠を越えて地域の問題に声を上げるようになったことに着目する。具体的には、「電力値上げ反対、お米の統制撤廃の反対、池上特飲街への反対、学校給食の継続運動」といった地域に内在した問題から、「ビキニの死の灰への抗議、黄変米拒否、憲法改悪家族制度復活反対」という普遍的な問題まで、主婦の運動が強力にかかわってきた。全国一五〇〇万という数をもつ主婦は、組織力はないにしても、もはや「社会的に無視できぬ力強い動き」〔清水、一九八二、二五頁〕を見せていると、社会層としての主婦に期待を寄せている。

丸岡秀子「夫妻共存論」は、「生命を生み出す母親は、生命を育て、生命を守ることをのぞみます」という母親大会の標語を基礎にして、「原水爆反対運動にせよ、母親大会の運動にせよ、基地問題での主婦の立場にせよ、米価引下げの問題にせよ、売春禁止法制定問題にせよ、教育を守る運動にせよ、職場をもたない主婦の座は、それらの運動とむすびつくことによって、新しい変化をよびおこしていることはまちがいない」〔丸岡、一九八二、一七〇頁〕と言う。

一九四八年に発足した主婦連合会〔主婦連〕が生命に直結する食料品問題を中心に問題を提起して、一定の成果を収めていたのに加えて、第一次主婦論争の起こった一九五五年には、日本母親大会が結成されている。一九五四年三月のビキニ環礁でのアメリカの水爆実験によって、日本の漁船、第五福竜丸が被爆した事件は、日本全国に衝撃を与えた。とくに、無線長の久保山愛吉が九月に亡くなったことが、原水爆禁止運動を激化させた。核兵器禁止の署名運動は、「思想・信条・政党政派の違いを越え」て、最終的に三二〇〇万という未曽有の数字を集めた。「この中での女性の発揮した力は大きかった」〔吉川編、一九九五、二一頁〕と言われる。このように主婦の社会的発言力が注目され、期待される社会的背景があった。

しかし、松田が「女」に寄せる思いは、こうした主婦連や母親大会の実績を評価したものではない。一つには、『育児の百科』の著者として長年子育てをする母親たちと接してきた松田は、連綿として伝えられてきた「育児の文化」を含む「母親の文化」のあることを強調している。

「明治、大正のころはもちろん、江戸時代から日本の母親の文化はあった。それは家の日常の生活をささえる技術の伝統として、母親から娘に、姑から嫁につたえられた日本人の衣食住が簡素にみえながら精緻をきわめていたのは、彼女らの努力の結晶だからである。育児も母親の文化としてつたえられてきた。子どもに不満をあたえない授乳法、不安を感じさせないおんぶ、添い寝、すべて日本の母親の創造した文化である。添い寝ということがなかったなら、日本の民話は今日まで生きのびなかったろう。」〔松田、一九七九―八一、三巻、一九一―一九二頁〕

「母親の文化」は、日常的で地道な生命を育み、守る営為としてあり、その社会的価値が評価されないことに松田は憤りを抱く。「育児」がしきたりと医学の結合であると捉える松田は、その「しきたり」部分がいかに大きいかを、医学の立場に立つからこそ実感している。「日常的営み」のなかにこそ、社会変革のマグマが潜在していると見なければならない。だから、「地方の昔からの家庭の料理、漬物、手芸などに挑戦し、それを自分のものにすると、こんどは公民館に若い奥さんを集めて講習をはじめ」た凡庸な主婦を、松田は殊更に賞賛する。「伝統文化としての家事」を継承することは、主婦連や母親大会に参加することに劣らない「社会的」行為であると考える。

核家族化によっていったん途絶えてしまったかに見える「母親の文化」の再興は、家事労働の簡素化等によって新たな可能性を与えられる。「育児から解放されたとき母親は家庭ではじめて自由になる」、「自由である点では、そとではたらいている男よりもはるかに自由である」〔同、三巻、一四八頁〕。「自由」でかつ「自由思想」をもつ主婦層の出現である。しかし、「おおくの男は人間存在とむきあうには、あまりに雑事に追いまわされている。少数の作家と少数の思想家しか正面むいて出あわなかった人間存在に、自由になった母親が今日むきあうことになったのだ」（同、三巻、一四九頁）とまで言って、「母親」や「女」に期待を寄せるとき、その「母親」や「女」とはいったい誰なのだろうか。

幼児教育の問題でも、松田は、大思想家が取り組むべきような「民主主義の陥穽」という難題を、「新しい市民」たる幼児に考えさせるという発想をとった。幼児を可能性を秘めた未来の人として敬意をもって接するという態度は、松田ならではのものである。しかし、「自由になった母親」が、ただ「女」や「母親」であるという属性だけで、いきなり人類の大問題に立ち向かえるはずもない。

『明治女性史』の著者である村上信彦は、戦後まもなく『女について――反女性論的考察』（興風館、一九四七年）を著し、そこで次のように言っている。

「男は一方で女を極度に賤しめるとともに、一方で女を観念化し、極度に美化した。単に侮蔑されただけなら、女はもっと早く抗議の声をあげ、もっと早くめざめたに相違ない。しかし批難と煽動とが同時に行われる場合には、不合理な批難も尤《もっと》もらしいものとなる。そして煽動に身を任せるようになる。現在、女の独立がむつかしいのは、侮蔑をはねかえすことだけでなく、お世辞も拒絶しなければならないからである。……不当の買いかぶりは、男に許してならない要求を抱かせ、実現できないことを女に強いる結果となる。」（村上、一九九七、五四頁）

また、上野千鶴子は、『女は世界を救えるか』（勁草書房、一九八六年）の「あとがき」で、次のように言っている。

「「女は世界を救えるか」という問いに対する答は、もちろん決まっている。男に救えない世界が、女に救える道理がない。逆に言えば、女に世界が救えるなら、男にだって世界は救えるはずである。……／長年つづいた男性支配が終わりを迎えて、今や「女の時代」だと言う。女はおとしめられる代わりに、今度はたてまつられる。同じ文化の中で、賤の極から聖の極に移行しただけである。女につけこむ男社会の枠組《パラダイム》は少しも変わっていない。」〔上野、一九八六、一七三頁〕。

村上も上野も、まるで松田の言に直接当てこすりをしているかのように聞こえてしまう。それほど松田の「女」への思いは典型的な陳腐さを帯びているということだろう。「私は女性にしか期待しない」というタイトルは松田本人がつけたものではない〔松田、一九九七a、四二頁〕とのことだが、現在の目で見れば、このタイトルの発想自体が、「男尊女卑」の裏返しの表現にも見えてしまう。生真面目に「女」への思いを語れば語るほど、おそらく本人にも自覚されていない「底意」が見え隠れする。やはり、松田にとって「女」は一つの隠喩であったと考えたほうがよいのではないだろうか。マルクスにとって革命の主体たる「プロレタリアート」が一種の隠喩であったように。

3　サン-シモン主義と女性解放

松田道雄『ロシアの革命』のなかに、「サン-シモン」の名前が二度現われる。プロローグに、若きゲルツェンとオガリョフが雀が丘のうえに立って、デカブリストたちの志を引き継ぐことを約束するシーンが出てくるが、その後、彼らのサークルでの「研究がドイツ哲学からサン-シモンの社会主義にうつったとき、秘密警察はかれらを捕えて流刑地に送った」〔松田、一九九〇b、一三五頁〕とある。また、一八六〇年に、ロンドンのゲルツェンのところにやってきた二五歳の男、ニコライ・A・セルノーソロヴィエヴィッチは、「早くからプルードン、サン-シモンなどのフランス社会主義をまなび、ゲルツェンの愛読者であった」(同、六四頁)と説明されている。若き日のゲルツェンがサン-シモン主義に熱中したことは一般に言われることであり(長縄、二〇一二、五九頁)、サン-シモン主義がロシアのナロードニキに一定の影響を与えたことは間違いない。しかし、この「サン-シモン主義」は、果たして「サン-シモンの思想」と同義なのだろうか。

ゲルツェンが一八五二年から一八六八年までの長きにわたって書き継いでいった『過去と思索』を繙くと、「サン-シモン主義者たちの小冊子、彼らの説教、彼らの裁判記録が手に入った。それらはわれわれの心を強く打った。／浅薄な人たちもそうでない人たちも、アンファンタン教父とその使徒たちを十分に嘲笑してきた。これとは違った承認の時期が、社会主義のこれらの先駆者のために、到来した」(ゲルツェン、一九九八―一九九九、一巻、一九二頁)とあり、その思想の具体的内容として「一方において、女性の解放、共同の労働への女性の招請、女性の運命の女性自身の手への委譲、平等なるものとしての女性との同盟」(同)と書かれている。これは、「サン-シモンの思想」ではなく、明確に「サン-シモン主義者の思想」である。

サン-シモンの思想は、むしろその死後、ロシアを含めて全ヨーロッパに普及していくが、それは弟子たちの宣伝活動によっている。サン-シモン主義者たちは、師の未分化な要素を多分にもつ茫漠とした思想を整理して、一八二八年から講演会で解説し、その講演録を『サン-シモンの学説解説』(バザールほか、一九八二)として出版した。そこには「整理」の域を超えた「改竄」も含まれていたと言わなければならない。

つい最近、二〇一二年に校訂版『サン-シモン全集』〔Saint-Simon, 2012〕が刊行されるまで、『サン-シモン著作集』〔Saint-Simon, 1966〕として広く流通していたアントロポ版には、弟子たちが秘かに手を加えた跡がそのまま残っている。たとえば、処女作と言われる『同時代人に宛てたジュネーヴの一住人の手紙』(一八〇三年)のなかで、サン-シモンは、世界の優れた科学者たちを集めた「ニュートン会議」を構想し、彼らのために広く寄付金を募ることを提案している。「女性たちも寄付を許されるであろう。彼女たちも指名されることができるであろう」〔サン-シモン、一九八七―八八a、一巻、六八頁〕という一節が、アントロポ版『著作集』では、一つの独立した段落として扱われ、すべての文字が大文字でかつ他とは異なる書体で表記されている〔Saint-Simon, 1966, I-A, p. 50〕。新しい校訂版『全集』では、何の強調も施されず、ひっそりと段落の一部を構成しているだけである〔Saint-Simon, 2012, I, p. 123〕。

サン-シモン主義者たちにとって、師であるサン-シモンには先駆的な女性解放思想がなければならなかった。サン-シモンの死後、師の思想を普及させていく過程で集団の実権を握ったアンファンタンは、「サン-シモン教団」と呼ばれるような宗教色を強めるとともに、独自の「女性論」を前面に出していく。多くの者が、その「女性論」のために、アンファンタンと袂を分かっていった。後に「労働者アソシアシオン」を提起するビュシェも、一八二九年末にその女性論に反発して同派を離れている。

アンファンタンの「女性論」の最初の定式化と言われる「デュベリエ宛書簡」(一八二九年八月)を見ると、神の意思としての男女の性的分業がその基礎になっている。サン-シモンの「出生による不平等の撤廃」という理念は、身分制度を打ち壊す、すぐれて近代的な能力主義を表現しているが、これをアンファンタンは『旧約聖書』の物語とすり替えてしまう。「われわれは、アダムとイヴまで遡らなければならない。なぜなら、民族、階級、奴隷、勤労者、有閑者、戦争屋、平和主義者といったすべての区別の前に、神が他のすべてのものをそこに結びつけたはずの、すべての人たるものの最初の源泉であるべき区別、つまり、二つの性の区別がそこにあるからだ」〔Enfantin, 1865–78, XXVI, p. 18. 傍点は原文イタリック、以下同じ〕。こうして人間の差異が男女の差異しかなかったことを確認して、それを社会的個人論にまで発展させる。「男性と女性、これが神が創造した「存在」である。男性と女性、これが社会的「個人」である」〔*Ibid.*, XXVI, p. 6. カギカッコ内は原文大文字、以下同じ〕。社会的基礎単位として一対の男女を措定することは、男女の平等を含意している。しかし、彼が女性解放の必要性を強調し、「サン-シモン主義者の時代が告げられるのは、「女性の完全な解放によってである」」〔*Ibid.*, XXVI, p. 18〕とまで主張するのは、単に男女間の平等という理念からの帰結ではない。「一対の男女が社会的個人」であるとすれば、そこには男女の性的役割分業が自ずと前提にされている。

アンファンタンは、男女の性的差異を、「女性は男性に勝るか」という問いに対する答えとして述べている。「然り、宗教的には。否、政治的には。然り、目的を呼び起こすことが問題であるときには。否、それを達成するための方法を思いつき、その指揮をしなければならないときには。然り、未来を啓示する巫女*としては。否、それを実現すべき社会運動を実践しなければならないときには」〔*Ibid.*, XXVI, p. 19〕。

＊原語は“sybille”であるが、“sibylle”の誤記と見なした。

アンファンタンにとって、男が政治的存在であるとすれば、女は宗教的存在であり、「科学」と

「産業」を結合させるものとして「宗教」に重きを置く思考にあっては〔Enfantin, 1970, p.176〕、新しい組織の時代は、まさに女性の解放によって告げられるものだった。

「サン-シモンによって再生された新しいアダムが全知の木の実を受け取るのは女性の手によってであろう。……彼が神に導かれるのは女性によってであろうからである。女性は数世紀の間かくも巧みに、そして愛を込めて実行してきた文明化という甘美な使命を果たしつづけるだろう。戦争と闘争を避けたのは女性だったからである。女性の愛する男性が平和の必要を感じたのは女性のためであり、女性によってだったからである。男性が、慰めと希望を、したがってよりよき未来の予感、過去の悪の忘却、この悪の原因への嫌悪を見いだしたのは、女性のうちにであったからである。」〔Enfantin, 1865-78, XXVI, pp. 16-17〕

アンファンタンの女性解放論が、もはや師サン-シモンの「〔最も多数で〕最も貧しい階級の精神的・物質的生活の改善」〔サン-シモン、一九八七―八八 c、五巻、二八四頁〕という『新キリスト教』〔一八二五年〕のテーマの単なる延長にないことは明らかだろう。「労働者階級」と同様、「女性」は抑圧されてきたがゆえに解放されなければならない、という論理には収まらない。男女の質的な差異こそが眼目であり、彼は、これをピラミッド型の組織原理の基盤に据えようとした。「一対の男女からなる社会的個人」という基礎単位を、社会の頂点に立つ聖職者にも、別のかたちで適用しようとした。聖職者が家族の再生産ではなく社会の再生産という役割を担う以上、「結婚」という家族的形態はとらないにせよ、両性の「結合」によってのみ社会的個人が形成されることに関しては聖職者も例外ではない。男女の質的差異に基づいて、「男性聖職者と女性聖職者は感情労働を分割しあう」のである〔Enfantin,

1865–78, XXVI, p. 14〕。

このようなアンファンタンの女性論に対して、ビュシェはどのような立場をとったか。「過去から現在までのあいだに、この男性権力の絶対主義は衰退してきたし、その社会的重要性自体がかなり弱まっている。過去とは異なり未来においては、そこで支配的であろう一般原理から考えて、家族の指導が男性のものになるか女性のものになるかは、社会的位階においてどちらがより高度な職務に従事するかによるだろう」〔Buchez, 1980, p. 68〕として、殊更に女性解放を叫ぶ必要を認めない。ビュシェは、男女間の平等を前提としたうえで、「あらゆる人間が、出生の差別なくその才能を可能なかぎり発展させることができる教育を社会から授けられ、社会によってその才能に応じて分類され、その結果働きに応じて報いられる」〔バザールほか、一九八二、九八頁〕という『サン-シモンの学説解説』の思想のなかに、女性解放論を解消したと言えるだろう。したがって、「社会的個人論」の組織原理への適用についても否定される。「あなた〔アンファンタン〕は、教皇は社会的個人、つまり同時に男性でも女性でもあるだろうと考える。……／しかし、社会的職務が問題となるとき、問われるのは、もはやこの要素ではない。さまざまな人間の諸労働を動かすことが問題なのだ。ある事業が達成されるためには、二つの性がそこで同時に協力することはもはや必然ではない。ここでは存在はもはや性差をもたない。適性だけが問題であり、それが黒人や白人、男性や女性といった外観を纏っているかなど、どうでもいいことだ」〔Buchez, 1980, p. 68〕。

ビュシェ脱退後のサン-シモン教団は、女性たちに向けてアピールする。男が女に向かって女性解放の理念を語ることに対して、女の側に違和感や戸惑いがあったとしても〔アドレール、一九八一、六一一六二頁〕、これまで、このように女性解放が提唱されたことはなかった。「サン-シモン主義こそ、あらゆる派に分裂したフェミニズム運動の原点である。最も逆説的な点は、サン-シモン主義が女性問題に関して、それまで一度も明白な立場を示さなかった一人の男性をよりどころとしていることだ」〔グルー、一九八二、一四七頁〕とグルーは『フェミニズムの歴史』〔一九七七年〕のなかで語っている。その「一人の男性」とは、もちろんサン-シモンに他ならない。アンファンタンは、サン-シモンを権威づけに使いながら、ともかくも先駆的に女性解放を説いたのである。

実際にサン-シモン主義のなかから、女性解放運動は展開している。お針子や下着女工などの女性労働者たちが、一八三二年に『自由女性』というフランスで最初の女性解放新聞を刊行するに至ったのは、やはり画期的なことだった〔アドレール、一九八一、六頁／加藤節子、一九九五、二八二―二九八頁〕。アンファンタンを中心とするサン-シモン教団は、その後アンファンタン邸での共同生活のさなかに公衆道徳および良俗違反等のかどで摘発されたが、それによって組織が壊滅したわけではなかった。一八三三年には、バローが「女性の友協会 Association des compagnons de la femme」を組織して〔Barrault, 1980, pp. 197–213〕、アンファンタンの相手として相応しい「東洋の女性メシア」を探すためにエジプトまで遠征することになる〔シャルレティ、一九八六、二一八―二三二頁〕。「男―西洋―理性―実践」と「女―東洋―感情―啓示」といった二つの系の発想は、二つの系の融合による新しい世界の創造へと向かった〔Kaegi, 2006, pp. 119–129〕。

その前年の一八三二年、後にコレージュ・ド・フランス経済学教授となるミシェル・シュヴァリエが「地中海体系」という論考を発表し、ヒトとモノが大きく交流する新しい経済圏、文化圏の創造を構想している。ここでも、「地中海こそ東西両洋の婚礼の床 lit nuptial とならなければならない」〔Chevalier, 2006, p. 42／訳、(2)一八七頁〕とし、東洋と西洋が女と男のメタファーで語られ、地中海というコミュニケーション網の構想が「婚礼」と捉えられている。「最高教父アンファンタン notre PÈRE SUPRÊME ENFANTIN」に対する崇敬の念で書かれた〔*Ibid.*, p. 40, p. 70／訳、(2)一八六頁、二〇二頁〕この論考は、アンファンタンの女性論を経済学的に表現しなおしたものとして見ることができる〔見市、一九七九、二七三頁〕。そうであれば、「東洋の女性メシア」という荒唐無稽に見える発想もまた、「産業的新世界」の構想に裏打ちされていたことになる。

「東洋の女性メシア」を求める遠征が、その直接的目的からすれば何の成果ももたらさなかったのは当然としても、アンファンタンらのエジプトでの伝道活動は、スエズ運河開削に向けて一定の役割を果たし、これをレセップスが具体化していくことになる〔Régnier, 1989〕。サン-シモン主義者は、アンファンタンの「女性論」に導かれて、神秘的な宗教セクト化や滑稽な旅団結成に向かいながら、結果としては歴史に大きく貢献した。第二帝政期には、ナポレオン三世下でフランス資本主義発展の原動力となったのである。

彼らにとって、「女」とは何だったのか。新しい時代を担う「女」とは誰だったのか。答えは、幾とおりも用意することができる。ただし、ここでは、すぐれて近代的な「異質な他者」であり、その異質な他者との「関係性」であり、その異質な他者への「関係行為」であると答えておこう。フランス革命後の新しい社会を、サン-シモン主義者は「普遍的アソシアシオン association universelle」と捉えた。「普遍的」であるということは、「世界大に拡がった」という量的な意味と、「アソシアシオン＝協同性」の原理が生活の深部にまで行き渡ったという質的な意味の両方をもつだろう。その場合、「協同性」の基礎とは、ヒト・モノ・カネの交流＝交通＝流通である。「女」とはその新しい関係性のネットワークの総称であったと考えることができる。旧い共同体の枠組みを越え、さらには国民国家の枠組みを越えて、ヒト・モノ・カネが交流する世界こそが、平和的な「産業的新世界」である。ヒトが交流し、モノを流通させるためには移動手段がなければならない。シュヴァリエが「地中海体系」のなかで力説した各国における鉄道網の建設は、各国の産業にとって基幹的な交通網になるだろう。スエズ運河の開削は、地中海世界とアジア世界を新たに結びつけるだろう。ペレール兄弟による新しい金融組織「クレディ・モビリエ Société générale de Crédit Mobilier」の設立は、ロートシルト家に対抗した、モノとカネの新しい交流の道を切り拓く。

「女」の時代とは、「新しい関係性」の時代であると考えれば、彼らの言説と行動との間の回路をつなげることができる。その胡散臭い女性礼讃は、結果として新しい世界を切り拓いた。では、同じような胡散臭さをもつ松田の「女性論」は、結果的に何をもたらしたのだろうか。

4　一九六八年からの展望

一九六九年一月一九日、東大安田講堂が「陥落」した日の日記に、松田はこう書いたという。

「虐げられるものは解放されるだろう
圧制者はたおされるだろう

悪は善にかつことはないだろう
いかに栄えても、不正は亡びるだろう
たて、虐げられたもの、飢えたもの
十九世紀の思想はそういった。

しかし、いま十九世紀の思想は安田講堂の落城とともにほろびた」〔松田、一九七一ａ、二二二頁〕

この文章は、『私の読んだ本』〔岩波新書、一九七一年〕の末尾に添えられているが、そこには何の解説も加えられていない。ところが、三〇年近く経った最晩年に書かれた「老いの思想」〔『成熟と老いの社会学』〈岩波講座　現代社会学13〉岩波書店、一九九七年〕にこれは再録され、今度は解説が付されている。

「安田講堂にたてこもった学生諸君がどれだけ十九世紀の思想をもっていたか知らない。一九六九〔昭和四四〕年に『ロシアの革命』〔河出文庫〕をかくころ私は日本のマルクス主義から離れていた。その思想のもとになっている「歴史的必然性」というものを信じなくなったからだ。人間の社会は、原始共産制からはじまって封建制にうつり、次に資本主義制度になり、さいごに共産制の社会主義になるという順序がきまっているという考えが、ゆらいだのである。／「十九世紀の思想は亡びた」といったのは、そのことである」〔松田、一九九七ｂ、三三頁〕。

二つの文章を並べてみると、最晩年の松田自身による解説が三〇年近く前の松田の心情を裏切っているのではないかという疑念にとらわれる。「十九世紀の思想」はマルクス主義であるとして、その思想は一九六九年の日記の時点では「正義」を体現していたはずである。「圧制者」、「悪」、「不正」は亡び、「虐げられたもの」、「飢えたもの」が解放され、「善」が勝利することに反対する人間はいないだろう。その「正義」の思想が「安田講堂の落城とともにほろびた」のだとしたら、安田講堂に立てこもっていた東大全共闘をはじめとする人々は、「正義」の思想をもって勝ち目のない闘いに挑んだことになる。彼らの敗北は、すなわち「正義」の敗北であると捉えなければならない。だから、一九六九年時点では、松田が自らの心情として語る「ニヒリズム」は、今後「正義」なき世界が始まることへの失望によっているはずである。「正義」に代わる支配原理は「力」だろうから、ベトナム戦争の真っ只中で、松田は「力」が「正義」に取って代わる世界的状況を見ていたとも言えるかもしれない。

また、東大闘争直後の『世界』一九六九年七月号の論考「基本的人権と医学」では、東大闘争が医学部問題から始まったことを注視し、「いま日本の大学の医学部で、日本の医者の体質にまでなっていた権力との密着にたいして、わかい医師諸君からするどい自己批判がおこなわれ、医局の解体がさけばれているのは、日本の医学の歴史において画期的なことです」(松田、一九七五a、二八頁)とその意義を語っている。松田にとって東大闘争は、当初は明らかに「正義」の闘いであると捉えられていたし、彼らの「正義」はマルクス主義や社会主義に則っただけのものとも考えられていなかった。

ところが、最晩年の解説では、「十九世紀の思想」はマルクス主義のなかでも「歴史的必然性」論だけに限定されたものになっている。社会主義の到来が必然的であるかどうかという問題と、マルクス主義ないし社会主義が正義を体現しているかどうかという問題はもちろん別次元のことであるのに、「歴史的必然性」に疑問をもったがゆえに、「正義」の思想もまた亡びたことになってしまった。

松田は、日本では東大闘争に象徴される一九六八年が一つの時代の画期であったという歴史認識は一貫してもっていた。しかし、それは、最晩年の述懐に見られるようにマルクス主義の敗北を意味したのだろうか。一九六八年は、世界的にはソ連軍のチェコスロヴァキア侵攻によって、社会主義国家の権威を失墜させた。また、一九六〇年代から世界的に勃興した新しい社会運動は、既存の政党や労働組合に主導される形態からの訣別であり、一九六八年はその象徴であったという意味で、公的なマルクス主義の敗北であったと言えるかもしれない。

その後、一九八九年のベルリンの壁崩壊、一九九一年のソビエト連邦の解体とつづく社会主義国家の連鎖的、連続的瓦解は、もはやマルクス主義だけでなく、ありとあらゆる社会主義が生命力を失ったことを意味しているように見える。日本では、いわゆる「新左翼」の運動が一九七〇年代の内ゲバ事件、あるいは三菱重工爆破事件、テルアビブ空港乱射事件等で完全に大衆から乖離したものになってしまったことを考えれば、一九六八年は、あらゆる社会主義勢力の予めの死を意味していたと言えないことはない。

しかし、実は一九六八年が問うたものは、社会主義やマルクス主義の成否の問題を越えて、二〇世紀文明の行き着く先への恐怖と不安の問題だったのではないだろうか。一九六八年の精神を究極的な形で表現したのは、文明のすべての価値を否定したヒッピーたちであったろう。彼らは、文明化された世界の崩壊を予感しつつ、「なぜ殺すのか、なぜ殴るのか」〔ウルフ、二〇一二、二〇四頁〕と素朴な言葉で問いかけた。当時カナダに在住していた加藤周一は、奇抜な習俗を纏ったように見えるヒッピーたちが極端な少数者であるにもかかわらず、カナダの一般的大学生たちがこぞって彼らに「同情、あるいは好感、あるいは少くとも一種の肯定的な理解をもっているらしい、ということにおどろいた」

〔加藤周一、一九六九、六頁〕と語っている。

一九六八年に「社会主義」が反乱の旗印として掲げられたのは、「社会主義」の理想がポジティブに求められたと言うよりも、現存の資本主義、大きく言えば文明社会が破滅への道を進んでいるという認識に基づく、対抗的・批判的「社会主義」であったように思われる〔高草木編、二〇一一、二一一－二五頁〕。だから、革命の主体としてのプロレタリアートという概念がリアリティを失い、プロレタリアート独裁や前衛党の理論が否定されたとしても、対抗的・批判的「社会主義」の役割それ自体がなくなったわけではない。

世界的に見れば、対抗的・批判的「社会主義」は、エコロジーの問題を提起した。キューバ危機のあった一九六二年、すでにレイチェル・カーソンは『沈黙の春』を発表して、合成化学物質の危険性を暴露し、科学文明への警鐘を鳴らしている。

「私たちは、いまや分れ道にいる。……長いあいだ旅をしてきた道は、すばらしい高速道路で、すごいスピードに酔うこともできるが、私たちはだまされているのだ。その行きつく先は、禍《わざわ》いであり破滅だ。もう一つの道は、あまり《人も行かない》が、この分れ道を行くときにこそ、私たちの住んでいるこの地球の安全を守れる、最後の、唯一のチャンスがあるといえよう。」〔カーソン、二〇〇四、三五四頁〕

この「もう一つの道」とは、一九八七年に「環境と開発に関する世界委員会」が提起し、一九九二年の地球サミット・リオデジャネイロ宣言の基調となった「持続可能な発展 sustainable development」という妥協的な理念に収斂してしまうものだろうか。大手化学企業等による執拗な攻撃にカーソンが晒されたのは（ブルックス、二〇〇四、三六〇―三六三頁）、エコロジーが「資本主義」と両立しうるのか、という地点にまで問題を掘り下げたからではなかったろうか。

一九八〇年に邦訳が刊行されたアンドレ・ゴルツ『エコロジスト宣言』（技術と人間）は、「読むべき人は誰もが読んだだろうと思われるくらい売れました」（高草木編、二〇一六、七九頁）と訳者の高橋武智が言うほどの広範な読者を獲得し、インパクトを与えたが、それは「持続可能な発展」という曖昧さとは別の切り口をもっていた。ゴルツは「われわれが求めているものは何か」と直截に問うている。

「エコロジーの諸制約を甘んじて受け入れる資本主義なのか、それとも資本主義という制約を廃絶し、まさにそのことによって、集団や環境や自然に対する人間の新しい関係をうちたてる経済・社会・文化革命なのか？　改革か、それとも革命か？／この問いは二次的なものであって、重要なことは居住不能となるまでに地球をだいなしにしないことだ、などとだけは答えてもらいたくない。というのは、生き延びることそれ自体だって目的ではないからだ。「全地球が病院と学校と牢獄に変えられてしまった世界、魂の技師の主要な仕事がこの条件に適合した人間を製造することとなるような世界」（イリッチ）に、はたして生き延びる値打ちがあるだろうか？」（ゴルツ、一九八〇、六―七頁。傍点は原文イタリック）

エコロジー問題は、資本主義に根本的に対立する契機を含み、近代科学文明の深部にまで批判の刃を食い込ませるものであるがゆえに、正統的マルクス主義に失望し、新しい「社会主義」のあり方を模索する者たちを引き寄せた。

一九八〇年代ヨーロッパでは、「緑の党」に代表されるエコロジー政党が相次いで出現した。フランスにおけるエコロジー運動、「フランス緑の党」(一九八二年)の結成が、一九六八年五月の出来事に大きな影響を受けていることは間違いない(畑山、二〇一二、七七頁)。一九六八年五月革命で活躍したコーン゠ベンディットが一九八四年にドイツ緑の党に参加したことはよく知られているし、緑の党が複雑な要素から成り立っているとはいえ、そこには「今も昔も「六八年運動」の流れを汲む新左翼の活動家だった者が少なくない」(西田、二〇〇九、七頁)と言われている。それとは対照的に、日本の六八年世代は、この約半世紀にわたって、社会変革に何ら寄与することがなかった。少なくとも、一九六八年以後、日本に新しいラディカルな政党が結成されることはなく、一九五五年体制時から見て日本社会党(社会民主党)の壊滅的な衰退だけが顕著に目を引く。「社会主義」に新たな息吹を吹き込む者がほぼ皆無であっただけではない。「社会主義」という概念すらまるで存在しなかったかのように過去が塗り替えられて、いま五〇年が過ぎ去ろうとしている。

松田は、東大安田講堂陥落以降を「ニヒリスト」として生きながら、対抗的・批判的「社会主義」への思いを抱きつづけた人物だった。ただし、彼が一九六八年以後に賭けたのは、「プロレタリアート」ではなく、「おかみさん」たちだった。

革命ではなく、日常的な改良が問題だったというのは、「市民」派に共通のことだろう。とくに、一九七〇年代に入ると、大学闘争も新左翼の運動も鎮火して、そのなかで社会変革の志を持続することの意味が問われた。小田実は、『世直しの倫理と論理』(上下、岩波新書、一九七二年)で、「長いものにまかれる」のは仕方がないし、誰もがそうしながら生きていかざるをえないにしても、そうした日常のなかで「長いものにまかれながら、あくまでそうしながら、まさに、そのことによって、逆に長いものをまき返すことはできないものか」（小田、一九七二、上、二〇頁）という粘り腰の志をもつことの重要性を説いた。一過性の「革命」熱で社会は変革されないことを身をもって認識した以上、持続的な志をもった市民運動を通して漸次的に「世直し」をしていく他はない。

松田は、小田と同じ立場に立ちながらも、主体としての「女」をイメージすることで、その変革のあり方を明確にしていった。その視点は、一言で言えば「いのち」である。松田は、「資源が少ないのだから、社会に役にたたない人はいなくってもいい、という思想が、地球資源の先ぼそりといっしょにさかんになること」（松田、一九七九、三〇頁）を、恐れた。人体を資源と見立て、「脳死」の人を「社会の役にたたない人」とすれば、松田の不安はすでに現実化していると言ってよい。地球の人類の将来は、「野心と貪欲」に象徴される「マキアヴェッリの思想にかわる別の思想がでてこないかぎり心細いことになります」（同、三一頁）という松田の痛切な思いは、いまこそ再検討に値する意味をもっている。弱者の生存権を守りぬき、地球環境と調和的な「いのち」をつないでいくことが求められている。

しかし松田は、その本来的には「いのち」の問題を「女」の問題にすり替えてしまった。女は、母親として子どもを産み、育てていく、「いのち」をつなぐ存在であるがゆえに、「未来をつくる人」（松田、一九九〇a、一三二頁）であると捉えられる。自らも差別される存在であるだけではなく、弱者である子どもを守る存在であるという点において、「女」は「野心と貪欲」の対極にイメージされる。子どもの健康を守るために、「女」の環境問題への取り組みはイデオロギーを超えたものになり、無党派の市民運動との親和性を必然的にもつことになる（同、一三二頁）。

もちろん、「いのち」は「女」だけのものでない。たとえば、「旧「全共闘」活動家が有機農業や反原発に参加しているのは、彼らのマルクス批判です」(同、一三三頁)という一文のなかに、晩年の松田の短慮が象徴的に表われている。松田が、一九六八―六九年の大学闘争の敗北を、晩年になって「マルクス主義の敗北」とすり替えてしまったことはすでに述べたが、さらに、六八年以後のエコロジーの動きを「マルクス批判」と捉えることは、松田の嫌うステレオタイプの「党派的思考」のコピーに見えてしまう。

松田の言う、有機農業に参加した旧「全共闘」の代表は、歌手の加藤登紀子と獄中結婚して話題になった藤本敏夫だろう。藤本は、服役後、「大地を守る会」を結成して有機農業の普及に努め、また農事組合法人自然生態農場「鴨川自然王国」を千葉県鴨川市に設立している。一九九二年に環境政党「希望」を結成して参議院選挙に立候補するも、議席は得られなかった。日本でエコロジーを模索した例外的な「六八年世代」である。藤本は、大学闘争の時代を振り返って、「当時の僕達の知性ではマルクス・レーニン主義を借りるしかなかったから「世界革命」「暴力革命」「プロレタリア独裁」という教条になった」(加藤・藤本、二〇〇五、五四頁)と率直に述べている。つまり、マルクス主義の用語で不適切に語ってはいたが、藤本が考えていたのは、近代文明そのものへの懐疑であり、新たな人間と自然とのかかわり方の模索だった。

「生産力という神話に踊らされ、「物」の生産が価値の源泉であるとして、近代を突っ走ってきた現代のマンモス＝人間は、ぎりぎりのところまで自分を追いやることによって、やっと自分たちの存在を本当に再認識しはじめた。……生産の意味を根底から問いかけ、近代の超克を率先して、すべての分野からはじめてゆかなくてはならない。それこそが生産力という神話に代わる、新たな地球文明の幕開きとなるだろう。」（藤本、二〇〇二、八四頁）

藤本は、「いのち」を育むために環境問題を告発している「女」と同じ方向を向いているにもかかわらず、「いのち」を「女」に特化してイメージする松田には、旧「全共闘」と主婦や母親たちとの連携、連帯の可能性が視野に入ってこない。

松田自身、「女」がメタファーに過ぎないことを意識していると思われる箇所もある。松田は、「もし母性愛のほうが、父性愛より強いようにみえたら、それは生物学的にそうだというのでなく、社会がそうさせたのです」（松田、一九九〇a、二九頁）と言い、必ずしも「いのち」を育む「母性愛」という発想をとっていたわけではない。「女だけの組合」結成の理念として語られていたように見える「男女平等」が、色褪せたスローガンであることも松田は知っている。「男女同権の思想も、所詮は自由と平等とが調和的に実現されるであろうという男本位の社会から生まれたものであるかぎり、他の秩序をそのままにしておいては実現がおぼつかない」（松田、一九七九–八一、三巻、二一二頁）。

松田が「女」というメタファーに託していたのは、徹底して「新しい」思想である。松田は、「民主主義」も究極的には信じていない。それは、つねに独裁の論理に転化しうるし、管理社会は、一面において必ず「民主主義」社会を装っている。「最弱者」、つまり『私は赤ちゃん』（一九六〇年、岩波新書）におけるゼロ歳の「赤ちゃん」の視点を貫徹させるような、「新しい思想」をずっと松田は模索しつづけてきたのである。それは、「弱者の救済」というナロードニキ的、あるいは社会主義的視点、「あわれみの情」というルソーの視点のうえに築かれうるかもしれない。しかし、松田は、過去の思想にもう飽いてしまっている。どんな新しい思想も既存の思想の再構成・再編成でしかありえないとしても、しかし、既存の思想体系は必ず手垢のついた裏面をもっている。

そもそも、町医者風情が「新しい思想」体系の構築などという大それた企みをもつこと自体が滑稽だろう。飄々と思いつき風に多少刺激的なことを言えば、後は誰かがいつか、それを整序してくれるかもしれない。そんな市井人としての思いもあったかもしれない。かくして、「おかみさん」たちの日常的営みの延長線上に「新しい思想」が育まれ、「地球の汚染と資源の枯渇とが、生産のスロー・ダウンを必要とするとき」(松田、一九七九―八一、三巻、二一二頁)にこそ、その真価が発揮されることを構想したのではないだろうか。

松田の「ニヒリズム」を誤解してはならない。ニヒリストたる松田は実は未来に対して絶望感など抱いていないし、超越的に高みを目指しているわけでもない。松田は、一九七三年の時点で自分のニヒリズムについて明確な定義を与えている。

「一切はむなしいもので、確実なのは、かりそめの命だけだ。人間はもろい存在なのだから、お互いに、このもろいものを大事にしあいましょう、というので連帯がでてくるのだと思う。……／すべての人間が、平等の立場で、過去にこだわらないで、いまの世界をうまくやっていくにはどうすればいいかということに、早く同意をとりつけなければならぬ。」(松田、一九七九―八一、一〇巻、一三四―一三五頁)

この「私のニヒリズム」と題されたエッセイを、松田は最晩年の「老いの思想」(一九九七年)のなかで全文引用し、「八十七歳になって、私のニヒリズムは、ますます切実なものになってきた」(松田、一

九九八、三二頁)と付け加えている。

松田が、一九五七年のソ連訪問以降の自らの思想と語った「ニヒリズム」とは、「いのち」の思想に他ならない。日々の暮らしのなかから「いのち」への侵犯を告発し、「いのち」を守りつづけること、そのうえに「いのち」の連帯を築き上げること、これが松田の思想の真髄だろう。松田の日常的であるがゆえに保守的に見える思想は、いっぽうで「いのち」の平等性のためならば全文明を否定しかねないラディカルさをも底にもつものだった。松田の対極にあるような一九六八年のヒッピーの思想は、手を携えることのできるほどすぐ近くにあった。

おわりに

フランス革命の進行過程のなかで、「平等」概念を究極にまで推し進めて、私有財産の廃棄という共産主義の思想まで辿り着き、それを政治革命として実現しようとしたのが、バブーフであり、「平等派」と呼ばれる人々だった。松田は、バブーフを、ブランキ、レーニンへとつづく「陰謀家」の系譜の先頭に位置づけ、その思想内容についてほとんど注意を払わなかったが、今日的見地から興味深い文書が残されている。「平等派」の一人である詩人のシルヴァン・マレシャルが起草したとされる「平等派の宣言」である。これは、同派内部においても問題のある過激な文書として発表されなかったものである。

ここで、マレシャルは、「権利の平等」と「実質的な平等」を対比して次のように言う。

「権利の平等以上にわれわれが必要とするものは何なのか。／われわれには、人権宣言に書き込まれているあの平等だけが必要なのではない。われわれは、平等がわれわれの内部に、われわれの家の屋根の下にも存在することを望んでいるのである。われわれは平等のためにならどんなことにも同意し、ただ平等だけを守るために白紙状態に戻すことにも同意する。必要とあらば、実質的な平等が残りさえすれば、いっさいの工業も滅びるがよい！」〔マレシャル、一九八九、六〇〇頁〕

バブーフおよび平等派の発想は、「分配の平等」に固執するものであり、一九世紀の社会主義思想家たちから顧みられることは少なかった。基本的に生産力主義者であるサン＝シモンやフーリエは、分配にではなく、「生産における協同」へと意識が向かう。サン＝シモンは、社会的富の増大に全員が同意する新しい時代においては、「ヒトの支配」の学である政治学は「モノの管理」の学である経済学に解消されると考えた〔サン＝シモン、一九八七－八八b、二巻、三四八頁〕。フーリエは、自らの「ファランジュ」協同体が普及すれば、生産高は現在の四倍になるだろうと豪語した〔フーリエ、一九七五、四四一頁〕。モノが溢れ、人々の欲望が満たされるという生産力の神話に、一九世紀の思想家の多くが魅せられていた。「いっさいの工業も滅びるがよい」という発想は、そうした流れのなかでは、「貧困の平等」という後ろ向きの思想と受け取られてしまう。しかし、いま、バブーフ派の言う「実質的平等」を「モノ」の平等ではなく、「いのち」の平等と読み替えてみたらどうだろうか。

東京大学麻酔科に属していた橋直矢が、東大闘争の余燼くすぶる一九六九年五月に『内科』に発表した「生と死と麻酔医と」を見てみよう。今日なおしばしば言及される論文である。橘は、脳死・臓器移植がドナーとレシピエントとの「いのち」の重さの違いのうえに成り立つ危険性を指摘し、次のように言う。

「絶えなんとする生命、あるいはいましがた絶えていつた生命の複数から適当に選んだ生命を、他の生命のために犠牲にする決定を下せるほどに医師は人命に対して傲慢になつてはならぬ。」〔橘、一九六九、八四九頁〕

「私のいいたいのは生命を生命のために、あるいは他のなにものかのために、犠牲にすることを拒否したいということにすぎない。私たちが軍人ならいざ知らず、私たちは医師なのだから。もし、それなしには科学の進歩はありえぬというのであれば進歩のほうを断念せねばならぬ。」〔同、八四八頁〕

橘が主張しているのは、究極的には「いのちの平等が残りさえすれば、いっさいの文明も滅びるがよい！」ということだろう。他者の「いのち」の犠牲によって成り立つ医療技術が、いかに全体の文明の発達に貢献するものだとしても、「いのち」の平等性が失われることがあってよいのか。その「いのち」の平等性こそが文明の基礎に据えられるべきであり、基礎を切り崩しておいて、進歩や発展を語ることができるのか。そう考えれば、バブーフ派の「分配の共産主義」は、一九六八年を経て、「いのちの共産主義」とかたちを変えて蘇ったとさえ言いうるだろう。

決して譲れぬ一線としての「いのち」の平等性という橘の思想は、松田の「ニヒリズム」とも通底している。いまや、先の見えた「文明」の対極に屹立するのは、私の「いのち」であり、他者の「いのち」であり、関係性としての「いのち」である。各人が一つだけもつ、儚く脆い「いのち」の平等性を死守し、そのうえに立つ連帯を求めること、そこに松田は「新しい思想」を見た。

社会主義・共産主義思想と呼ばれるもののなかで、最も現代的意義に乏しいと思われているバブーフ派であっても、そこには、いまもなおインスピレーションを駆り立てる思考がひっそりと息づいている。ましてや、マルクスやレーニンの思想のなかにも、あるいはマルクス主義に直接つながらない独自の特異な思想を展開した数多くの社会主義者、共産主義者の思想のなかにも、掘り起こすべき、あるいは読み替えるべき思考の胚珠が残されているはずである。松田道雄がナロードニキに「かぎりなき共感」を寄せたように、あるいは「マルクス主義のなかのロマンチシズム」に魅せられたように、およそ社会主義と呼ばれる思想の根底には、弱者の救済や平等の正義というモチベーションがあり、どんな社会、どんな時代においても、そのモチベーションだけは生きつづけるからである。

だからこそ、松田は、マルクス主義に、社会主義、共産主義に最後までこだわりつづけた。晩年の著作である『わが生活　わが思想』（岩波書店、一九八八年）には、「なぜマルクス主義を信じたのか」（一九七四年）と「なぜ革命を信じたのか──革命とレーニン」（一九八二年）という二つの論考が収められていて、松田が広義の「社会主義」に対して抱きつづけた愛着と憎悪の葛藤の深さを見てとることができる。「なぜ、私は社会主義に引きつけられたのか。なぜ、私はその社会主義に憎悪を抱いたのか。そして、私はほんとうに社会主義の実現を諦めたのか」。本書の「はじめに」に記した一連の問いに、松田もまた生涯苛まれつづけた。

そして、松田は、医師としてつねに「いのち」の現場にいた。診療医をリタイアした後も、その思考は生々しい現場の感覚を離れることはなかった。現場は、つねに普遍的・抽象的論理を撥ねつける場であり、ときにはそれを粉々に打ち砕くことさえある。複数の当事者が対峙している現場では、軋轢の果てのぎりぎりの均衡のなかに解決を見いだすほかはない。しかも、その均衡は一回かぎりのものでしかない。小児科医としてゼロ歳児の子どもの視点に立ちつつ、「いのち」を育む母親たちを励ましつづけるときにも、松田は「きれいごと」では済まされない幾重もの葛藤を抱え込んでいたはずである。「障害」に対するある種の冷淡さも、「女」への過剰な思い入れも、現場の苦闘を反映したものと言えるかもしれない。安楽死問題では、「いのち」の自己救済と「いのち」への侵犯との相剋に最後まで悩み、迷いつづけた。最新の学識に基づいて的確なアドバイスを送る頼れる医師、やさしい語り口で日常生活と世界史とを結びつけてみせる博覧強記の知識人、近代的合理主義で手際よく問題を整理する賢人といった印象とは裏腹に、松田の思想的営為は逡巡と諦念に揺れる泥臭いものだった。「社会主義」をめぐる葛藤を新しい「いのち」の思想の葛藤へと架橋すること、すなわち「いのち」の社会主義とでも言うべき新しい思考のあり方へと展望を切り拓くこと――松田が自らに課していた課題はそういうものだったろう。そして、そう考えれば、右往左往ぶりも含めて松田の生きざまはすっきりと見えてくる。いま松田を読み返してみて、そこにどれだけの浅薄さや不十分さを見いだすことができるにしても、あえて等身大の不格好な姿を晒してまで「新しい思想」を希求しつづけたその愚直なまでの誠実さは評価に値するだろう。

三・一一を経て、人類の存続さえ危ぶまれている時代のなかで、新たな「いのち」の思想を構築しようとする者は、まずは松田道雄の内面的苦渋を追体験することから始めなければならない。

参考文献

A 松田道雄の著作(著書・編著・訳書)

松田道雄、一九四〇『結核』弘文堂。

——、一九四七『人間と医学』中央公論社。

——、一九四八a『からだとこころ——おばけ退治』大雅堂(一九五八年に『おばけ退治』と改題のうえ、麦書房より再刊)。

——、一九四八b『医学の誤謬』白東書館。

——、一九四八c『結核とのたたかいの記録』白東書館。

——、一九四九『赤ん坊の科学』創元社。

羽仁説子・松田道雄(編)、一九五〇『新しい育児百科』日本評論社。

松田道雄、一九五〇『結核をなくすために』岩波新書。

——、一九五三『あられ療法』創元社。

——、一九五五『療養の設計』岩波新書。

松田道雄(訳)、一九五五、チェルヌィシェフスキー『哲学の人間学的原理』岩波文庫。

——、一九五六a『宛名のない見舞状——療養者のために』六月社。

——、一九五六b『常識の生態』河出新書。

——、一九五七a『育児日記』文藝春秋新社。

——、一九五七b『現代史の診断』拓文館。

――、一九五八a『はじめての子供』中央公論社。

――、一九五八b『社会主義リアリズム』三一書房。

――、一九五八c「ロシア人というもの」、『中央公論』七三巻一号、一九五八年一月。

――、一九六〇『私は赤ちゃん』岩波新書。

――、一九六一『私は二歳』岩波新書。

――、一九六二a『君たちの天分を生かそう』筑摩書房。

――、一九六二b『京の町かどから』朝日新聞社(一九六八年に筑摩書房より再刊)。

――(訳)、一九六二、トロツキー「レーニン」、中野好夫・吉川幸次郎・桑原武夫編『世界ノンフィクション全集』第三〇巻、筑摩書房。

――、一九六三『小児科医の眼』文藝春秋新社。

――(編)、一九六三a『アナーキズム』〈現代日本思想体系16〉筑摩書房。

――(編)、一九六三b『新しい保育百科』新評論。

――、一九六四a『こんなときお母さんはどうしたらよいか』暮しの手帖社。

――、一九六四b『巨視的しつけ法――幼児のそだてかた』筑摩書房。

――、一九六四c『日本式育児法』講談社現代新書。

――、一九六四d『母親のための人生論』岩波新書。

――、一九六四e「日本およびロシアの初期社会主義――ゲルツェンと北一輝」、桑原武夫編『ブルジョワ革命の比較研究』筑摩書房。

――、一九六五a『私の幼児教育論』岩波新書。

――、一九六五b『日本知識人の思想』筑摩書房。

――、一九六五c「人民のなかへ」、河野健二編『マルクスと社会主義者』平凡社。

松田道雄・河野健二、一九六五「〈座談会〉マルクス主義と日本人のであい」、『思想の科学』第五次四四号、一九六五年一一月。

松田道雄、一九六六a『おやじ対こども』岩波新書。

——、一九六六b『往診・宅診・休診——幼児をもつ母親のために』立風新書(一九六九年に『愛児の診断書——幼児をもつ母親のために』と改題のうえ再刊)。

——、一九六七『育児の百科』岩波書店。

——、一九六八『あなたの家庭はそれでよいか』日本放送出版協会。

——、一九六九a「いかに死ぬべきか——切腹と心臓移植」、『週刊アンポ』一号。

——、一九六九b「いかに死ぬべきか——安楽死と自殺」、『週刊アンポ』二号。

——(編)、一九六九『貝原益軒』〈日本の名著14〉中央公論社。

——、一九七〇a『恋愛なんかやめておけ』筑摩書房(一九九六年に朝日文庫として再刊)。

——、一九七〇b『革命と市民的自由』筑摩書房。

——、一九七〇c『ロシアの革命』〈世界の歴史22〉河出書房新社。

——、一九七〇d「日本の幼児教育とルソー」、桑原武夫編『ルソー論集』岩波書店。

内村剛介・松田道雄、一九七〇「対談・私のロシア」、『文藝』九巻七号、一九七〇年七月。

松田道雄、一九七一a『私の読んだ本』岩波新書。

——、一九七一b『われらいかに死すべきか』暮しの手帖社。

——、一九七二a『きみはなにがこわい?——おばけとたましいの話』少年少女講談社文庫。

——、一九七二b『わたしの保育指針』新評論。

——、一九七二c『市民として——家庭時評(家庭)』毎日新聞社。

——、一九七二d『市民として——家庭時評(社会)』毎日新聞社。

――、一九七二e『洛中洛外』中央公論社。

――、一九七二f『お母さんは心配しすぎる――2―3歳児』中央公論社。

――、一九七二g「はじめに」、トロツキー『レーニン』松田道雄・竹内成明訳、河出書房新社。

――、一九七二h「人間は人間であることによって尊い」、川上重治『もぐらのじだんだ――ちえ遅れの子』読売新聞社。

――、一九七二i「推せん」、太田典礼編著『安楽死』クリエイト社。

――、一九七二j「安楽死で問題になる点」、『しののめ』七五号、一九七二年一二月。

――(編)、一九七二『ロシア革命』平凡社。

松田道雄・五木寛之・久野収、一九七二『現代への視角』三一新書。

松田道雄、一九七三―七四『人生ってなんだろう』正・続、筑摩書房。

――、一九七三a『自由を子どもに』岩波新書。

――、一九七三b『わたしの育児教室』文藝春秋。

――、一九七五a『人間の威厳について』筑摩書房。

――、一九七五b『花洛――京都追憶』岩波新書(一九九五年に『明治大正京都追憶』と改題のうえ、同時代ライブラリーとして再刊)。

――、一九七六a『一年生の人生相談』筑摩書房。

――、一九七六b「「新しい日本を考える会」について――「会」に名を連ねた動機といきさつ」、『市民』五・六号、一九七六年六月。

――、一九七七a『在野の思想家たち――日本近代思想の一考察』岩波書店。

――、一九七七b『私の教育論』筑摩書房。

松田道雄・松田道郎(訳)、一九七七、D・W・スミス/E・L・ビアマン『人間――受胎から老年まで』岩波書店(原著：一九七三年)。
松田道雄、一九七九―八一『松田道雄の本』全一六巻、筑摩書房。
第一巻　私の幼児教育論
第二巻　教師の天分・子どもの天分
第三巻　新しい家庭像を求めて
第四巻　私の市民感覚
第五巻　私の戦後史
第六巻　人間と医学
第七巻　生きること・死ぬこと
第八巻　革命のなかの人間
第九巻　革命家の肖像
第一〇巻・第一一巻　ハーフ・タイム(上・下)
第一二巻　私の手帖から
第一三巻　いいたいこと・いいたかったこと
第一四巻　花洛小景
第一五巻　私の読書法
第一六巻　若き人々へ
――、一九七九『女と自由と愛』岩波新書。
――、一九八〇「人間の尊厳を信じる」、誕生日ありがとう運動京都友の会編『共に生きる』。
松田道雄・河野健二・鶴見俊輔、一九八一「集団討議　革命とマルクス主義」、『思想の科学』第七次九号、一九八一年一一月。

松田道雄、一九八三ａ『本の虫――「ハーフ・タイム」53・1―55・12』筑摩書房。

――、一九八三ｂ『安楽死』岩波ブックレット。

松田道雄・唄孝一、一九八四「日本の医療を問う――松田道雄先生に聞く」、加藤一郎・森島昭夫編『医療と人権――医師と患者のよりよい関係を求めて』有斐閣。

唄孝一・松田道雄、一九八六「対談　法と医の接点で」、『世界』四九一号、一九八六年八月。

松田道雄、一九八七『最新　育児の百科』岩波書店。

――、一九八八ａ『わが生活　わが思想』岩波書店。

――、一九八八ｂ『町医者の戦後』岩波ブックレット。

――、一九九〇ａ『私は女性にしか期待しない』岩波新書。

――、一九九〇ｂ『ロシアの革命』〈世界の歴史22〉河出文庫（初版：『ロシアの革命』〈世界の歴史22〉河出書房新社、一九七〇年）。

――、一九九四『母と子への手紙――乳幼児から思春期までの健康相談』岩波書店。

――、一九九七ａ『安楽に死にたい』岩波書店。

――、一九九七ｂ「老いの思想」、『成熟と老いの社会学』〈岩波講座　現代社会学13〉岩波書店。

――、一九九八『幸運な医者』岩波書店。

中野重治・松田道雄、二〇〇〇「《対談》読書よもやま話」（一九六七年）、岩波書店編集部編『座談の愉しみ』上、岩波書店。

松田道雄、二〇〇二『日常を愛する』平凡社ライブラリー（初版：『日常を愛する――「ハーフ・タイム」56・1―58・9』筑摩書房、一九八三年）。

――、二〇〇七―〇九『定本　育児の百科』全三巻、岩波文庫。

B　松田道雄に関する著作・論文（書評等を含む）

秋山清、二〇〇六―〇七ａ「市井学者の趣味的「アナキズム」」（一九六四年）、秋山清著作集編集委員会編『秋山清著作集』全一二冊、ぱる出版、第四巻〈反逆の信條〉。

天野正子、二〇〇六「松田道雄　育児の百科」、岩崎稔・上野千鶴子・成田龍一編『戦後思想の名著50』平凡社。

飯沼二郎、一九九八「独立独歩を貫いた人」、松田道雄『幸運な医者』岩波書店。

伊東光晴、一九七〇「歴史の流れのなかにとらえる――松田道雄『ロシアの革命』」、『週刊朝日』七五巻一九号、一九七〇年五月一日。

乾孝、一九七四「松田道雄」、『思想の科学』第六次三六号、一九七四年九月。

岩間徹、一九七〇「希望から幻滅への軌跡――松田道雄『ロシアの革命』」、『朝日ジャーナル』一二巻一七号、一九七〇年四月二六日。

内村剛介、一九七〇「歴史と対決し読者と対話して――松田道雄著『ロシアの革命』にふれて」、『日本読書新聞』一五四六号。

大谷いづみ、二〇〇六「「市民的自由」としての死の選択――松田道雄の「死の自己決定」論」、『思想』九八一号、二〇〇六年一月。

大森隆子、二〇〇〇―二〇〇五「松田道雄の育児思想について」Ⅰ―Ⅵ、『豊橋創造大学短期大学部研究紀要』一七―二二号。

加納実紀代（編）、二〇〇三『リブという《革命》――近代の闇をひらく』インパクト出版会。

樺山紘一、一九八六「松田道雄」、三谷太一郎編『社会を教育する』〈言論は日本を動かす5〉講談社。

川本隆史、一九九七「老いと死の倫理――ある小児科医の思索を手がかりに」、河合隼雄・鶴見俊輔編『倫理と道徳』〈現代日本文化論9〉岩波書店。

桜井哲夫、二〇〇七『増補　可能性としての「戦後」――日本人は廃墟からどのように「自由」を追求したか』

平凡社ライブラリー。

新藤謙、二〇〇二『明治的支配」と市民思想――暗い夜を前に松田道雄を読みかえす』田畑出版。

鈴木斌、二〇一一『老人文学論――戦争・政治・性をめぐって』菁柿堂。

鈴木正、一九七〇「柔軟で多彩な言葉――松田道雄著『革命と市民的自由』」、『図書新聞』一〇七四号。

田中陽兒、二〇一四「松田道雄著『ロシアの革命』」、『世界史学とロシア史研究』山川出版社(初出:「革命は常に未完の自覚――松田道雄著『ロシアの革命』の強烈な想念」、『図書新聞』一〇五九号、一九七〇年)。

東條文規、二〇〇九『図書館という軌跡』ポット出版。

野田茂徳、一九七〇「永久の暗闇の情念――松田道雄氏・和田春樹氏の著書にふれて」、『図書新聞』一〇七〇号。

橋本峰雄、一九六六「松田道雄論」、『思想の科学』第五次五七号、一九六六年一二月。

長谷川宏、二〇〇八『生活を哲学する』岩波書店。

林道義、一九七〇「松田道雄氏の『ロシアの革命』を読んで」、『週刊読書人』八一九号。

細辻恵子、二〇〇五『揺らぐ社会の女性と子ども――文化社会学的考察』世界思想社。

松田潤、二〇〇〇「札幌大学図書館松田道雄氏旧蔵ロシア史関係コレクションについて」、『札幌大学女子短期大学部紀要』三六巻。

宮坂広作、二〇〇六「松田道雄の幼児教育論」、『京都大学生涯教育学・図書館情報学研究』五巻。

八木晃介、一九九七「松田道雄さんへの疑問」、『社会臨床雑誌』五巻二号。

山階朋子、一九八一「松田道雄の「家」像をめぐって」、『思想の科学』第七次四号、一九八一年七月。

山本崇記、二〇〇七「戦後「市民」思想の形成過程とその陥穽――松田道雄と社会運動」、『Core Ethics』三号。

和田春樹、一九七〇「松田道雄著『ロシアの革命』」、『世界』一九六号、一九七〇年七月。

和田悠、二〇〇五「松田道雄の医学・育児思想――その発想と論理」、『三田学会雑誌』九八巻二号。

――、二〇〇六「昭和史論争のなかの知識人――亀井勝一郎、松田道雄、遠山茂樹」、大門正克編著『昭和史論争を問う――歴史を叙述することの可能性』日本経済評論社。

――、二〇〇八「松田道雄における転向と戦争経験――戦後市民主義の歴史的契機として」、渡辺秀樹・有末賢編『多文化多世代交差世界における市民意識の形成』慶應義塾大学出版会。

――、二〇〇九「松田道雄における市民主義の思想的経験」、豊泉周治・佐藤和夫・高山智樹編『生きる意味と生活を問い直す――非暴力を生きる哲学』〈哲学から未来をひらく2〉青木書店。

――、二〇一一「松田道雄と集団保育の〝発見〟――一九六〇年代の保育運動のなかで」、大門正克ほか編『成長と冷戦への問い』〈高度成長の時代3〉大月書店。

――、二〇一七「松田道雄の保育問題研究運動論――1960年代の『季刊保育問題研究』にみる」、『立教大学教育学科研究年報』六〇号。

C その他

秋山清、二〇〇六―二〇〇七b「マルクスとバクーニン」（一九六六年）、『秋山清著作集』第四巻。

朝居朋子、二〇一二『いのちに寄り添って――臓器移植の現場から』毎日新聞社。

アドレール、ロール、一九八一『黎明期のフェミニスム――フランスの女性ジャーナリスト（一八三〇―一八五〇）』加藤節子・杉村和子訳、人文書院（原著：一九七九年）。

荒畑寒村、一九六〇『ロシア革命運動の曙』岩波新書。

アレント、ハンナ、一九九五『革命について』志水速雄訳、ちくま学芸文庫（原著：一九六三年）。

安保拒否百人委員会（編）、一九八一『遠い記憶としてではなく、今――安保拒否百人委員会の10年』安保拒否百人委員会（私家版）。

飯沼二郎、一九九四a「市民運動概論」（一九七三―七四年）、『飯沼二郎著作集』全五巻、未來社、第四巻〈市民運動研究〉。

――、一九九四b「市民運動論の形成過程」(一九六七―七三年)、『飯沼二郎著作集』第四巻。

石垣綾子、一九八二「主婦という第二職業論」、上野千鶴子編『主婦論争を読む　全記録』全二巻、勁草書房、Ⅰ。

石川三四郎、一九七七―七九a「堺兄に与へて政党を論ず」(一九〇六年)、『石川三四郎著作集』全八巻、青土社、第一巻。

――、一九七七―七九b「小学教師に告ぐ」(一九〇四年)、『石川三四郎著作集』第一巻。

石川准、一九九二『アイデンティティ・ゲーム――存在証明の社会学』新評論。

石川憲彦、一九八八『治療という幻想――障害の医療からみえること』現代書館。

石田雄、二〇〇五『丸山眞男との対話』みすず書房。

石原吉郎、一九八〇a、「日常への強制」、『石原吉郎全集』全三巻、花神社、第二巻(初版:『日常への強制』構造社、一九七〇年)。

――、一九八〇b、「海を流れる河」、『石原吉郎全集』第二巻(初版:『海を流れる河』花神社、一九七四年)。

伊藤野枝、二〇〇〇a「傲慢狭量にして不徹底なる日本婦人の公共事業に就て」(一九一五年)、井手文子・堀切利高編『定本　伊藤野枝全集』全四巻、學藝書林、第二巻。

――、二〇〇〇b「自由意志による結婚の破滅」(一九一七年)、『定本　伊藤野枝全集』第二巻。

――、二〇〇〇c「自己を生かすことの幸福」(一九二三年)、『定本　伊藤野枝全集』第三巻。

糸賀一雄、一九八二―八三「この子らを世の光に」(一九六五年)、『糸賀一雄著作集』全三巻、日本放送出版協会、第三巻。

稲田務・太田典礼(編)、一九六八『葬式無用論』葬式を改革する会。

猪瀬直樹、一九八七『死を見つめる仕事』新潮社。

イリイチ(イリッチ)、イバン、一九九九『新版　生きる思想――反=教育/技術/生命』桜井直文監訳、藤原書店。

上野千鶴子(編)、一九八二『主婦論争を読む　全記録』Ⅰ・Ⅱ、勁草書房。

上野千鶴子、一九八六『女は世界を救えるか』勁草書房。

上田敏、一九七二「訳者まえがき」、スポック／レリゴ『スポック博士の心身障害児の療育――親のためのアドバイス』上田敏・上田礼子・石坂直行訳、岩崎学術出版社。

ウェーバー、マックス、一九六九『ロシア革命論』林道義訳、福村出版(原著：一九〇六―一七年)。

ヴォルテール、一九八八『哲学辞典』高橋安光訳、法政大学出版局(原著：一七六四年)。

宇佐美承、一九六一「ぶんなぐり保母」、『朝日ジャーナル』三巻一二号、一九六一年三月一九日。

内田義彦、一九六七『日本資本主義の思想像』岩波書店。

――、一九七一『社会認識の歩み』岩波新書。

――、一九八五『読書と社会科学』岩波新書。

内村剛介、一九六六『呪縛の構造』現代思潮社。

――、一九七七『定本　生き急ぐ――スターリン獄の日本人』国文社。

――、一九七九『失語と断念――石原吉郎論』思潮社。

――、二〇〇八『内村剛介ロングインタビュー　生き急ぎ、感じせく――私の二十世紀』陶山幾朗編、恵雅堂出版。

梅根悟、一九六三『国民教育の改革――子どものための教育をめざして』誠文堂新光社。

――、一九七一『ルソー「エミール」入門』明治図書出版。

――、一九七七「新教育への道」、『梅根悟教育著作選集』全八巻、明治図書出版、第二巻(初版：誠文堂新光社、一九四七年)。

ウルフ、バートン・H、二〇一二『ザ・ヒッピー――フラワー・チルドレンの反抗と挫折』飯田隆昭訳、国書刊行会（原著：一九六八年）。

江口朴郎（編）、一九六八『ロシア革命の研究』中央公論社。

江田三郎、一九七七『新しい政治をめざして――私の信条と心情』日本評論社。

エンゲルス、フリードリッヒ、一九五九―九一ａ「空想から科学への社会主義の発展」（一八八〇年）寺沢恒信・村田陽一訳、ドイツ社会主義統一党中央委員会付属マルクス＝レーニン主義研究所編『マルクス＝エンゲルス全集』大内兵衛・細川嘉六監訳、全五三冊、大月書店、第一九巻。

――、一九五九―九一ｂ「オイゲン・デューリング氏の科学の変革（反デューリング論）」（一八七八年）村田陽一訳、『マルクス＝エンゲルス全集』第二〇巻。

――、一九五九―九一ｃ「カール・マルクス『フランスにおける階級闘争、一八四八年から一八五〇年まで』（一八九五年版）への序文」中原稔生訳、『マルクス＝エンゲルス全集』第二二巻。

大杉栄、一九六三『ロシア革命論』〈大杉栄全集　第7巻〉現代思潮社。

大野博、二〇一一「アメリカ病院協会の「患者の権利章典」の変化とその特徴――権利の宣言からパートナーシップへ」、『医療と社会』二一巻三号。

太田典礼、一九六三「安楽死の新しい解釈とその合法化」、『思想の科学』第五次一七号、一九六三年八月。

――、一九六九「老人の孤独」、『思想の科学』第五次八五号、一九六九年三月。

太田典礼（編）、一九七二『安楽死』クリエイト社。

太田典礼、一九七三『安楽死のすすめ』三一新書。

――、一九八二『安楽死――人間にとっての「死ぬ権利」』三一新書。

大谷いづみ、二〇〇五「太田典礼小論――安楽死思想の彼岸と此岸」、『死生学研究』（東京大学大学院人文社会系研究科）五号。

大橋精夫、一九六七「わが国における集団主義教育思想の展開」、小川太郎編『講座・集団主義教育』第一巻、明治図書出版。

大林雅之、二〇一四「日本におけるバイオエシックス導入と展開、覚書」、香川知晶・小松美彦編『生命倫理の源流――戦後日本社会とバイオエシックス』岩波書店。

大森真紀、一九七九「イギリス女性労働組合主義の成立――メアリー・マッカーサーの生涯と思想」、『日本労働協会雑誌』二四五号。

岡村昭彦、一九八六―八七「私の戦争報道」(一九六六年)、岡村春彦・暮尾淳編『岡村昭彦集』全六巻、筑摩書房、第二巻。

小田実、一九七二『世直しの倫理と論理』上・下、岩波新書。

――、一九七七『私と朝鮮』筑摩書房。

――、一九八〇『歴史の転換のなかで――21世紀へ』岩波新書。

――、一九八四「日本共産党」、色川大吉・小田実・西田勝編『日本の政党を考える』現代評論社。

――、一九九五『「ベ平連」・回顧録でない回顧』第三書館。

――、二〇〇〇a「「難死」の思想――戦後民主主義・今日の状況と問題」(一九六五年)、『小田実評論撰1 60年代――「難死」の思想など』筑摩書房。

――、二〇〇〇b「平和の倫理と論理」(一九六六年)、『小田実評論撰1』。

――、二〇〇〇c「平和をつくる――その原理と行動・ひとつの宣言」(一九六六年)、『小田実評論撰1』。

――、二〇〇七『中流の復興』日本放送出版協会。

――、二〇〇九『大地と星輝く天の子』上・下、岩波文庫(初版:講談社、一九六三年)。

小田実・鶴見俊輔(編)、一九六八『反戦と変革――抵抗と平和への提言』學藝書房。

小野沢あかね、二〇一〇『近代日本社会と公娼制度――民衆史と国際関係史の視点から』吉川弘文館。

澤瀉久敬、二〇〇〇―〇七『医学概論』全三部、誠信書房(初版:創元社、東京創元社、一九四五―五九)。

――、二〇〇七『医の倫理――医学講演集(オンデマンド版)』誠信書房(初版:一九七一年)。

カー、E・H、一九六九『ロシア革命の考察』南塚信吾訳、みすず書房(原著:一九六九年)。

香川知晶、二〇〇五「「新しい死の基準」の誕生――臓器移植と脳死、その結合と分離」、『思想』九七七号、二〇〇五年九月。

――、二〇〇六『死ぬ権利――カレン・クインラン事件と生命倫理の転回』勁草書房。

カーソン、レイチェル、二〇〇四『沈黙の春』青樹簗一訳、新潮文庫(原著:一九六二年)。

片岡徳雄(編)、一九七五『集団主義教育の批判』黎明書房。

片野真佐子、一九八四「婦人矯風会に見る廃娼運動の思想――再び天皇制下の性と人間をめぐって」、人間文化研究会編『女性と文化Ⅲ――家・家族・家庭』JCA出版。

加藤周一、一九六九『言葉と戦車』筑摩書房。

加藤節子、一九九五『一八四八年の女性群像』法政大学出版局。

加藤登紀子・藤本敏夫、二〇〇五『絆』藤原書店。

加藤晴康、一九九一「ブランキと民衆革命――序にかえて」、ブランキ『革命論集』彩流社。

鹿野政直、二〇〇七―〇八「健康観にみる近代」(二〇〇一年)、『鹿野政直思想史論集』全七巻、岩波書店、第五巻。

上笙一郎・山崎朋子、一九九四『日本の幼稚園』筑摩書房(初版:『日本の幼稚園――幼児教育の歴史』理論社、一九六五)。

亀田政弘、一九六八「スポック博士の裁判――言論の自由と共謀罪」、『法学セミナー』一四四号。

川喜田愛郎、一九七七『近代医学の史的基盤』上・下、岩波書店。

河邑重光、一九八三「「既成左翼」否定論の社会的役割――日市連とその代表としての小田氏の主張にたいして」上・中・下、『赤旗』一九八三年五月二八・二九・三〇日。

河本ふじ江・原田嘉美子、二〇〇九『レンガの子ども』ひとなる書房（初版：原田嘉美子・難波ふじ江『レンガの子ども――ぶんなぐり保母の記録』光風社、一九六二年）。

木村利人、二〇〇九「バイオエシックス研究の深化と促進をめざして」、『Bioethics Study Network』八巻一号。

――、二〇一二「市民運動としてのバイオエシックス」、今井道夫・森下直貴編『生命倫理学の基本構図』〈シリーズ生命倫理学1〉丸善出版。

――、二〇一四「市民の権利運動としてのバイオエシックス」、香川知晶・小松美彦編『生命倫理の源流――戦後日本社会とバイオエシックス』岩波書店。

木村利人・岡村昭彦、一九八四『講義録　バイオエシックス』岡村ゼミナール（名古屋）、静岡県立大学附属図書館蔵。

久野収、一九五五「日本における平和理論と平和運動――平和問題談話会文化部会共同討議のための報告」、『世界』一〇九号、一九五五年一月。

――、一九七六『権威主義国家の中で』筑摩書房。

――、一九七七『神は細部に宿りたまう』三一書房。

――、一九八〇『人間の自己創造』日本評論社。

――、一九八七「京大・滝川事件をめぐって」（一九八五年）、『発言』晶文社。

――、一九九五『世界を見つめる』自由国民社。

久野収・高畠通敏、一九九五『久野収　市民として哲学者として』毎日新聞社。

久野収・佐高信、一九九五『市民の精神――利を越えて理に生きる』ダイヤモンド社。

久野収、一九九六「三つめの役割」（一九六〇年）、声なき声の会編『復刻版　声なき声のたより』全二巻、思想の科学社、第一巻〈一九六〇―一九七〇〉。

――、一九九八「市民主義の成立」（一九六〇年）、佐高信編『久野収集』全五巻、岩波書店、第Ⅱ巻。

――、二〇一〇「敗戦前後の日本――一つの回顧」(一九七三年)、佐高信編『久野収セレクション』岩波現代文庫。

久布白落実、二〇〇九「廃娼ひとすじ」(一九七三年)、『久布白落実著作集』全六巻、学術出版会、第六巻。

グルー、ブノワット、一九八二『フェミニズムの歴史』山口昌子訳、白水社(原著：一九七七年)。

グレイ、ジョン、二〇〇九『バーリンの政治哲学入門』河合秀和訳、岩波書店(原著：一九六六年)。

桑瀬章二郎、二〇一五『嘘の思想家ルソー』岩波現代全書。

桑原武夫(編)、一九六八『ルソー研究 第二版』岩波書店。

――(編)、一九七〇『ルソー論集』岩波書店。

ゲルツェン、アレクサンドル、一九九八―九九『過去と思索』金子幸彦・長縄光男訳、全三巻、筑摩書房(原著：一九二〇年)。

声なき声の会(編)、一九九六『復刻版 声なき声のたより』全二巻、思想の科学社。

小谷良子、二〇〇七『〈専業的主婦〉の主体形成――個人・家庭・地域生活者としての主体形成の課題』ナカニシヤ出版。

児玉真美、二〇一三『死の自己決定権のゆくえ――尊厳死・「無益な治療」論・臓器移植』大月書店。

小林トミ、二〇〇三『「声なき声」をきけ――反戦市民運動の原点』岩垂弘編、同時代社。

小谷野敦、二〇〇二『中庸、ときどきラディカル――新近代主義者宣言』筑摩書房。

ゴルツ、アンドレ、一九八〇『エコロジスト宣言』高橋武智訳、技術と人間(原著：一九七五・七七年)。

ゴールドマン、エマ、二〇〇〇「結婚と恋愛」伊藤野枝訳、『定本 伊藤野枝全集』第四巻(原著：一九一〇年)。

最首悟、二〇〇九「問われた個人の倫理」、毎日新聞社編『1968年に日本と世界で起こったこと』毎日新聞社。

佐伯啓思、一九九七『「市民」とは誰か――戦後民主主義を問いなおす』PHP新書。

坂倉裕治、二〇〇九「日本の近代化と『エミール』——三浦關造の抄訳を中心に」、『思想』一〇二七号、二〇〇九年一一月。

——、二〇一三「日本における『エミール』の初訳——菅學應の抄訳(一八九七年)を読む」、『立教大学教育学科研究年報』五六号。

佐藤純一、二〇一三「近代医学・近代医療とは何か」、高草木光一編『思想としての「医学概論」——いま「いのち」とどう向き合うか』岩波書店。

澤口俊之、二〇〇一「「スポック博士」で育った子はヘンだ——添い寝するナ、泣いても抱くナ……スポック流子育てで日本人は幼児化し、おかしくなった」、『諸君!』三三巻八号、二〇〇一年八月。

サン-シモン、クロード・アンリ・ド・ルーヴロワ、一九八七—八八a「同時代人に宛てたジュネーヴの一住人の手紙」(一八〇三年)、『サン-シモン著作集』森博編訳、全五巻、恒星社厚生閣、第一巻。

——、一九八七—八八b「産業　第二巻」(一八一七年)、『サン-シモン著作集』第二巻。

——、一九八七—八八c「新キリスト教——保守主義者と革新者との対話」(一八二五年)、『サン-シモン著作集』第五巻。

ジェフロワ、ギュスターヴ、一九七三『幽閉者——ブランキ伝』野沢協・加藤節子訳、現代思潮社(原著:一九二六年)。

柴田三千雄、一九六八『バブーフの陰謀』岩波書店。

清水慶子、一九八二「主婦の時代は始まった」、上野千鶴子編『主婦論争を読む　全記録』I。

社会思想史の窓刊行会(編)、一九八六「タシュロー文書」高草木光一訳、『社会思想史の窓　集成第一巻』長崎出版。

——(編)、一九八九『アソシアシオンの想像力——初期社会主義思想への新視角』平凡社。

シャルレティ、セバスティアン、一九八六『サン=シモン主義の歴史　1825—1864』沢崎浩平・小杉隆

芳訳、法政大学出版局(原著：一九三二年)。

シュクラール、一九六七『ユートピア以後——政治思想の没落』奈良和重訳、紀伊國屋書店(原著：一九五七年)。

主婦の友社(編)、一九五四『ママさん文庫・第一巻　赤ちゃんの育て方』主婦の友社。

スタロバンスキー、ジャン、一九九三『病のうちなる治療薬』小池健男・川那部保明訳、法政大学出版局(原著：一九八九年)。

スポック、ベンジャミン、一九七二『スポック博士の育児書』高津忠夫・奥山和男監修、暮しの手帖社(原著：一九四六年)。

——、一九八〇「スポック博士から二十一世紀の子どもたちへ」、『諸君！』一二巻二号、一九八〇年二月。

瀬川昌耆、一九一三『最新育児のをしへ』至誠堂書房。

関嘉彦、一九八〇『ベルンシュタインと修正主義』早稲田大学出版部。

セール、ミッシェル、一九九四『自然契約』及川馥・米山親能訳、法政大学出版局(原著：一九九〇年)。

総理府(編)、一九九六『平成7年版　障害者白書——バリアフリー社会をめざして』大蔵省印刷局。

ソ同盟共産党(ボルシエヴィキ)中央委員会所属特別委員会(編)、一九五〇『ソヴエト同盟共産党(ボルシエヴィキ)歴史——小教程』モスクワ：外国語図書出版所。

ソロー、H・D、一九九七『市民の反抗　他五篇』飯田実訳、岩波文庫。

高草木光一、一九八四「オーギュスト・ブランキにおける革命の主体——「デクラセ」概念の再検討」、『三田学会雑誌』七七巻四号。

——、一九八九「政治革命と総合的アソシアシオン——ブランキ」、社会思想史の窓刊行会編『アソシアシオンの想像力』。

——、一九九四–九五「ルイ・ブラン『労働の組織』と七月王政期のアソシアシオニスム(上・下)——普通選挙と「社会的作業場」」、『三田学会雑誌』八七巻三・四号。

――、一九九八「一八四八年におけるアソシアシオンと労働権――ルイ・ブランを中心にして」、的場昭弘・高草木光一編『一八四八年革命の射程』御茶の水書房。

――、二〇〇五「サン-シモン――「産業」への隘路」、大田一廣編『社会主義と経済学』〈経済思想6〉日本経済評論社。

――、二〇〇七「あとがき」、飯田裕康・高草木光一編『生きる術としての哲学――小田実最後の講義』岩波書店。

――、二〇〇九a「一九世紀フランス社会主義をどう読むか」、『三田学会雑誌』一〇二巻一号。

――、二〇〇九b「改正臓器移植法の闇」、『季刊ピープルズ・プラン』四七号。

――、二〇一〇「これは、おそらく始まりに過ぎない」、小松美彦・市野川容孝・田中智彦編『いのちの選択――今、考えたい脳死・臓器移植』岩波ブックレット。

――(編)、二〇一一『連続講義 一九六〇年代 未来へつづく思想』岩波書店。

――、二〇一三「澤瀉久敬『医学概論』における近代の超克」、『三田学会雑誌』一〇六巻一号。

――(編)、二〇一三『思想としての「医学概論」――いま「いのち」とどう向き合うか』岩波書店。

――、二〇一六『岡村昭彦と死の思想――「いのち」を語り継ぐ場としてのホスピス』岩波書店。

――(編)、二〇一六『ベ平連と市民運動の現在――吉川勇一が遺したもの』花伝社。

高畠通敏、一九七六『自由とポリティーク――社会科学の転回』筑摩書房。

――、一九八一「百人委員会――その論理と展望」、安保拒否百人委員会編『遠い記憶としてではなく、今――安保拒否百人委員会の10年』。

――、一九九八「久野収さんの流儀」、『久野収集Ⅲ』「月報」岩波書店。

竹内洋、二〇〇五『丸山眞男の時代――大学・知識人・ジャーナリズム』中公新書。

橘直矢、一九六九「生と死と麻酔医と」、『内科』二三巻五号。

都築勉、二〇一三『丸山眞男への道案内』吉田書店。

鶴見俊輔・小田実・開高健（編）、一九六七『反戦の論理——全国縦断日米反戦講演記録』河出書房新社。

鶴見俊輔、一九九一—二〇〇一ａ「アメリカ哲学」（一九五〇年）、『鶴見俊輔集』全一七冊、筑摩書房、第一巻〈アメリカ哲学〉。

———、一九九一—二〇〇一ｂ「根もとからの民主主義」（一九六〇年）、『鶴見俊輔集』第九巻〈方法としてのアナキズム〉。

———、一九九六「市民集会の提案」（一九六〇年）、声なき声の会編『復刻版　声なき声のたより』第一巻〈一九六〇—一九七〇〉。

鶴見俊輔・小田実、二〇〇四『手放せない記憶——私が考える場所』編集グループＳＵＲＥ。

鶴見俊輔・加藤典洋・黒川創、二〇〇六『日米交換船』新潮社。

鶴見俊輔、二〇〇九ａ『言い残しておくこと』作品社。

鶴見俊輔・黒川創、二〇〇九ｂ『鶴見俊輔　みずからを語る』（ＤＶＤ）テレビマンユニオン。

鶴見俊輔・小田実、二〇一一『オリジンから考える』岩波書店。

デイヴィス、ウイリアム・Ｈ、一九九〇『パースの認識論』赤木昭夫訳、産業図書（原著：一九七二年）。

東海ジェンダー研究所（編）、二〇一六『資料集　名古屋における共同保育所運動——１９６０年代〜１９７０年代を中心に』日本評論社。

東大ＰＲＣ企画委員会、一九八五ａ「筑波大岩崎教授らの膵腎同時移植の問題性——「脳死」と「臓器移植」をめぐる最近の動向（資料）」、『技術と人間』一四巻一号、一九八五年一月。

———、一九八五ｂ「筑波大岩崎教授らの膵腎同時移植の問題性——「脳死」と「臓器移植」をめぐる最近の動向・補足（資料）」、『技術と人間』一四巻二号、一九八五年二月。

———、一九八五ｃ「臓器移植の裏面史——筑波大岩崎教授の「業績」」、『技術と人間』一四巻七号、一九八五

年七月（Ⅰを本田勝紀、Ⅱを菱俊雄が執筆）。

――、一九八五d「合意の得られなかった「脳死」と「心臓移植」――第21回日本移植学会への批判」、『技術と人間』一四巻一一号、一九八五年一一月。

トクヴィル、二〇〇五―〇八『アメリカのデモクラシー』松本礼二訳、全四冊、岩波文庫（原著：一八三五―四〇年）。

豊田堯、一九五八『バブーフとその時代――フランス革命の研究』創文社。

長縄光男、二〇一二『評伝ゲルツェン』成文社。

中野光、一九九八『大正自由教育の研究』黎明書房（初版：一九六八年）。

中野徹三、一九七九『マルクス主義の現代的探求』青木書店。

西田慎、二〇〇九『ドイツ・エコロジー政党の誕生――「六八年運動」から緑の党へ』昭和堂。

二宮宏之、二〇一一「フランス絶対王政の統治構造」（一九七九年）、『二宮宏之著作集』全五巻、岩波書店、第三巻〈ソシアビリテと権力の社会史〉。

日本医師会生命倫理懇談会、一九九〇『「説明と同意」についての報告』日本医師会。

日本キリスト教婦人矯風会（編）、一九八六『日本キリスト教婦人矯風会百年史』ドメス出版。

日本組織移植学会（監修）、二〇〇四『移植コーディネーター概論』田中秀治・篠崎尚史編、へるす出版。

バザールほか、一九八二『サン-シモン主義宣言――「サン-シモンの学説・解義」第一年度、1828―1829』野地洋行訳、木鐸社（原著：一八三〇年）。

長谷川宏、二〇〇一「個人・家族・社会のあいだ」、慶應義塾大学経済学部編『家族へのまなざし』〈市民的共生の経済学3〉弘文堂。

畑山敏夫、二〇一二『フランス緑の党とニュー・ポリティクス――近代社会を超えて緑の社会へ』吉田書店。

ハーバーマス、一九七三『公共性の構造転換』細谷貞雄訳、未來社（原著：一九六二年）。

バブーフ、一九八九「私有財産の廃止」(一七九五年)、河野健二編『資料　フランス革命』岩波書店。

原田正純、二〇一一「水俣と三池」、高草木光一編『連続講義　一九六〇年代　未来へつづく思想』岩波書店。

バーリン、I、一九八三―九二「ジョセフ・ド・メストルとファッシズムの起源」(一九九〇年)松本礼二訳、『バーリン選集』福田歓一・河合秀和ほか訳、全四巻、岩波書店、第四巻〈理想の追求〉。

――、一九八四『人間マルクス――その思想の光と影』福留久大訳、サイエンス社(原著：一九三九年)。

バーリン、I／ジャハンベグロー、R、一九九三『ある思想史家の回想――アイザィア・バーリンとの対話』河合秀和訳、みすず書房(原著：一九九一年)。

樋口謹一、一九七二「三浦関造抄訳『人生教育、エミール』(1)」、『人文学報』(京都大学人文科学研究所)三四号。

土方康夫、一九七四「たたかいの記録としての「レンガの子ども」」、原田嘉美子・河本ふじ江『さ・さ・ら版レンガの子ども』さ・さ・ら書房。

ヒポクラテス、一九九七「誓い」大槻マミ太郎訳、『新訂　ヒポクラテス全集』大槻真一郎翻訳・編集責任、全三巻、エンタプライズ、第一巻。

ビュシェ、一九七九a「都市賃金労働者の境遇を改善するための方策」(一八三一年)、河野健二編『資料　フランス初期社会主義――二月革命とその思想』平凡社。

――、一九七九b「『フランス革命議会史』第三一巻　序文」(一八三七年)、河野健二編『資料　フランス初期社会主義――二月革命とその思想』。

平岡昇、一九七三『平等に憑かれた人々――バブーフとその仲間たち』岩波新書。

平野義太郎、一九五五「福田恆存氏の疑問に答える」、『中央公論』七〇巻一号、一九五五年一月。

福田恆存、二〇〇七―一一「平和論にたいする疑問――どう覚悟をきめたらいいか」(一九五四年)、『福田恆存評論集』全二一巻、麗澤大学出版会、第三巻。

藤井敏彦、一九九七『マカレンコ教育学の研究』大空社。

藤目ゆき、一九九七『性の歴史学――公娼制度・堕胎罪体制から売春防止法・優生保護法体制へ』不二出版。

藤本敏夫、二〇〇二『農的幸福論――藤本敏夫からの遺言』加藤登紀子編、家の光協会。

フェルドマン、エリック・A、二〇〇三『日本における権利のかたち――権利意識の歴史と発展』山下篤子訳、現代人文社(原著：二〇〇〇年)。

ブランキ、一九九一a「十五人裁判」(一八三二年)、『革命論集』加藤晴康編訳、彩流社(初版：上・下、現代思潮社、一九六七―六八年)。

――、一九九一b「一八四八年二月二十五日の演説」、『革命論集』。

――、一九九一c「選挙延期のための最初の訴え」(一八四八年三月六日)、『革命論集』。

――、一九九一d「共産主義――未来の社会」(一八六九―七〇年執筆)、『革命論集』。

フーリエ、一九七五「産業的協同社会的新世界」(一八二九年)田中正人訳、五島茂・坂本慶一編『オウエン、サン-シモン、フーリエ』〈世界の名著　続8〉中央公論社。

ブルックス、ポール、二〇〇四『レイチェル・カーソン』上遠恵子訳、新潮社(原著：一九七二年)。

不破哲三、一九七六『科学的社会主義研究』新日本出版社。

ベ平連(〈ベトナムに平和を！〉市民連合)(編)、一九九三『「ベ平連ニュース」合本縮刷版』(付『脱走兵通信』『ジャテック通信』)、ほんコミニケート社。

ベルナール、クロード、一九七〇『実験医学序説』三浦岱栄訳、岩波文庫(原著：一八六五年)。

ベルンシュタイン、エドゥアルト、一九六〇「社会主義の前提と社会民主党の任務」(一八九九年)戸原四郎訳、『ベルンシュタイン　メーリング』〈世界大思想全集　社会・宗教・科学思想篇15〉河出書房新社。

星野一正、一九九四「本人の意思による死の選択――アメリカにおける最近の安楽死法制化運動」、『時の法令』一四八二号。

本田勝紀、一九八五a「脅かされる身体の自由と「患者の権利」」、『世界』四七〇号、一九八五年一月。

――、一九八五b「患者の権利以前の医療状況から権利獲得へ――東大病院外来患者アンケート結果より」、『病院』四四巻二号。

――、一九八六「筑波大・臓器移植手術への疑問」、『朝日ジャーナル』二八巻四四号、一九八六年一〇月三一日。

――、一九九一「「脳死」患者は、死体ではない――差別用語としての「脳死」を用いてはならない」、『月刊ちいきとうそう』二四二号。

――、一九九六「過去十年間に殺人罪で告発された本邦「脳死」移植八例の医学的、倫理的問題についての総括的分析」、『医学哲学　医学倫理』(日本医学哲学・倫理学会)一四号。

マカレンコ、アントン、一九六四―六五a「教育詩」(一九三四―三六年)、『マカレンコ全集』マカレンコ全集刊行委員会訳、全八巻、明治図書出版、第一巻。

――、一九六四―六五b「講座　子どもの教育について」(一九四〇年)、『マカレンコ全集』第五巻。

――、一九六四―六五c「訓育過程の組織方法論」(一九三六年)、『マカレンコ全集』第六巻。

――、一九六四―六五d「ソビエト学校教育の諸問題」(一九四三年)、『マカレンコ全集』第六巻。

――、一九六四―六五e「教育経験からのいくつかの帰結」(一九四六年)、『マカレンコ全集』第六巻。

町野朔・長井圓・山本輝之(編)、二〇〇四『臓器移植法改正の論点』信山社。

丸岡秀子、一九八二「夫妻共存論」、上野千鶴子編『主婦論争を読む　全記録』I。

マルクス、カール、一九五九―九一d「フォイエルバッハにかんするテーゼ」(一八四五年執筆)真下真一ほか訳、ドイツ社会主義統一党中央委員会付属マルクス＝レーニン主義研究所編『マルクス＝エンゲルス全集』大内兵衛・細川嘉六監訳、全五三冊、大月書店、第三巻。

マルクス／エンゲルス、一九五九―九一e「共産党宣言」(一八四八年)村田陽一訳、『マルクス＝エンゲルス全集』第四巻。

マルクス／エンゲルスほか、一九五九－九一ｆ「革命的共産主義者万国協会」（一八五〇年）、『マルクス＝エンゲルス全集』第七巻。

マルクス、一九五九－九一ｇ「ヴェ・イ・ザスーリチへの手紙」（一八八一年）平田清明訳、『マルクス＝エンゲルス全集』第一九巻。

――、一九五九－九一ｈ「資本論・経済学批判」（一八六七年）岡崎次郎訳、『マルクス＝エンゲルス全集』第二三巻ａ・ｂ。

丸山眞男、一九九五－九七ａ、「一療養患者としての意見」（一九五五年）、『丸山眞男集』全一七巻、岩波書店、第六巻。

――、一九九五－九七ｂ、「松田道雄『療養の設計』」（一九五五年）、『丸山眞男集』第六巻。

――、一九九五－九七ｃ、「「スターリン批判」における政治の論理」（一九五六年）、『丸山眞男集』第六巻。

――、一九九五－九七ｄ、「五・一九の知識人と「軌跡」――丸山眞男氏の思想と行動」（一九六〇年）、『丸山眞男集』第一六巻。

――、一九九八ａ『自己内対話――三冊のノートから』みすず書房。

――、一九九八ｂ『丸山眞男座談』全九冊、岩波書店。

――、二〇〇三－〇四『丸山眞男書簡集』全五巻、みすず書房。

――、二〇一四－一五『丸山眞男集　別集』全五巻、岩波書店。

――、二〇一六『定本　丸山眞男回顧談』上・下、岩波現代文庫。

マレシャル、シルヴァン、一九八九「平等派の宣言」田中正人訳、河野健二編『資料　フランス革命』岩波書店。

見市雅俊、一九七九「女性メシアとスエズ運河――サン＝シモン主義者のエジプト伝道について」、『人文学報』（京都大学人文科学研究所）四七号、一九七九年三月。

南博、一九五五「平和論をめぐって――福田恆存氏への疑問」、『改造』三六巻一号、一九五五年一月。

ミル、ジョン・スチュアート、一九七一『自由論』塩尻公明・木村健康訳、岩波文庫（原著：一八五九年）。

牟田和恵、一九九六『戦略としての家族――近代日本の国民国家形成と女性』新曜社。

村上信彦、一九六九―七二『明治女性史』全四巻、理論社。

――、一九九七『女について――反女性論的考察』こぶし文庫（初版：興風館、一九四七年）。

モア、トマス、一九九三『改版　ユートピア』澤田昭夫訳、中公文庫（原著：一五一六年）。

毛利子来、一九八五『新エミール』ちくま文庫（初版：筑摩書房、一九七九年）

――、一九九三『育児のエスプリ――知恵の宝石箱』新潮社。

毛利子来・山田真、二〇〇七『育育児典』岩波書店。

吉岡忍、二〇〇九「エイズと日本社会」、高草木光一編『連続講義「いのち」から現代世界を考える』岩波書店。

――、二〇一五「自分が消える哲学」、『現代思想』四三巻一五号、二〇一五年一〇月臨時増刊号。

吉川勇一、一九六四a「日本共産党・残酷物語」、『文藝春秋』一九六四年一一月号。

――、一九六四b「第十回原水禁世界大会と今後の平和運動」、『経済評論』一九六四年一二月号。

――、一九六五「ベトナム戦争と平和の組織――平和運動組織論の再検討」、『月刊新世界』一九六五年七月号。

――、一九九一『市民運動の宿題――ベトナム反戦から未来へ』思想の科学社。

――、一九九三「自主性・自発性と多様性・公開性――ハンパクでの討論から考えた自戒」（一九六九年）、ベ平連編『「ベ平連ニュース」合本縮刷版』ほんコミニケート社。

――（編）、一九九五『反戦平和の思想と運動』〈コメンタール戦後50年　第四巻〉社会評論社。

吉野源三郎、一九九五『平和への意志――『世界』編集後記一九四六―五五年』岩波書店。

ヨナス、ハンス、一九八八「死の定義と再定義」（一九七四年）、H・T・エンゲルハート、H・ヨナスほか『バイオエシックスの基礎――欧米の「生命倫理」論』加藤尚武、飯田亘之編、東海大学出版部。

米原謙、二〇〇六「丸山眞男と社会主義――いくつかの断面」、『思想』九八八号、二〇〇六年八月。

米本昌平、一九八八『先端医療革命――その技術・思想・制度』中公新書。

ラファルグ、ポール、二〇〇八『怠ける権利』田淵晋也訳、平凡社ライブラリー（原著：一八八〇年）。

リシュタンベルジェ、アンドレ、一九八一『十八世紀社会主義』野沢協訳、法政大学出版局（原著：一八九五年）。

ルソー、ジャン＝ジャック、一九五四『社会契約論』桑原武夫・前川貞次郎訳、岩波文庫（原著：一七六二年）。

――、一九六〇『孤独な散歩者の夢想』今野一雄訳、岩波文庫（原著：一七八二年）。

――、一九六五―六六『告白』桑原武夫訳、全三冊、岩波文庫（原著：一七八二―八九年）。

――、一九六六『人間不平等起原論』小林善彦訳、平岡昇編『ルソー』〈世界の名著30〉中央公論社（原著：一七五五年）。

――、二〇〇七『エミール』今野一雄訳、全三冊、岩波文庫（第七四刷改版。初刷刊行は一九六二年。原著：一七六二年）。

レーニン、一九五三―六九a「資本主義の最高の段階としての帝国主義――平易な解説（帝国主義論）」（一九一七年）マルクス＝レーニン主義研究所レーニン全集刊行委員会訳、ソ同盟共産党中央委員会付属マルクス＝エンゲルス＝レーニン研究所編『レーニン全集』全四七冊、大月書店、第二二巻。

――、一九五三―六九b「なにをなすべきか？――われわれの運動の焦眉の諸問題」（一九〇二年）、『レーニン全集』第五巻。

ロスマン、デイヴィッド、二〇〇〇『医療倫理の夜明け――臓器移植・延命治療・死ぬ権利をめぐって』酒井忠昭監訳、晶文社（原著：一九九一年）。

ロック、ジョン、二〇一〇『完訳　統治二論』加藤節訳、岩波文庫（原著：一六八九年）。

――、二〇一一『子どもの教育』北本正章訳、原書房（原著：一六九三年）。

ワクター、ロバート・M／ショジャニア、ケイヴェ・G、二〇〇七『新たな疫病「医療過誤」』福井次矢監訳、朝日新聞社（原著：二〇〇五年）。

和田春樹、一九六〇「日本人はナロードニキをいかにみたか――荒畑寒村『ロシア革命運動の曙』を読んで」、『ロシア史研究』一号。

――、一九七四「フランコ・ヴェントゥーリとナロードニキ研究の現段階」、『思想』六〇六号、一九七四年一二月。

――、一九七五『マルクス・エンゲルスと革命ロシア』勁草書房。

Ad Hoc Committee of the Harvard Medical School, 1968, "A Definition of Irreversible Coma: Report of the Ad Hoc Committee of the Harvard Medical School to Examine the Definition of Brain Death," *Journal of American Medical Association*, vol. 205, no. 6, Aug. 5, 1968.

Barrault, Émile, 1980, "Acte. Fondation de l' Association des compagnons de la femme (1833)," in Bulciolu, 1980.

Berlin, Isaiah, 1979, *Against the Current: Essays in the History of Ideas*, Edited and with a Bibliography by Henry Hardy, with an Introduction by Roger Hausheer, Oxford: Clarendon Press, 1977. 本書の大部分は『バーリン選集』〔バーリン、一九八三―九二〕の第一巻と第三巻に分割して収録されている〔グレイ、二〇〇九、逆付・八頁〕。

Bernstein, Samuel, 1971, *Auguste Blanqui and the Art of Insurrection*, London: Lawrence and Wishart.

Blanc, Louis, 1847, *Histoire de la Révolution française*, tome I, Paris: Pegnerre.

Blanqui, Auguste, 1977, "Défence de Blanqui au procès de Bourges (avril 1849)," *Oeuvres complètes*, introduction, présentation, notes et commentaires par Arno Münster, tome 1, Ecrits sur la révolution: textes politiques et lettres de prison, Paris: Galilée.

Bollen, Jan, et al., 2016, "Legal and Ethical Aspects of Organ Donation after Euthanasia in Belgium and the

Netherlands," *Journal of Medical Ethics*, vol. 42, no. 8.

Buchez, 1980, "Lettre au Père (septembre 1829)," in Bulciolu, 1980.

Bulciolu, Maria Teresa, 1980, *L'école saint-simonienne et la femme: Notes et documents pour une histoire du rôle de la femme dans la société saint-simonienne: 1828–1833*, Pisa: Goliardica.

Buonarroti, Ph., 1828, *Conspiration pour l'égalité dite de Babeuf, suivie du procès auquel elle donna lieu, et des pièces justificatives, etc., etc.*, Bruxelles: La Librairie romantique. 田中正人訳、「平等をめざす、いわゆるバブーフの陰謀」(1)－(10)、『愛知大学法学部法経論集』一六九－一七八号、二〇〇五－二〇〇八年。

Chevalier, Michel, 2006, *Système de la Méditerranée*, établissement de l'édition et postface par Philippe Dugot, Paris: Éditions Mille et Une Nuits. 上野喬訳(1)・(2)、『商学論集』(福島大学経済学会)、四五巻三号、四六巻一号、一九七七年(原著初出は、一八三二年)。

Cobban, Alfred, 1941, *The Crisis of Civilization*, London: J. Cape.

Cole, G. D. H., 1953, *Socialist Thought: The Forerunners, 1789–1850*, A History of Socialist Thought, vol. I, London: Macmillan.

Crocker, Lester G., 1968, *Rousseau's Social Contract: An Interpretive Essay*, Clarendon, Ohio: Press of Case Western Reserve University.

Enfantin, Barthélemy Prosper, 1865–78, "Lettre à Ch. Duveyrier (août 1829)," *Oeuvres de Saint-Simon & d'Enfantin*, Paris: Dentu, 47 vols., tome XXVI.

——, 1970, *Économie politique et politique: Articles extraits du Globe*, New York: Burt Franklin.

Iggers, Georg G., 1958, *The Cult of Authority: The Political Philosophy of the Saint-Simonians: A Chapter in the Intellectual History of Totalitarianism*, The Hague: M. Nijhoff.

Illich, Ivan, 1976, *Limits to Medicine: Medical Nemesis; The Expropriation of Health*, London: Boyars. 金子

嗣郎訳『脱病院化社会——医療の限界』晶文社、一九九八年。

Kaegi, Pascal, 2006, "《L' Orient》 des saint-simoniens dans les *Enseignements* d' Enfantin et *Le Globe* (É. Barrault, M. Chevalier), entre fin novembre 1831 et mi-février 1832," in *L'orientalisme des saint-simoniens*, sous la direction de Michel Levallois et Sarga Moussa, Paris: Maisonneuve & Larose.

Loubère, Leo A., 1961, *Louis Blanc: His Life and his Contribution to the Rise of French Jacobin-Socialism*, Evanston, Illinois: Northwestern University Press.

Leroux, Pierre, [1834], "Cours d' économie politique fait à Athénée de Marseille par M. Jules Leroux," *Revue Encyclopédique*, vol. 60, octobre 1833.

——, 1850, "De l' individualisme et du socialisme," *Oeuvres de Pierre Leroux (1825–1850)*, Paris: Société typographique.

Masters, Roger D., 1968, *The Political Philosophy of Rousseau*, Princeton, N. J.: Princeton University Press.

Mead, George H., 1936, *Movements of Thought in the Nineteenth Century*, Chicago: The University of Chicago Press. 魚津郁夫・小柳正弘訳、一九九四『西洋近代思想史——十九世紀の思想のうごき』上・下、講談社学術文庫。

Paz, Maurice, (éd.), 1976, *Lettres familières d' Auguste Blanqui et du Docteur Louis Watteau*, Marseille: Institut Historique de Provence.

Peillon, Vincent, 2003, *Pierre Leroux et le socialism républicain: Une tradition philosophique*, Latresne: Le bord de l' eau.

Peirce, Charles Sunder, 1974–80, "Principles of Philosophy," *Collected Papers of Charles Sanders Peirce*, Edited by Charles Hartshorne and Paul Weiss, 8 vols., Cambridge, Mass.: Belknap Press of Harvard University Press, vol. I.

Prochasson, Christophe, 1997, *Les intellectuels et le socialisme, XIXᵉ-XXᵉ siècle*, Paris：Plon.

Régnier, Philippe, 1989, *Les saint-simoniens en Egypte（1833-1851）*, Le Caire：Amin F. Abdelnour.

Rose, R. B., 1978, *Gracchus Babeuf: The First Revolutionary Communist*, Stanford, Calif.：Stanford University Press.

Rousseau, Jean-Jacques, [1939], *Emile, ou de l' éducation*, nouv. éd., avec une introduction, une bibliographie, des notes, et un index analytique par François et Pierre Richard, Paris：Garnier frères.

——, 2012, "Les rêveries du promeneur solitaire, édition critique par Frédéric S. Eigeldinger," Jean-Jacques Rousseau, *Oeuvres complètes*, sous la direction de Raymond Trousson et Frédéric S. Eigeldinger, 24 vols., tome III, *Oeuvres autobiographiques*, 3, Genève：Slatkine.

Saint-Simon, Claude-Henri, 1966, "Lettre d' un habitant de Genève à ses contemporains," *Oeuvres de Claude-Henri de Saint-Simon*, 6 vols., Paris：Éditions Anthropos, tome I-A.

——, 2012, "Lettre d' un habitant de Genève à ses contemporains," *Oeuvres complètes*, 4 vols., Introduction, notes et commentaires par Juliette Grange, Pierre Musso, Philippe Régnier et Frank Yonnet, Paris：Presses Universitaires de Paris, tome I.

Spock, Benjamin/Lerrigo, Marion O., 1965, *Caring for Your Disabled Child*, NewYork：Macmillan. 上田敏・上田礼子・石坂直行訳『スポック博士の心身障害児の療育——親のためのアドバイス』岩崎学術出版社、一九七二年。

Talmon, J. L., 1952, *The Rise of Totalitarian Democracy*, Boston：Beacon Press. 市川泰治郎訳『フランス革命と左翼全体主義の源流』拓殖大学海外事情研究所、一九六四年。

Takakusagi, Koichi, 2006, "Louis Blanc, Associationism in France, and Marx," Hiroshi Uchida（ed.）, *Marx for the 21st Century*, London：Routledge.

Wanzer, Sidney H., et al., 1984, “The Physician’s Responsibility Toward Hopelessly Ill Patient,” *The New England Journal of Medicine*, vol. 310, no. 15.（部分訳）『日経メディカル』正・続、一九八四年九月一七日号・一〇月八日号。

Wassermann, Suzanne, 1978, *Les clubs de Barbès et de Blanqui en 1848*, Genève：Mégariotis.

Wilkinson, Dominic/Savulescu, Julian, 2012, “Should We Allow Organ Donation Euthanasia?：Alternatives for Maximizing the Number and Quality of Organs for Transplantation,” *Bioethics*, vol. 26, no. 1.

Willard, Claude, 1978, *Socialisme et communism français*, Paris：Armand Colin.

Woodcock, George, 1962, *Anarchism: A History of Libertarian Ideas and Movements*, New York：Penguin Books. 白井厚訳『アナキズム』全二冊、紀伊國屋書店、一九六八・二〇〇二年。

Zeldin, David, 1969, *The Educational Ideas of Charles Fourier（1772–1837）*, London：Cass.

Zinn, Howard, 1968, *Disobedience and Democracy: Nine Fallacies on Law and Order*, New York：Vintage Books.

人名索引

あ 行

会田雄次(1916-1997)　71
青山(山川)菊栄(1890-1980)　263
秋山清(1904-1988)　38, 39, 99, 103
芦田恵之助(1873-1951)　177
芦田松太郎　176
安部磯雄(1865[元治 2]-1949)　257
甘粕正彦(1891-1945)　260
荒畑寒村(1887-1981)　75
アレント, ハンナ(Hannah Arendt, 1906-1975)　202, 203
安藤昌益(1703[元禄 16]-1762[宝暦 12])　37
アンファンタン, バルテルミ(Barthélemy Prosper Enfantin, 1796-1864)　275-281
飯沼二郎(1918-2005)　60, 213, 214
伊賀駒吉郎(1869[明治 2]-1946)　180
井形昭弘(1928-2016)　230
石垣綾子(1903-1996)　267
石川三四郎(1876-1956)　37, 62, 152, 153
石川憲彦(1946-)　136
石田雄(1923-)　28
石原吉郎(1915-1977)　101, 102, 104
市古宙三(1913-2014)　71
伊藤野枝(1895-1923)　258-264, 267
伊東光晴(1927-)　71
糸賀一雄(1914-1968)　130
今井宏(1930-2002)　71
イリッチ(イリイチ), イヴァン(Ivan Illich, 1926-2002)　189, 190, 192, 287
色川大吉(1925-)　240
ウィンデルバンド, ウィルヘルム(Wilhelm Windelband, 1848-1915)　94
上野千鶴子(1948-)　265, 266, 273, 274
ウェーバー, マックス(Max Weber, 1864-1920)　72, 73
ヴォルテール(Voltaire(François-Marie Arouet), 1694-1778)　208, 209, 245
内田義彦(1913-1989)　95
内村剛介(内藤操)(1920-2009)　17, 75, 100-104
宇都宮徳馬(1906-2000)　23
ウドコック, ジョージ(George Woodcock, 1912-1995)　33
梅根悟(1903-1980)　178, 198
梅原猛(1925-)　226
エイケンヘッド, メアリー(Mary Aikenhead, 1787-1858)　137
江口朴郎(1911-1989)　72, 73
江田三郎(1907-1977)　63
江渡狄嶺(1880-1944)　37
エマーソン, ラルフ・ワルド(Ralph Waldo Emerson, 1803-1882)　179
エルヴェシユス, クロード-アドリアン(Claude-Adrien Helvétius, 1715-1771)　245, 246
エンゲルス, フリードリッヒ(Friedrich Engels, 1820-1895)　5, 34, 91-93, 99, 150, 205
及川(原田)嘉美子(1934-)　158, 160
及川平治(1875-1939)　177, 181
オーウェン, ロバート(Robert Owen, 1771-1858)　34, 167
大杉栄(1885-1923)　36, 37, 63, 78, 258-261

太田典礼(1900-1985)　215, 217, 220-223
大谷いづみ　214
大西忠治(1930-1992)　165
大村仁太郎(1863[文久 3]-1907)　180
岡村昭彦(1929-1985)　125, 223, 248
オガリョフ, ニコライ(Nikolai Platonovich Ogaryov, 1813-1877)　73, 274
小川太郎(1907-1974)　150
小田実(1932-2007)　22, 24-26, 43-48, 54-62, 64, 69, 141, 142, 240, 242, 243, 255, 288, 289
澤瀉久敬(1904-1995)　12, 13

か 行

カー, E. H. (Edward Hallett Carr, 1892-1982)　72, 73
貝塚茂樹(1904-1987)　71
貝原益軒(1630[寛永 7]-1714[正徳 4])　172-174
海部俊樹(1931-, 内閣総理大臣：1989-1991)　226
カウツキー, カール(Karl Johann Kautsky, 1854-1938)　93
カーソン, レイチェル(Rachel Louise Carson, 1907-1964)　286, 287
加藤周一(1919-2008)　285
加藤節子(1931-)　85
加藤登紀子(1943-)　290
加藤晴康(1936-)　85, 87
カベ, エティエンヌ(Étienne Cabet, 1788-1856)　86
上笙一郎(1933-2015)　158
川上重治(1925-2003)　128
河野健二(1916-1996)　93
菅學應(1868[明治元]-1932)　181
神田道子(1935-)　265
北一輝(1883-1937)　33
城戸幡太郎(1893-1985)　183
木下竹次(1872[明治 5]-1946)　177, 181
木下尚江(1869[明治 2]-1937)　62
金日成(1912-1994, 朝鮮民主主義人民共和国最高指導者：1948-1994)　69
木村利人(1934-)　248
キーロフ, セルゲイ(Sergei Mironovich Kirov, 1886-1934)　72, 74
クィンラン, カレン(Karen Ann Quinlan, 1954-1985)　229
グチコーフ, アレクサンドル(Aleksandr Ivanovich Guchkov, 1862-1936)　72
久野収(1910-1999)　8, 25, 43, 46-54, 58, 59, 62, 64, 66, 69, 70, 142, 255
久布白落実(1882-1972)　263
久保圭之介(1923-)　45
久保山愛吉(1914-1954)　271
グルー, ブノワット(Benoîte Groult, 1920-)　280
クルプスカヤ, ナデジダ(Nadezhda Konstantinovna Krupskaya, 1869-1939)　151
クロッカー, レスター(Lester G. Crocker, 1912-2002)　197, 199, 208
桑原武夫(1904-1988)　8, 18, 179
ケネー, フランソワ(François Quesnay, 1694-1774)　94
ゲルツェン, アレクサンドル(Aleksandr Ivanovich Herzen, 1812-1870)　33, 73, 79, 80, 275
ケレンスキー, アレクサンドル(Aleksandr Fyodorovich Kerensky, 1881-1970)　72
幸徳秋水(1871[明治 4]-1911)　62, 63
児玉真美(1956-)　231
コノヴァーロフ, アレクサンドル(Aleksandr Ivanovich Konovalov,

1875-1949)　72
小林トミ(1930-2003)　25, 47
コバン, アルフレッド(Alfred Cobban, 1901-1968)　200, 208
駒野陽子(1927-)　265
ゴヤ, フランシスコ・デ(Francisco José de Goya y Lucientes, 1746-1828)　68
小谷野敦(1962-)　267
コール, G. D. H. (George Douglas Howard Cole, 1889-1959)　83
ゴルツ, アンドレ(André Gorz, 1923-2007)　287
ゴールドマン, エマ(Emma Goldman, 1869-1940)　258
コルボン, クロード・アンティーム (Claude Anthime Corbon, 1808-1891)　206
コント, オーギュスト(Isidore Auguste Marie François Xavier Comte, 1798-1857)　246
コンドルセ, ニコラ・ド(Marie Jean Antoine Nicolas de Caritat, marquis de Condorcet, 1743-1794)　245
今野一雄(1908-1992)　193
紺野美沙子(1960-)　v, 109-111, 144
コーン-ベンディット, ダニエル(Daniel Cohn-Bendit, 1945-)　288

さ 行

最首悟(1936-)　68
佐江衆一(1934-)　viii
佐伯啓思(1949-)　43
堺利彦(1871[明治 3]-1933)　37, 62, 63, 97
坂倉裕治(1965-)　182
佐々木良作(1915-2000)　63
ザスーリチ, ヴェラ(Vera Ivanovna Zasulich, 1849-1919)　81
サルトル, ジャン-ポール(Jean-Paul Sartre, 1905-1980)　23
サン-シモン, アンリ(Claude Henri de Rouvroy, comte de Saint-Simon, 1760-1825)　5, 34, 35, 94, 95, 205, 275-280, 296
ジェフロワ, ギュスターヴ(Gustave Geffroy, 1855-1926)　85
ジェームズ, ウィリアム(William James, 1842-1910)　179
シデナム, トマス(Thomas Sydenham, 1624-1689)　191
柴田三千雄(1926-2011)　84
島崎恒五郎　180, 181
島田三郎(1852[嘉永 5]-1923)　257
清水慶子(1906-1991)　270
ジャハンベグロー, ラミン(Ramin Jahanbegloo, 1956-)　244
シュヴァリエ, ミシェル(Michel Chevalier, 1806-1879)　280, 282
シュクラール, ジュディス(Judith N. Shklar, 1928-1992)　200
章炳麟(章太炎, 1869-1936)　ix
ジン, ハワード(Howard Zinn, 1922-2010)　54-56
スターリン, ヨシフ(Iosif Vissarionovich Stalin, 1878-1953, ソビエト連邦共産党書記長：1922-1953)　viii, 5, 14, 15, 27, 31, 74, 82, 83, 99, 164, 169, 203, 239
スタロバンスキー, ジャン(Jean Starobinski, 1920-)　187
スポック, ベンジャミン(Benjamin McLane Spock, 1903-1998)　22, 116, 118, 122, 133, 134, 137, 138, 145, 194
スミス, アダム(Adam Smith, 1723-1790)　94
瀬川昌耆(1856[安政 3]-1920)　132

セール, ミッシェル(Michel Serres, 1930-)　68
セルノ-ソロヴィエヴィッチ, ニコライ(Nikolai A. Serno-Solovievitch, 1834-1866)　275
ソクラテス(Socrates, BC 469?-BC 399)　58
ソロー, ヘンリー・デイヴィッド(Henry David Thoreau, 1817-1862)　56, 57
ソンダース, シシリー(Cicely Saunders, 1918-2005)　137

た 行

大正天皇(1879-1926, 天皇：1912-1926)　261
高橋武智(1935-)　40, 287
高畠通敏(1933-2004)　25, 43, 46, 47, 54, 60-62
滝川幸辰(1891-1962)　50
竹内一夫(1923-)　226
武谷三男(1911-2000)　220
武見太郎(1904-1983)　248, 249
橘宗一(1917-1923)　260
橘直矢(1932-)　296, 297
田中陽児(1926-2002)　72, 80
ダール, ロバート(Robert Alan Dahl, 1915-2014)　60
タルモン, ジェイコブ(Jacob Leib Talmon, 1916-1980)　200
辻潤(1884-1944)　258
都築勉(1952-)　29
角田素江(茂)(1890-？)　176
鶴見俊輔(1922-2015)　22, 25, 40-42, 46, 242, 243
デボーリン, アブラム(Abram Moiseevich Deborin, 1881-1963)　94
デューイ, ジョン(John Dewey, 1859-1952)　179
デュベリエ, シャルル(Charles Duveyrier, 1803-1866)　276
デューリング, オイゲン(Eugen Dühring, 1833-1921)　34, 94
土井たか子(1928-2014)　63
トカチョフ, ピョートル(Pyotr Nikitich Tkachyov, 1844-1886)　83, 84, 92, 93
トクヴィル, アレクシ・ド(Alexis Charles Henri Clérel de Tocqueville, 1805-1859)　52, 53, 206
トハチェフスキー, ミハイル(Mikhail Nikolaevich Tukhachevsky, 1893-1937)　78
ドブロリューボフ, ニコライ(Nikolai Aleksandrovich Dobrolyubov, 1836-1861)　150
豊田堯(1914-2002)　84
ドルバック, ポール-アンリ(Paul-Henri Thiry, baron d' Holbach, 1723-1789)　245
トロツキー, レフ(Lev Davidovich Trotsky, 1879-1940)　31, 72, 74, 78, 98

な 行

中曽根康弘(1918-, 内閣総理大臣：1982-1987)　23
中野光(1929-)　175, 177-179, 208
中野徹三(1930-)　89
那須宗一(1914-1990)　220
ナポレオン3世(Napoléon III, 1808-1873, フランス国皇帝：1852-1870)　281
難波(河本)ふじ江(1934-)　158, 160
西山哲治(1883-1939)　177
野口援太郎(1868[明治元]-1941)　181
野沢協(1930-2015)　85
野間宏(1915-1991)　220

野村芳兵衛(1896-1986)　181

は 行

唄孝一(1924-2011)　225
バーク, エドマンド(Edmund Burke, 1729-1797)　245
バクーニン, ミハイル(Mikhail Aleksandrovich Bakunin, 1814-1876)　34, 39
パース, チャールズ(Charles Sanders Peirce, 1839-1914)　243, 244
長谷川宏(1940-)　110, 111, 144
埴谷雄高(1909-1997)　37, 38
ハーバーマス, ユルゲン(Jürgen Habermas, 1929-)　202, 203
バブーフ, フランソワ-ノエル(François-Noël Babeuf, 1760-1797)　35, 36, 83, 84, 87, 93, 95, 203, 204, 295-297
原田正純(1934-2012)　136
バーリン, アイザィア(Isaiah Berlin, 1909-1997)　203, 244-247
パレ, アンブロワーズ(Ambroise Paré, 1510-1590)　190
バロー, エミール(Émile Barrault, 1799-1869)　280
バーンスタイン, サミュエル(Samuel Bernstein, 1898-1987)　85
樋口謹一(1924-2004)　60, 179
ヒポクラテス(Hippocrates, AD 460?-AD 370?)　227
ビュシェ, フィリップ(Philippe Joseph Benjamin Buchez, 1796-1865)　206, 276, 279
平井毓太郎(1865[慶應元]-1945)　6, 14, 196
平岡昇(1904-1985)　84
平塚らいてう(1886-1971)　258
平野義太郎(1897-1980)　8
平林初之輔(1892-1931)　180, 193
フェザーストーン, ラルフ(Ralph Featherstone, 1939-1970)　55
フォイエルバッハ, ルードヴィヒ(Ludwig Andreas Feuerbach, 1804-1872)　94
ブオナロッティ, フィリッポ(Filippo Buonarroti, 1761-1837)　83, 84
深作光貞(1925-1991)　242
福島政雄(1889-1976)　178
福田恆存(1912-1994)　8, 9
福田洋(1929-)　viii
福本和夫(1894-1983)　97
藤本敏夫(1944-2002)　290
ブハーリン, ニコライ(Nikolai Ivanovich Bukharin, 1888-1938)　74
ブラウン, ジョン(John Brown, 1800-1859)　56
プラトン(Platon, BC 427-BC 347)　35
ブラン, ルイ(Louis Blanc, 1811-1882)　204, 206
ブランキ, オーギュスト(Auguste Blanqui, 1805-1881)　82-93, 295
フーリエ, シャルル(Charles Fourier, 1772-1837)　5, 94, 95, 169, 205, 296
フルシチョフ, ニキータ(Nikita Sergeevich Khrushchyov, 1894-1971, ソビエト連邦最高指導者：1953-1964)　15
プルードン, ピエール-ジョゼフ(Pierre-Joseph Proudhon, 1809-1865)　34, 88, 206, 275
プレハーノフ, ゲオルギー(Georgy Valentinovich Plekhanov, 1856-1918)　75, 81
不破哲三(1930-)　89, 91
ヘーゲル, ゲオルク(Georg Wilhelm Friedrich Hegel, 1770-1831)　94
ペスタロッチ, ヨハン・ハインリヒ

(Johann Heinrich Pestalozzi, 1746-1827)　178
ペトラシェフスキー, ミハイル(Mikhail Vasilevich Petrashevsky, 1821-1866)　169
ベルナール, クロード(Claude Bernard, 1813-1878)　227
ヘルバルト, ヨハン・フリードリヒ(Johann Friedrich Herbart, 1776-1841)　180
ベルンシュタイン, エドゥアルト(Eduard Bernstein, 1850-1932)　92
ペレール, イーザク(Issac Pereire, 1806-1880)　282
ペレール, エミール(Émile Pereire, 1800-1875)　282
ボーヴォワール, シモーヌ・ド(Simone de Beauvoir, 1908-1986)　23
ホッブズ, トマス(Thomas Hobbes, 1588-1679)　184, 201
ポル・ポト(Pol Pot, 1928-1998, 民主カンプチア首相：1976-1979)　5
本田勝紀(1940-)　233-235

ま 行

マカレンコ, アントン(Anton Semyonovich Makarenko, 1888-1939)　151, 162-172, 183-185, 195, 200, 208, 209, 239
マキアヴェッリ, ニッコロ(Niccolò Machiavelli, 1469-1527)　289
マスターズ, ロジャー(Roger D. Masters, 1933-)　193
マッカーサー, メアリー(Mary Macarthur, 1880-1921)　269, 270
松田道作(1878-1944)　176, 196, 252
マティエ, アルベール(Albert Mathiez, 1874-1932)　84
マフノ, ネストル(Nestor Ivanovich Makhno, 1888-1934)　78
丸岡秀子(1903-1990)　271
マルクス, カール(Karl Heinrich Marx, 1818-1883)　5, 33, 34, 36, 39, 68, 81, 83, 88-93, 95-100, 167, 185, 205, 207, 246, 247, 297
丸山眞男(1914-1996)　6-12, 14-16, 28, 29, 90, 96-98, 101, 130, 140, 239
マレシャル, シルヴァン(Sylvain Maréchal, 1750-1803)　295
三浦関造(1883-1960)　178-180, 182
ミード, ジョージ・ハーバート(George Herbert Mead, 1863-1931)　48
水上勉(1919-2004)　220
南博(1914-2001)　8
宮崎市定(1901-1995)　71
宮澤喜一(1919-2007, 内閣総理大臣：1991-1993)　23, 226
三好十郎(1902-1958)　37, 38
ミル, ジョン・スチュアート(John Stuart Mill, 1806-1873)　130, 241
村上信彦(1909-1983)　257, 263, 273
メストル, ジョゼフ・ド(Joseph Marie, comte de Maistre, 1753-1821)　203, 245
メルカデル, ラモン(Jaime Ramón Mercader del Río, 1914-1978)　74
モア, トマス(Thomas More, 1478-1535)　35, 228, 232
毛利子来(1929-2017)　133, 186, 187, 194-196
モルガン, ルイス・ヘンリー(Lewis Henry Morgan, 1818-1881)　94
モルリイ, エティエンヌ-ガブリエル(Étienne-Gabriel Morelly, 1717-1778)　35
もろさわようこ(1925-)　265

や 行

八木晃介(1944-)　214
矢島楫子(1833[天保 4]-1925)　256, 263
矢野絢也(1932-)　63
山川均(1880-1958)　97
山口研一郎(1949-)　236
山口小太郎(1867[慶應 3]-1917)　180, 181
山崎朋子(1932-)　158
山田真(1941-)　133, 186
山室軍平(1872[明治 5]-1940)　257
弓削達(1924-2006)　71
横田三郎(1923-2010)　150, 265
与謝野晶子(1878-1942)　263
吉岡忍(1948-)　26
吉川勇一(1931-2015)　45, 46, 54-56, 62
ヨナス, ハンス(Hans Jonas, 1903-1993)　232

ら 行

ラスプーチン, グリゴリー(Grigory Efimovich Rasputin, 1871?-1916)　72
ラファルグ, ポール(Paul Lafargue, 1842-1911)　68, 69, 88
リカードー, デイヴィッド(David Ricardo, 1772-1823)　94
リシュタンベルジェ, アンドレ(André Lichtenberger, 1870-1940)　204
リッカート, ハインリヒ(Heinrich John Rickert, 1863-1936)　94
ルヴォフ, ゲオルギー(Georgy Evgenevich Lvov, 1861-1925)　72
ルクセンブルク, ローザ(Rosa Luxemburg, 1871-1919)　93
ルソー, ジャン-ジャック(Jean-Jacques Rousseau, 1712-1778)　v, x, xii, 18, 33, 45, 152, 167, 174, 178-205, 207-210, 239, 247, 291
ルルー, ピエール(Pierre Leroux, 1797-1871)　35, 205
レセップス, フェルディナン・ド(Ferdinand Marie, vicomte de Lesseps, 1805-1894)　281
レーニン, ウラジーミル(Vladimir Ilich Lenin, 1870-1924, ロシア革命政府最高指導者：1917-1924)　16, 31, 32, 36, 73, 74, 76, 78, 80, 82-84, 90, 92, 93, 95-97, 99, 150, 151, 203, 207, 246, 247, 295, 297, 298
レリゴ, マリオン(Marion Lerrigo, 1898-1968)　133
ローズ, R. B.(R. B. Rose, 1929-)　84
ロック, ジョン(John Locke, 1632-1704)　191
ロベスピエール, マクシミリアン(Maximilien Robespierre, 1758-1794)　203

わ 行

和田春樹(1938-)　72, 75, 80

高草木光一
1956年群馬県生まれ．慶應義塾大学経済学部教授．社会思想史専攻．
主な著作に，『岡村昭彦と死の思想――「いのち」を語り継ぐ場としてのホスピス』(岩波書店)，『社会主義と経済学』(共著，日本経済評論社)，『「いのち」から現代世界を考える』『一九六〇年代 未来へつづく思想』『思想としての「医学概論」――いま「いのち」とどう向き合うか』(以上，編著，岩波書店)，『ベ平連と市民運動の現在(いま)――吉川勇一が遺したもの』(編著，花伝社)，『生きる術としての哲学――小田実 最後の講義』(共編著，岩波書店)などがある．

松田道雄と「いのち」の社会主義

2018年1月26日　第1刷発行
2020年6月15日　第2刷発行

著　者　高草木光一《たかくさぎこういち》

発行者　岡本　厚

発行所　株式会社 岩波書店
〒101-8002 東京都千代田区一ツ橋2-5-5
電話案内 03-5210-4000
https://www.iwanami.co.jp/

印刷・法令印刷　カバー・半七印刷　製本・牧製本

ISBN 978-4-00-024825-9　　Printed in Japan

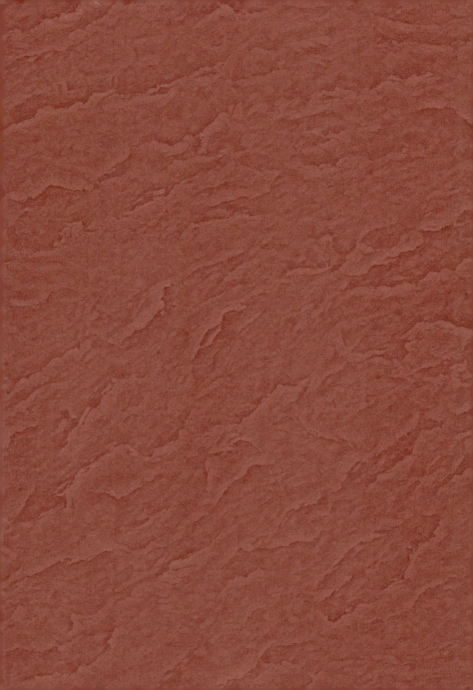